Edition Maritim

AF626397

HAUSBOOTURLAUB

CANAL DU MIDI

ANDREA HOFFMANN
HANS ZAGLITSCH

Edition Maritim

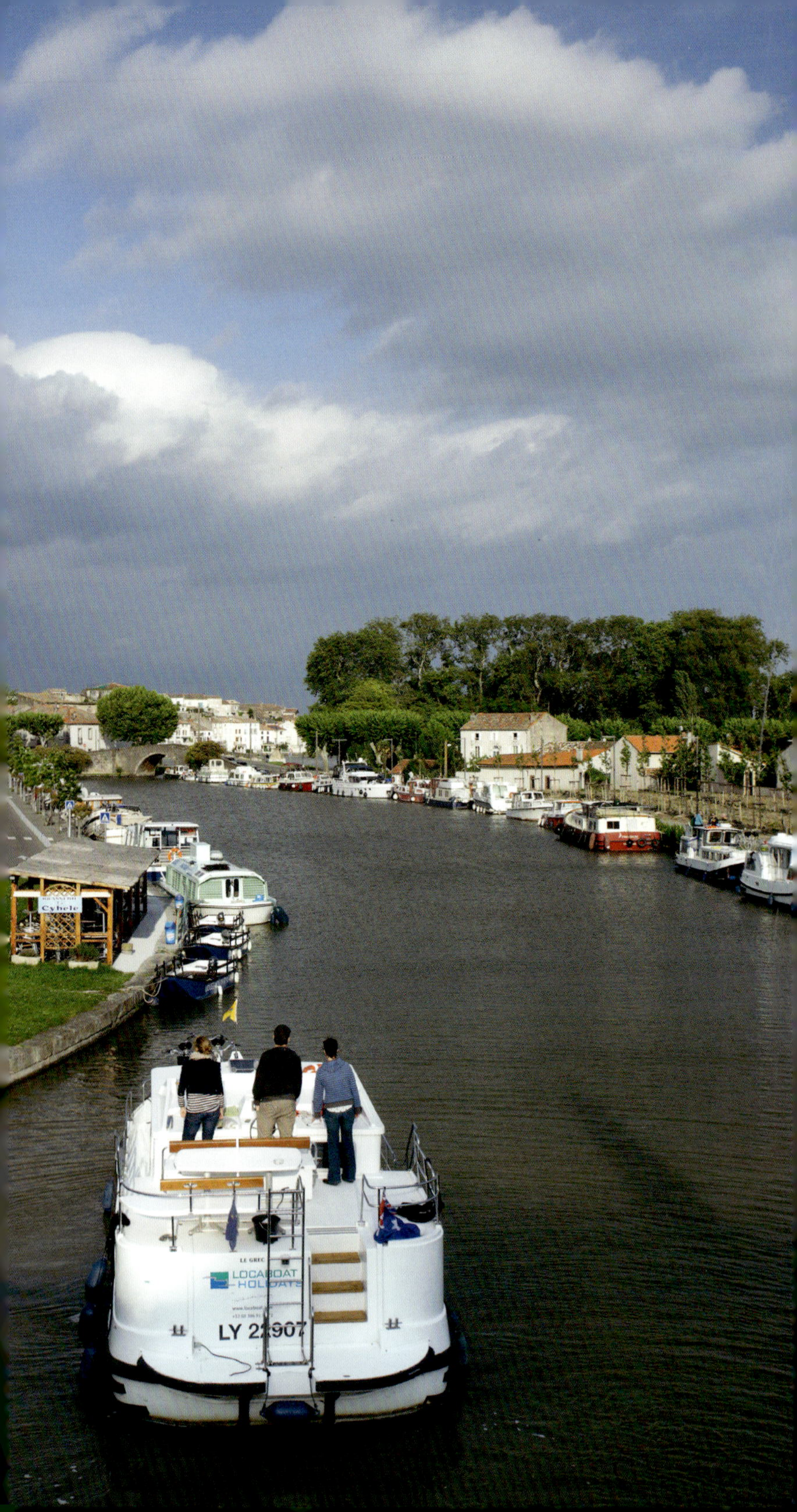
Cybele
LOCABOAT

Inhalt

Einleitung

Urlaub mit dem Hausboot ist ein ganz besonderes Erlebnis. Das langsame Gleiten auf dem Wasser wirkt unvergleichlich entspannend und entschleunigend, sodass der Alltagsstress schnell vergessen ist. Bald passt man sich dem veränderten Tempo an, findet Ruhe und Frieden, und gleichzeitig sorgt die stete Fortbewegung für immer wieder Neues am Ufer, das es zu entdecken gilt.

Kaum ein europäisches Revier bietet so herrliche Voraussetzungen wie der französische Canal du Midi. Er ist einer der Hotspots für Hausbootferien und zieht in jedem Jahr Tausende von Urlaubern an. Da für das Führen eines Hausbootes kein Führerschein verlangt wird, können hier auch Einsteiger Erfahrungen mit dem Leben auf dem Wasser sammeln. Man gleitet geruhsam durchs Languedoc und die angrenzende Region Midi-Pyrénées und erfährt sich eine alte Kulturlandschaft, geprägt von Weingärten, hohen Bergen und kleinen Dörfern. Darüber hinaus locken die quirlige Hafenstadt Sète, ein Abstecher auf dem Canal de la Robine zum wunderschönen Narbonne, Carcassonne mit seiner imposanten mittelalterlichen Festungsanlage sowie die historischen Sehenswürdigkeiten der »rosaroten« Stadt Toulouse. Anlegen im Schatten der Uferbäume, Dörfer und Städtchen erkunden, stöbern und probieren, sich treiben lassen im Flair des südlichen Frankreichs – das ist purer Genuss. Die Weine des Languedoc passen hervorragend zu den Genüssen der Region, den Meeresfrüchten, Käsespezialitäten und zum weltberühmten Eintopf »Cassoulet« – Feinschmecker kommen hier ohne jeden Zweifel auf ihre Kosten.

Dieser Führer will Ihnen helfen, Ihren Bootsurlaub zu planen und zu einem rundum schönen Erlebnis zu machen. Ich wünsche Ihnen eine unvergessliche Zeit auf dem Canal du Midi, der ältesten Wasserstraße Frankreichs.

Andrea Hoffmann

Der Canal du Midi

Flüsse und Kanäle wurden in Frankreich schon im Mittelalter zu wirtschaftlichen und militärischen Zwecken ausgebaut, angelegt und miteinander verbunden. Im 19. Jahrhundert hatten die Binnenwasserstraßen eine Gesamtlänge von 11 000 Kilometern. Doch durch den Bau der Eisenbahn und später den Straßenbau verloren die Wasserwege an Bedeutung. Erst mit dem aufstrebenden Wassertourismus erlebten sie seit den 1960er-Jahren einen neuen Aufschwung. Heute gibt es noch rund 8500 Kilometer Wasserstraßen, die fast ausschließlich der staatlichen »Voies navigables de France« (VNF), der Wasserstraßenverwaltung, unterstehen.

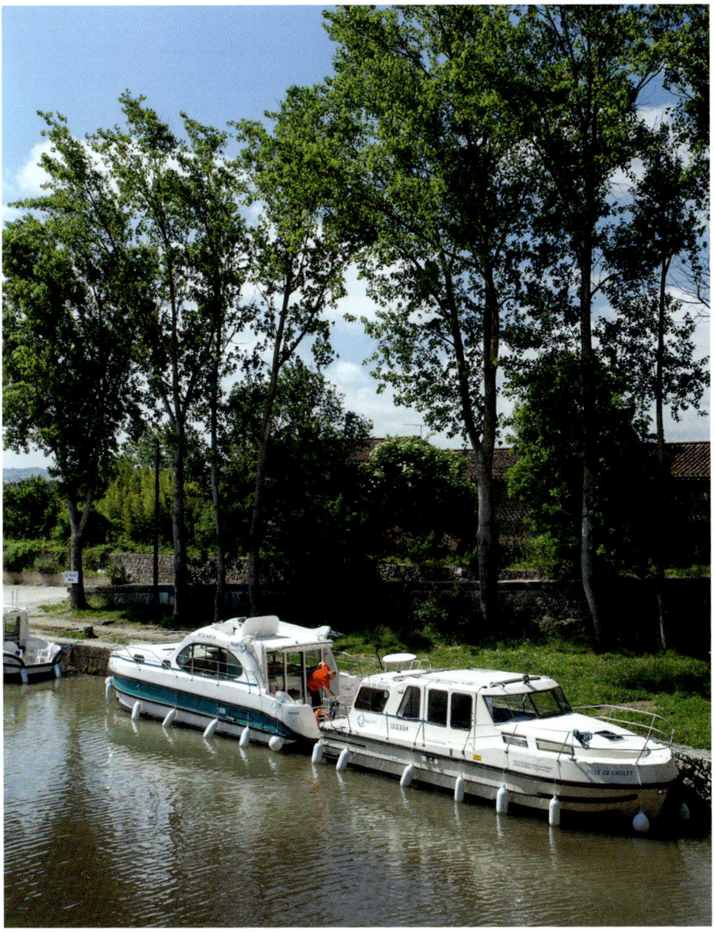

Der Canal du Midi – Magnet für Wasserreisende.

Der Canal du Midi gehört zu den wichtigen Sehenswürdigkeiten Frankreichs und zählt unter Freizeitkapitänen zu den beliebtesten Strecken Europas. Er ist 240 Kilometer lang und verbindet Toulouse in der Provinz Midi-Pyrénées mit dem Mittelmeer bei Sète, im Languedoc-Roussillon. Zusammen mit dem Canal de Garonne, der Toulouse mit dem Atlantik verbindet, schafft er die Verbindung zwischen den zwei Meeren, sodass die gesamte Wasserstraße auch den Namen »Canal de deux Mers« trägt. 1996 wurde der Canal du Midi zum Weltkulturerbe der UNESCO ernannt, da er *»eine der außergewöhnlichsten Arbeiten des öffentlichen Bauwesens für Wasserbau der Moderne«* darstellt.

Die zahlreichen kleinen Ortschaften an seinen Ufern kamen einst durch den Kanal zu Reichtum, denn es blühten Handel, Transport und Verkehr. Daran hat sich bis heute nichts geändert – auch wenn inzwischen nicht mehr Waren, sondern vor allem Bootstouristen auf dem Wasser unterwegs sind. Die Anwohner leben meist gut vom Kanal, denn man hat sich ganz auf die Bedürfnisse und Wünsche der Urlauber eingestellt.

Obwohl sich das Leben auf und am Kanal abspielt, sind nicht alle Besucher mit Booten unterwegs. Die ehemaligen Treidelpfade sind zu Radwegen ausgebaut, und auch bei Wanderern ist die Gegend sehr beliebt.

Geografie und Klima

Der Canal du Midi liegt im Süden des Landes, in den Provinzen Languedoc-Roussillon, mit der Hauptstadt Montpellier, und Midi-Pyrénées, mit der Hauptstadt Toulouse.

Das Languedoc-Roussillon grenzt im Süden an Spanien und Andorra und im Norden an die Auvergne. Die nordöstliche Nachbarregion ist Rhône-Alpes. Midi-Pyrénées ist die größte Region Frankreichs. Ebenso wie das Languedoc-Roussillon grenzt sie im Süden an Spanien und Andorra. Im Westen ist Aquitanien der Nachbar, im Norden die Auvergne und das Limousin und im Westen das Languedoc-Roussillon.

Das vorherrschende mediterrane Klima zeichnet sich durch Hitze und Trockenheit im Sommer und eine entsprechend hohe Anzahl von Sonnenstunden aus. Niederschläge gibt es gewöhnlich zwischen Oktober und April. Zwischen Juni und September steigt die Gefahr von Waldbränden, weshalb es in dieser Zeit verboten ist, in Waldgebieten Feuer zu machen, zu rauchen oder brennende Gegenstände wegzuwerfen.

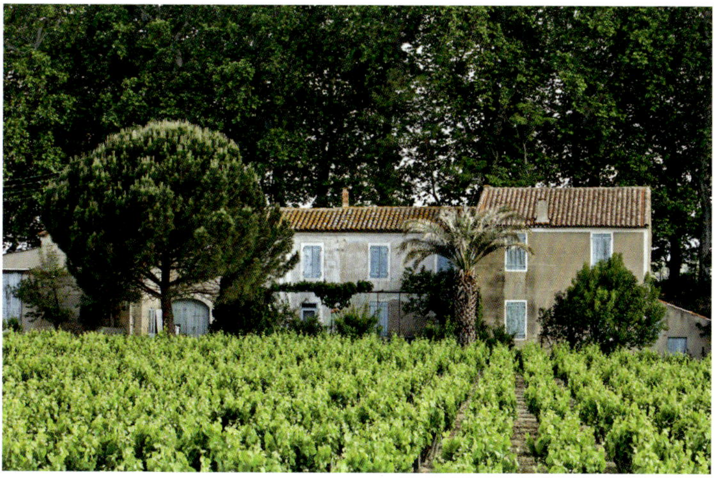

Weingärten um Lézignan-Corbières.

Landschaft

Languedoc-Roussillon ist geprägt durch Hügel und Weinberge, denn es ist das bedeutendste Weinanbaugebiet des Landes. Hier wird rund 30 Prozent mehr Wein produziert als in ganz Deutschland. 200 Kilometer Sandstrand gehören genauso zur Landschaft wie die kahlen Hochebenen der Cevennen. Im Nationalpark Cevennen finden sich tiefe Täler, grüne Hügel, Wälder, die atemberaubende Schlucht des Tarn und die berühmte Tropfsteinhöhle Aven Armand, in der rund 400 bis zu 30 Meter hohe Stalagmiten bewundert werden können. Die ansässigen Landwirte leben traditionell von der Schafzucht. Die Tiere liefern die Milch für den berühmten Käse Roquefort, der unterirdisch in Kalksteinhöhlen reift. Mit dem regionalen Naturpark Pyrénées Catalanes verfügt die Region im Süden über ein Hochgebirge. Außerdem gibt es die regionalen Naturparks Haut-Languedoc und Narbonnaise en Méditerranée. Das Languedoc-Roussillon ist eine der beliebtesten Urlaubsgebiete in ganz Frankreich und wird auch von Anhängern der Freikörperkultur gern besucht.

In der Region Midi-Pyrénées liegen der regionale Naturpark Pyrénées Ariégeoises sowie die regionalen Naturparks Grands Causses und Causses du Quercy. Die ländlich geprägte Region hat außer ihren Gebirgen ausgedehnte Wälder und grüne Wiesen zu bieten, zahlreiche alte Städte und Dörfer und eine Vielzahl historischer Gebäude. Carcassonne, dessen Altstadt (Cité de Carcassonne) seit 1997 zum Weltkulturerbe der UNESCO zählt, ist die besterhaltene Festung Europas und wird jährlich von rund vier Millionen Menschen besucht.

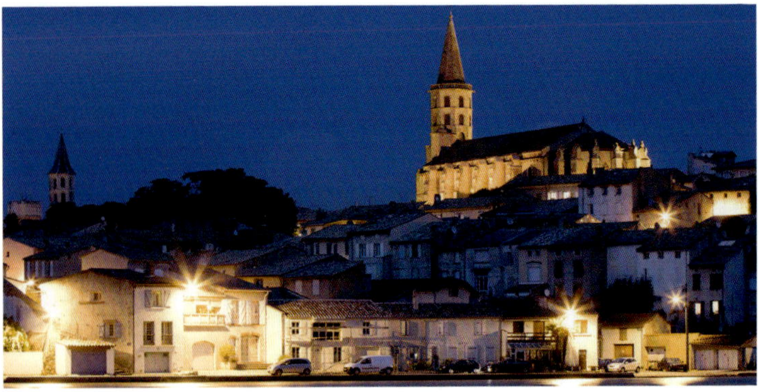

Entlang des Kanals gibt es viele beeindruckende historische Bauwerke, wie St. Michel in Castelnaudary.

Fauna und Flora

Die zahlreichen Seen, Felsen und Wiesen im Flachland bieten ideale Lebensräume für Vögel und Wildpflanzen. Früher standen hier meist Buchen. In höheren Lagen ist die Hakenkiefer oder Spirke weit verbreitet. Sie ist auch als Aufrechte Bergkiefer bekannt. Die Spirke erreicht eine Höhe von bis zu 25 Meter. An Sträuchern findet man die Rostrote Alpenrose, ein Rhododendrongewächs, das auch häufig in den Alpen vorkommt. Rund 400 verschiedene Blumenarten ergänzen die Pflanzenwelt der Bergregionen.

In den Naturparks leben Wildschweine, Ginsterkatzen, Marder, Murmeltiere, Füchse und Dachse sowie die Pyrenäengämse, Adler und der Braunbär. Während der Bestand der Gämse gesichert ist, haben nur sehr wenige Braunbären überlebt, die heute unter strengem Schutz stehen. Zahlreiche Reptilienarten wie Geckos, Eidechsen und Schlangen sind sehr verbreitet und Sumpf- und Meeresschildkröten leben in den feuchten Gebieten der Region. In den Küstengewässern tummeln sich unter anderem Dorsche, Heringe, Makrelen, Plattfische, Sardinen und Thunfische. Im Süßwasser kommt der Karpfen am häufigsten vor. Er lebt auch im Canal du Midi, der sehr fischreich ist. Angeln darf jeder, der einen gültigen Fischereischein besitzt. Informationen hierzu finden Sie unter *www.cartedepeche.fr.*

Für die Uferbepflanzung des Canal du Midi wählte Pierre-Paul Riquet, der Erbauer des Kanals, schnell wachsende Bäume, um die Ufer zu befestigen. Auf den Dämmen wurden vor allem Weiden gesetzt und im seichten Wasser Schwertlilien angepflanzt. Die Weiden wurden später durch Maulbeerbäume ersetzt, die man für die Seidenproduktion benötigte; ihnen folgten Italienische Pappeln und Obst-

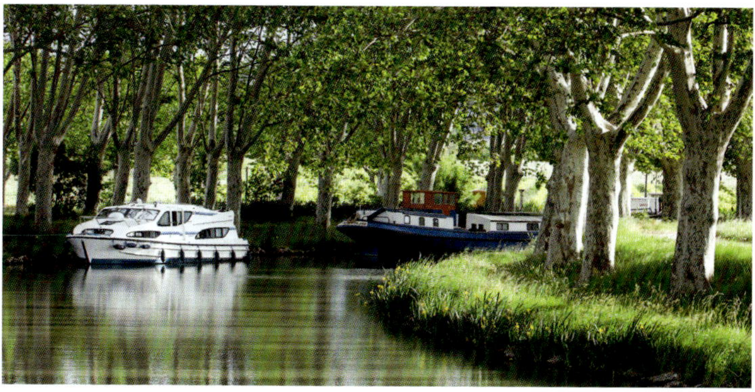

Wie eine mit Platanen bestandene Allee wirkt der Canal du Midi leider nur noch an wenigen Abschnitten.

bäume. Für den Nachschub sorgten Baumschulen, die in der Nähe des Kanals angelegt worden waren. Anfang des 19. Jahrhunderts entschied man sich dann für die Aufforstung mit Platanen, da deren Wurzeln eine wirkungsvolle Befestigung der Ufer gewährleisten. Zudem vermindert ihr Blätterdach die Verdunstung des Kanalwassers und spendete auf den Treidelpfaden Schatten für Menschen und Zugpferde.

Inzwischen wurden zwei Drittel der Platanen am Canal du Midi gefällt und verbrannt. Leider litt nahezu der komplette Bestand von über 40 000 alten Bäumen am Platanen-Krebs, einer aggressiven Pilzerkrankung. Bemerkt wurde die Krankheit erstmals nach dem trockenen Sommer des Jahres 2005. Umgehend versuchte man, so viele Bäume wie möglich zu retten, indem man die erkrankten entfernte. Doch ohne Erfolg. Darum wurde diese Vorgehensweise aufgegeben und man arbeitet nun daran, die Ufer entlang der gesamten Strecke zu sanieren und neue Arten anzupflanzen. Bis heute wurden rund 52 Kilometer Uferstrecke restauriert und seit 2011 mit rund 16 700 neuen Bäumen aufgeforstet. Als Ersatz für die Platane werden Zerr-Eiche, Zürgelbaum, Spitzahorn, Klein- und Großblättrige Linde, Hopfenbuche und Silberpappel gepflanzt. Mehr über dieses Thema finden Sie auf der Website *www.replantonslecanaldumidi.fr.*

Achtung Allergiker:
Das Einatmen von Stäuben der Platanen kann bei empfindlichen Menschen eine Reizung der Bronchien, den sogenannten Platanenhusten, auslösen. Da inzwischen noch weitere Baumarten am Canal du Midi vorkommen, sollten sich Allergiker bereits vor der Reise auf eventuelle Unverträglichkeiten vorbereiten.

Touristische Infrastruktur

Der Canal du Midi ist seit den 1960er-Jahren touristisch erschlossen und bietet Übernachtungsmöglichkeiten aller Art, vom Luxushotel über Ferienwohnungen bis zu vielen Dutzenden von Campingplätzen. Wer mit dem Hausboot unterwegs ist, braucht sich allerdings während der Reise um diese Dinge nicht zu kümmern, schließlich fährt das Bett ja mit. Zusätzlich zu Übernachtungsmöglichkeiten gibt es ein reichhaltiges Angebot an Restaurants und Bars sowie Grillmöglichkeiten am Ufer des Kanals.

Die Autobahn A61 verläuft über weite Strecken parallel zum Canal du Midi. Bei Narbonne geht sie in die A9 über, die nach Béziers, weiter am Ètang de Thau entlang und über Montpellier bis nach Orange führt. Eine Anreise auf den eigenen vier Rädern ist durch dieses Straßennetz problemlos möglich. Angenehmer kann es jedoch sein, per Flugzeug nach Toulouse oder Montpellier zu reisen.

Am Canal du Midi gibt es zahlreiche Häfen und Versorgungsstationen, Tankstellen und Frischwasser, aber auch Fahrrad- und Mopedverleihe sowie gute Bus- und Bahnverbindungen. Vier Naturparks, Freizeit- und Wasserparks, Golfplätze, Surf- und Kiteschulen und der 200 Kilometer lange Sandstrand erfüllen sämtliche Urlaubs- und Erholungswünsche.

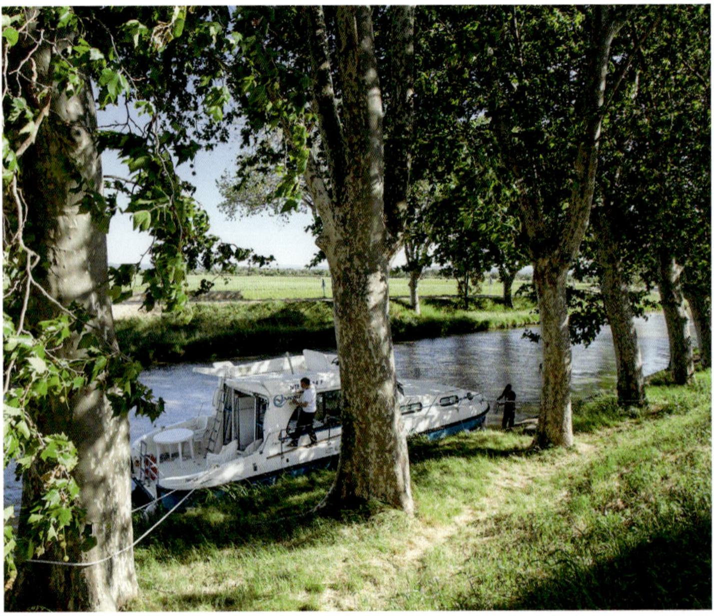

Es gibt genug Häfen, aber es darf auch einfach am Ufer festgemacht werden.

Reisezeit

Der Canal du Midi ist ab (Mitte) März bis (Anfang) November geöffnet; außerhalb dieses Zeitraums sind die Schleusen nur nach Anmeldung besetzt. Am 1. Mai bleiben sämtliche Schleusen geschlossen. Hochsaison ist im Juli und August, wobei vom 15. Juli bis zum 15. August extrem viel Verkehr auf dem Kanal herrscht. Bei Ihrer Reiseplanung sollten Sie auch die französischen Schulferien berücksichtigen. Im März, zu Ostern sowie im Juli und August verreisen Millionen französischer Familien innerhalb des Landes. Dann sind die Straßen verstopft und die Preise hoch.

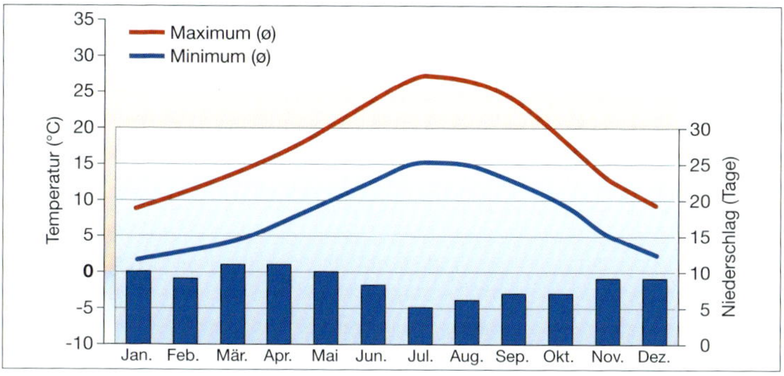

Mit durchschnittlich zehn Regentagen pro Monat und Temperaturen von höchstens 20 °C ist die Vorsaison von März bis Mitte Mai wirklich nur für hartgesottene Freizeitskipper geeignet. In der Nachsaison hingegen kann man oft bis weit in den Herbst hinein wunderschöne Tage unter goldenen Blätterdächern erleben. Regen ist aber auch in der Nachsaison möglich, und im Frühjahr und Herbst kann es empfindlich kalt werden.

Sprache

Im Süden Frankreichs wird neben dem Französischen auch Okzitanisch gesprochen. Diese Sprache entwickelte sich aus dem Vulgärlatein und verschwand während der Französischen Revolution im 18. Jahrhundert fast völlig. Französisch ist im gesamten Land die alleinige Amtssprache, Okzitanisch wird als Regionalsprache anerkannt.

Wer kein Französisch spricht, kommt mit Englisch meist auch ans Ziel. Trotzdem kann es nicht schaden, bestimmte Worte auch in der Landessprache parat zu haben. Ein kleines Reisevokabular finden Sie am Ende des Buches.

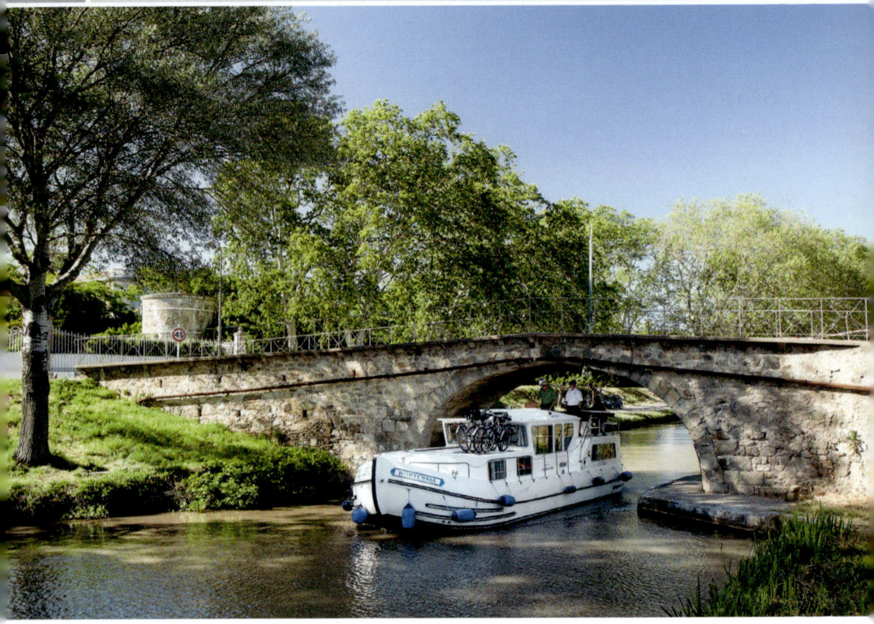

Viele Bauten am Canal du Midi stammen noch aus dem 17. Jahrhundert.

Geschichte des Canal du Midi

Eine bahnbrechende Idee

Bereits die Römer sollen den Bau einer künstlichen Wasserstraße, die den Atlantik mit dem Mittelmeer verbindet, geplant haben. Umgesetzt wurde das Projekt aber erst im 17. Jahrhundert unter König Ludwig XIV. dem legendären Sonnenkönig. Pierre-Paul Riquet (1604–1680), ein Steuereintreiber in Diensten des Regenten, stellte ihm im Jahre 1662 seine Pläne vor und konnte ihn für das Projekt gewinnen. Ludwig sah in dem Kanal eine weitere Möglichkeit, sich unsterblich zu machen. Im Oktober 1666 erteilte er die königliche Genehmigung für den Bau. Die Kosten wurden zu 40 Prozent von der Krone, zu 40 Prozent vom Land und zu 20 Prozent von der Familie Riquet getragen; letztere wurde nach dem Tod des Königs Eigentümerin.

Bis zu 12 000 Arbeiter waren an dem Kanal beschäftigt. Sie errichteten 328 Bauten, wie Schleusen, Tunnel, Brücken, Staumauern, Häfen und Aquädukte. Gespeist wird der Kanal mit Wasser aus dem Montagne Noir, dem Schwarzen Gebirge. Außerdem werden verschiedene kleinere Flüsse eingeleitet, zusätzlich sorgen Wasserspeicher und Gräben für den rechten Wasserstand. Das System ist so kompliziert, dass Riquet zunächst ein Modell mit sämtlichen Vorrichtungen baute, bevor er sein Vorhaben in die Tat umsetzen ließ.

Neben der enormen technischen Leistung besticht der Canal du Midi auch durch die hervorragende Einbindung in die südfranzösische Landschaft. Rund 42 000 Bäume säumten die Ufer. Ihr Wurzelwerk sorgt noch heute für die Befestigung der Ufer, ihr Blattwerk spendet Schatten für Mensch und Tier. Bevor es maschinenbetriebene Schiffe gab, wurden die Kähne von Pferden gezogen, die auf den Treidelpfaden entlang des Kanals gingen.

Eröffnung nach 14 Jahren Bauzeit

Am 24. Mai 1681 fand die Einweihung des »Canal Royal en Languedoc« (Königlicher Kanal im Languedoc) statt, wie der Kanal zunächst hieß. Zusammen mit dem Fluss Garonne bildet er seither die Verbindung zwischen den Meeren. Durch die Wasserstraße blieb den Handelsschiffen das Umfahren der Iberischen Halbinsel erspart, sodass sie nun fast 2500 Kilometer weniger Strecke zurücklegen mussten. Pierre-Paul Riquet erlebte die Fertigstellung nicht mehr. Er starb im Oktober 1680 als armer Mann. Sein gesamtes Vermögen und mehr hatte er in den Bau des Kanals gesteckt. Seine beiden Söhne arbeiteten noch bis 1682 am Kanal und benötigten etwa 40 Jahre, um die vom Vater geerbten Schulden abzutragen. Ab 1686 wurde der Ingenieur Sébastien de Vauban (1633–1707) mit dem Kanal betraut. Er optimierte die Wasserstraße in den folgenden Jahren, vor allem um die Überschwemmungsgefahr zu reduzieren.

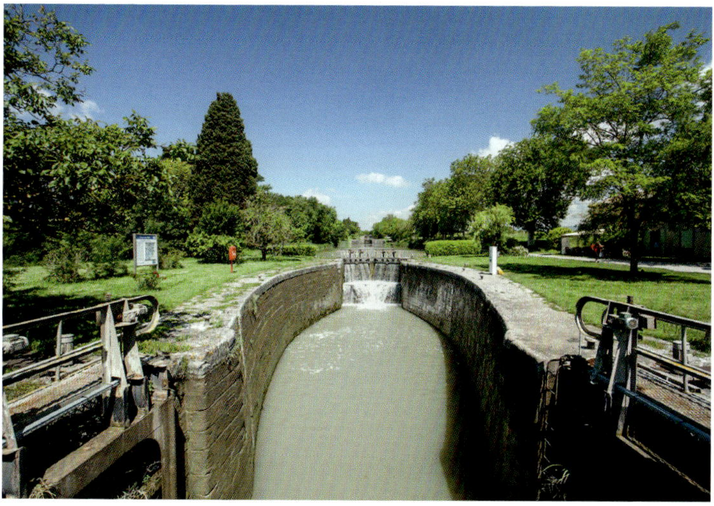

Die Schleusenbecken am Canal du Midi haben größtenteils noch die ursprüngliche ovale Form.

Später wurden Seitenkanäle, darunter der »Canal latéral de la Garonne« und der »Canal de la Robine de Narbonne« angeschlossen. Dadurch erlebte der Handel eine Blütezeit und brachte Wohlstand in die Gemeinden am Canal du Midi. Vor allem Brennstoffe, Baumaterial, Getreide und Wein wurden per Schiff transportiert, später fuhren auch Postschiffe und Transportschiffe für Passagiere auf dem Kanal. Die Reisenden mussten versorgt werden und so entstanden bald Gasthäuser, Geschäfte und Pensionen an seinen Ufern. Ein Schleppkahn, der gewöhnlich von drei Pferden gezogen wurde, schaffte die 240 Kilometer zwischen Toulouse und Sète in vier Tagen. Damit war er unschlagbar schnell.

Eigentumsverhältnisse

Die Familie Riquet behielt ihre Eigentumsrechte bis zur Französischen Revolution (1789), danach ging der Canal du Midi in den Besitz der Republik über. Unter Napoleon entstand eine Kanalgesellschaft, an der der Souverän mit 90 Prozent beteiligt war. 1858 wurde die Wasserstraße an eine Bahngesellschaft verpachtet, 1898 ging sie wieder in den Besitz des französischen Staates über. In den 1970er-Jahren wurde der Versuch unternommen, den Canal du Midi zu verbreitern und ihn für größere Boote schiffbar zu machen. Wegen des Baus der parallel verlaufenden Autobahn nahm man aber bald wieder Abstand von diesem Plan, denn per Lkw kann Fracht deutlich schneller transportiert werden. Nun konzentrierte man sich auf die touristische Nutzung der Wasserstraße. Seit 1992 ist die Voies navigables de France (VNF), die Kanalbehörde, für den Canal du Midi zuständig.

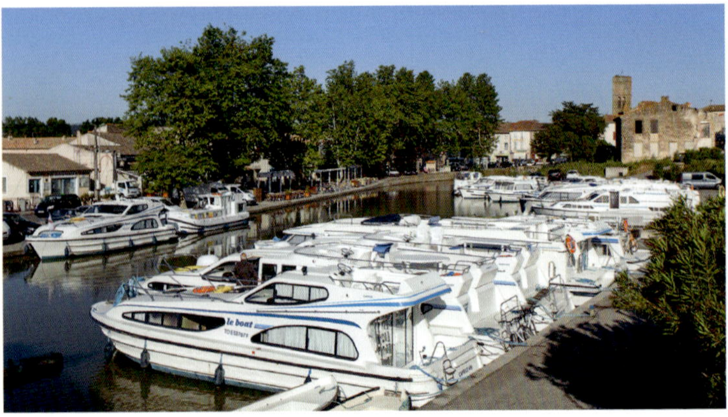

Das Bootsangebot am Canal du Midi ist riesig, und die Modelle sind höchst unterschiedlich.

Urlaubsplanung

Ab der Übernahme des Hausbootes kann eigentlich nichts mehr passieren, denn die Infrastruktur am Canal du Midi ist hervorragend. Und wenn man tatsächlich einmal keinen Kaffee mehr an Bord hat, hilft der Nachbar am Liegeplatz sicher gern aus. Bis es so weit ist, stehen aber einige Überlegungen, Entscheidungen und Vorbereitungen an, die Sie selbst erledigen müssen. Hier ein Vorschlag zur Vorgehensweise:

1. **Ermitteln Sie, welches Boot Sie benötigen**
   Größe und Ausstattung Ihres Hausbootes hängen in erster Linie von der Anzahl der Mitreisenden und deren Wünschen ab. Planen Sie lieber etwas großzügiger in puncto Platz – die Variante, in der Mitreisende im Wohn-/Essbereich schlafen müssen, weil nicht genügend Kabinen vorhanden sind, kann auf einer längeren Reise anstrengend werden. Berücksichtigen Sie auch Faktoren wie den Platz und die Ausstattung an Deck, denn wer möchte bei strahlendem Sommerwetter schon drinnen sitzen? Ein Außensteuerstand ist aus demselben Grund wünschenswert.

   Die Charterpreise variieren je nach Monat. Die Saison geht von Mitte März bis Ende Oktober, plus minus eine Woche. Unter *www.hausboot.de* finden Sie einen Überblick und Vergleichsmöglichkeiten zwischen den vier Anbietern Leboat *(www.leboat.de),* Locaboat *(www.locaboat.com/de),* Nicols *(www.nicols.com)* und Les Canalous *(www.canalous-plaisance.fr).* Auf der Seite sind die Reiseberichte zwar alt, die Daten sind jedoch aktuell. Sie können Ihr Boot auch direkt über die Website buchen.
2. **Vergleichen Sie die Angebote**
   Die Spanne ist zwar nicht wirklich groß und wer in der Hauptsaison reisen möchte, wird kaum ein Schnäppchen machen können, doch Frühbucherrabatte und Sonderangebote sind auch beim Mieten von Hausbooten hin und wieder möglich.
3. **Klären Sie, wo Sie Ihr Boot in Empfang nehmen und abgeben**
   Verschiedene Faktoren spielen bei dieser Entscheidung eine Rolle. Bedenken Sie, dass die Boote gewöhnlich an derselben Stelle abgegeben werden, an der sie übernommen wurden. Einwegmieten werden mit einem Zuschlag von bis zu 200 Euro (ohne Taxitransfer oder Pkw-Überführung) belegt; diese Extrakosten können es aber wert sein, weil Sie so keine Strecken doppelt abfahren müssen. Sollten Sie zum Ausgangspunkt zurückkehren müssen, überlegen Sie sich genau, welche Strecke Ihnen interessant genug er-

scheint, um sie zweimal zu fahren. Ein Abschnitt mit besonders vielen Schleusen kann sehr viel Zeit kosten.

4. **Planen Sie die An- und Abreise**
   Unser Hausbootführer empfiehlt Tagesetappen und möchte Sie für die Schönheiten und Sehenswürdigkeiten links und rechts des Kanals begeistern. Doch die meisten Sehenswürdigkeiten können Sie auch vor oder nach Ihrer Kanalfahrt besuchen. Planen Sie daher vor oder nach Ihrer Hausboottour noch ein wenig mehr Zeit ein. Üblicherweise werden die Boote von Samstag bis Freitag benutzt, doch das ist kein Muss, Sie können auch andere Termine vereinbaren – fragen Sie nach. Wer mit dem Flugzeug anreist, sollte sich am Flughafen einen Mietwagen nehmen, denn die Einkäufe für die Bootsfahrt wollen transportiert werden. Für Autos sind Einwegmieten erschwinglich, sodass Sie sich nach der Kanalfahrt ein anderes nehmen können, das dann am Flughafen abgegeben wird. Bedenken Sie auch, dass Direktflüge gewöhnlich nicht jeden Tag angeboten werden. Daraus folgt:
5. **Buchen Sie Boot, Flug und Mietwagen gleichzeitig**
   Damit vermeiden Sie Terminprobleme, die sich beispielsweise in zusätzlichen Übernachtungen vor Ort niederschlagen. Wenn alle Parameter sich ergänzen, schont das die Nerven und optimiert die Voraussetzungen für eine erholsame Urlaubsreise. Schließlich sollten Sie nicht an einer Reiserücktrittsversicherung sparen, die von verschiedenen Gesellschaften, auch über die Hausbootvermieter, angeboten wird.

Hausbootvercharterer

Folgende Anbieter haben in den verschiedenen Orten am Canal du Midi ihre Stützpunkte, aufgelistet von Sète am Mittelmeer aus in Richtung Toulouse. Die Aufzählung ist nicht vollständig, die Nennung ist mit keinem Qualitätsurteil verbunden:

Ort	Firma
Sète	Alle
Agde	Les Canalous (France Passion Plaisance = FPP)
Port Cassafières	Le Boat
Colombiers	Les Canalous (FPP)
Le Somail	Nicols
Argens Minervois	Locaboat
Homps	Le Boat, Les Canalous (FPP)

Trèbes	Le Boat
Carcassonne	Les Canalous (FPP)
Bram	Nicols
Castelnaudary	Le Boat
Négra	Locaboat
Narbonne	Le Boat

Kosten

Hausbootferien auf dem Canal du Midi fangen bei ca. 1000 Euro pro Woche an. Der Betrag muss vor Reiseantritt bezahlt werden. Die Bootsmiete ist natürlich der größte Brocken, doch damit sind die Nutzung des Canal du Midi und der Schleusen mit abgegolten sowie Frischwasser und Entsorgung an den dafür vorgesehenen Stellen. Extrakosten: Vor der Abfahrt kann ein Stellplatz auf einem bewachten Parkplatz gebucht werden. Der Treibstoff für das Boot wird nach gefahrenen Betriebsstunden abgerechnet. Für ihn muss eine Kaution hinterlegt werden, sodass am Ende der Reise abgerechnet werden kann. Grundsätzlich werden alle Extras berechnet. Auch die Endreinigung wird, falls Sie diese nicht selbst übernehmen, abgerechnet. Wi-Fi kostet für zwei Gigabyte etwa 50 Euro pro Woche. Haustiere dürfen mitgebracht werden, doch auch sie kosten extra, ebenso wie Fahrräder, die Sie auf dem Hausboot mitnehmen können. Darauf sollten Sie jedoch nicht verzichten, denn frisches Brot zum Frühstück oder die Möglichkeit, sich ein wenig Bewegung und Einsamkeit zu verschaffen, bekommt man sonst eher selten.

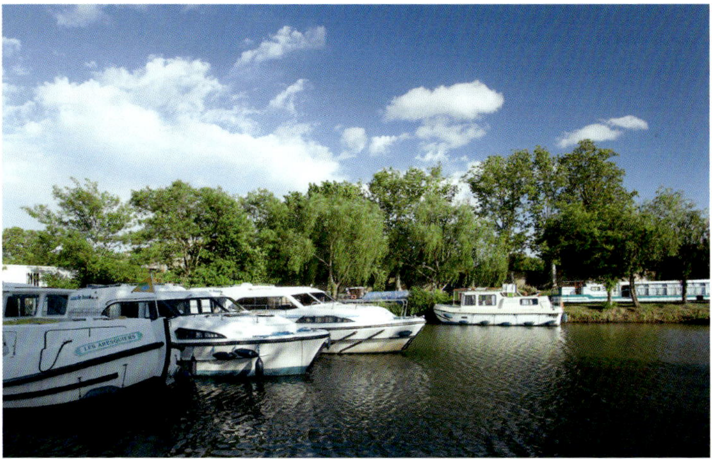

Vergleichen Sie die Angebote der Vercharterer, auch in puncto Extras.

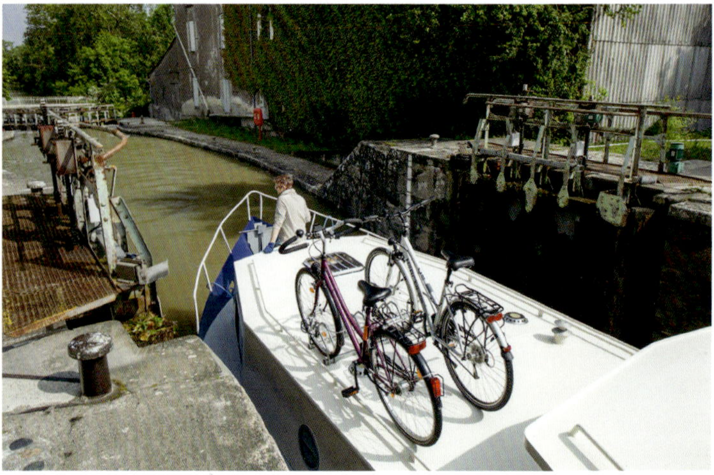

Es lohnt sich, Fahrräder mitzunehmen. Viele Boote haben Vorrichtungen, um sie sicher an Bord verstauen zu können.

Zahlen müssen Sie für Sitzkissen, Wassersportgeräte, Gasgrill und Laterne, Verspätung bei der Rückgabe und viele Dinge mehr. Studieren Sie Ihren Vertrag sorgfältig, um ärgerliche Überraschungen bei der Endabrechnung zu vermeiden, und überprüfen Sie bei der Übernahme, ob alle zusätzlich gebuchten und bezahlten Dinge vorhanden sind.

Koffer packen

Sie benötigen nur Ihre persönlichen Dinge, Kleidung und Badetücher. Allerdings ist das Baden im Kanal verboten, da die Wasserqualität schlecht ist. Fürs Sonnenbaden empfiehlt sich eine Sonnenmilch mit sehr hohem Lichtschutzfaktor, denn Sie befinden sich auf dem Wasser, dessen Reflexion die Sonneneinstrahlung verstärkt. Wenn Sie außerhalb der Hochsaison unterwegs sind, denken Sie an warme Pullover und Regenkleidung.

Die Boote haben Strom in Form eines 12-Volt-Zigarettenanzünders. Mithilfe eines Adapters, wie er auch im Pkw genutzt wird, können Sie Ihr Mobiltelefon aufladen – denken Sie daran, einen Adapter mitzunehmen. Es gibt auf einigen Booten 220-Volt-Steckdosen, doch das ist nicht die Regel. Taschenlampen für nächtliche Spaziergänge, Ihre Lieblingsmusik, rutschfeste Schuhe und Arbeitshandschuhe gehören ebenfalls ins Gepäck. All dies verpacken Sie am besten in eine faltbare Reisetasche, denn die kann auf dem Hausboot sehr viel einfacher als ein Koffer verstaut werden.

Übernahme

Die Hausboote werden in der Regel nachmittags übernommen und müssen am letzten Tag morgens abgegeben werden.

Bei der Übergabe bekommen Sie eine ausführliche Einweisung zur Benutzung und Bedienung des schwimmenden Zuhauses und anschließend eine Probefahrt, bei der das An- und Ablegen geübt wird. Scheuen Sie sich nicht, Fragen zu stellen – Sie werden schließlich geraume Zeit auf dem Boot leben und müssen damit zurechtkommen. Lassen Sie sich auch die verschiedenen Methoden zum Festmachen zeigen, denn Sie wollen ja vielleicht nicht jede Nacht in einem Hafen verbringen.

Sämtliche Informationen sind im sogenannten Bordbuch zusammengestellt, einer Art Gebrauchsanweisung für Ihr Hausboot. Auch die Telefonnummer des Technikers, den Sie im Notfall tagsüber jederzeit erreichen und der Ihnen gewöhnlich sofort zu Hilfe kommt, darf nicht fehlen. Behandelt wird auch das Thema Schleusen, denn Neulinge am Steuer haben davor meist einigen Respekt. Doch es ist wie so oft im Leben: Übung macht den Meister. Nach wenigen Versuchen wird es kein Problem mehr sein, zumal alle Schleusen am Canal du Midi von Schleusenwärtern betreut werden, die Ihnen helfen.

La écluse – die Schleuse

Schleusen gleichen die Höhenunterschiede einer Wasserstraße aus. Mal wird man hinauf- und mal hinuntergeschleust. Am Canal du Midi gibt es heute 63 Schleusenanlagen mit 98 Schleusenkammern – das bedeutet im Schnitt eine Schleuse pro 3,8 Kilometer. Doch ganz so schlimm ist es nicht. Diverse Schleusentreppen mit zwei bis acht Schleusenkammern relativieren die Zahl. Es gibt auch Abschnitte, auf denen es sehr ruhig zugeht. Bis auf eine haben alle Schleusen am Canal du Midi ovale Grundrisse, die Schiffe liegen nebeneinander und stabilisieren sich während des Schleusens.

Die Schleusen am Canal du Midi sind täglich von 8.00–19.00 Uhr geöffnet, Mittagspause ist gewöhnlich von 12.30–13.30 Uhr. An etwa der Hälfte der Schleusen wohnen die Wärter, die sich wie einst die Arbeiter am Kanal »Gens de l'eau«, die Wasserleute, nennen, direkt vor Ort. Manche betreiben kleine Geschäfte oder Bars, sodass man dort gewöhnlich andere Reisende antrifft. Vom 1. bis zum 30. November werden die Schleusen nur noch nach Anmeldung geöffnet.

Obwohl die Schleusen am Canal du Midi alle elektrisch funktionieren und immer von einem Schleusenwärter bedient werden, muss

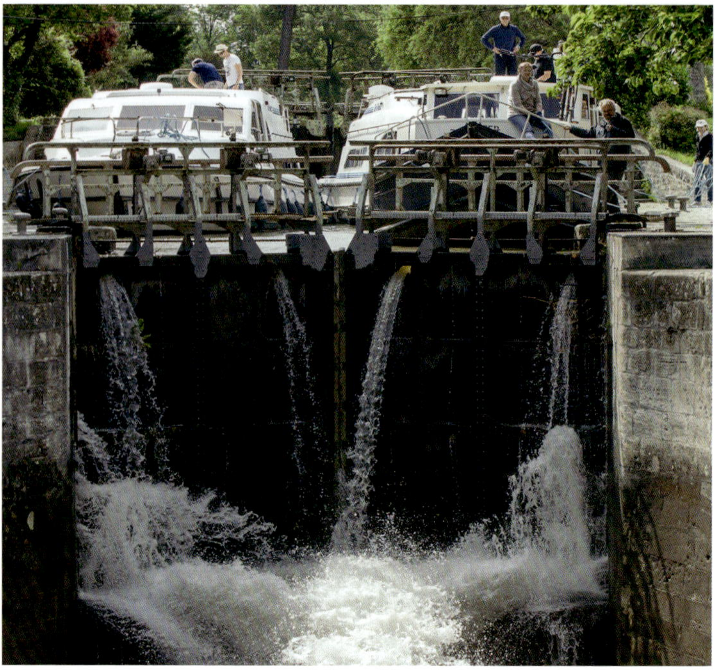

Schleusen gleichen mitunter beträchtliche Höhenunterschiede aus.

doch mit angepackt werden. Da man an der Schleuse meist andere Bootsreisende trifft, hilft man sich auch gegenseitig.

Wie das Schleusen vonstattengeht, können Sie in Ihrem Handbuch nachlesen, nach ein paarmal Schleusen geht der Ablauf aber schnell in Fleisch und Blut über. Hier ein kurzer Abriss:

Das Schleusen

Fahren Sie langsam in die Kammer ein und stoppen Sie den Motor. Das Boot hat vorne und hinten Leinen, die um die dafür vorgesehenen Poller gelegt werden. NICHT KNOTEN! Die Enden der Leinen werden auf das Boot geworfen. (Am besten lässt man ein Crewmitglied vor der Schleuse an Land, das sich dann um die Leinen kümmern kann.) Nun wird das Tor geschlossen. Beim Abwärtsschleusen sinkt das Boot nach unten und es muss Leine nachgegeben werden; beim Aufwärtsschleusen geht es umgekehrt, hier müssen die Leinen festgezogen werden. Passen Sie auf, dass sich keine Leine verklemmt, und benutzen Sie Handschuhe, damit es keine Hautabschürfungen gibt. Immer auf die Finger achten – es kann sehr schmerzlich sein, wenn Körperteile zwischen Poller und Leine geraten. Nach dem Absenken wird das vordere Tor geöffnet, der Helfer an Land macht die Leinen

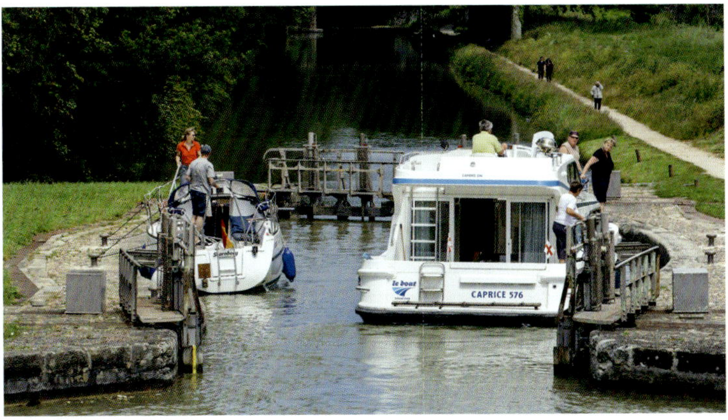

Das Schleusen macht manchen Urlaubsskipper erst einmal nervös – es ist aber eigentlich ganz einfach.

los und wirft sie an Bord. Vorsicht: Wenn die Leinen ins Wasser fallen, können sie sich in der Schraube verfangen. Nach der Schleuse das Crewmitglied an Land nicht vergessen!

Für das Benutzen der Schleusen wird ein Pauschalbetrag berechnet, der in der Miete für das Hausboot enthalten ist. Trotzdem freuen sich die Schleusenwärter über ein Trinkgeld. Übrigens kann man häufig die eine oder andere Wegzehrung bei ihnen kaufen.

Karten

Die Karten in diesem Buch dienen zur Orientierung und nicht zur Navigation. Sie ersetzen keineswegs Seekarten oder andere offizielle Unterlagen. Bitten Sie Ihren Vercharterer um geeignete Kartenwerke und erfragen Sie aktuelle Veränderungen. Voraussetzungen vor Ort, z. B. die Verfügbarkeit von Wasser, Strom, Treibstoff etc. können sich von Saison zu Saison ändern. Sorgen Sie also lieber zu früh als zu spät vor; verlassen Sie sich nicht auf eine bestimmte Versorgungsstation.

Legende:

Bahnhof *Flughafen* *Sightseeingtipp* *Strom* *Benzin*

Einkaufen *Duschen* *Entsorgung* *Wasser*

1. Etappe

Der Étang de Thau

Ein Binnenmeer mit eigenem Charakter

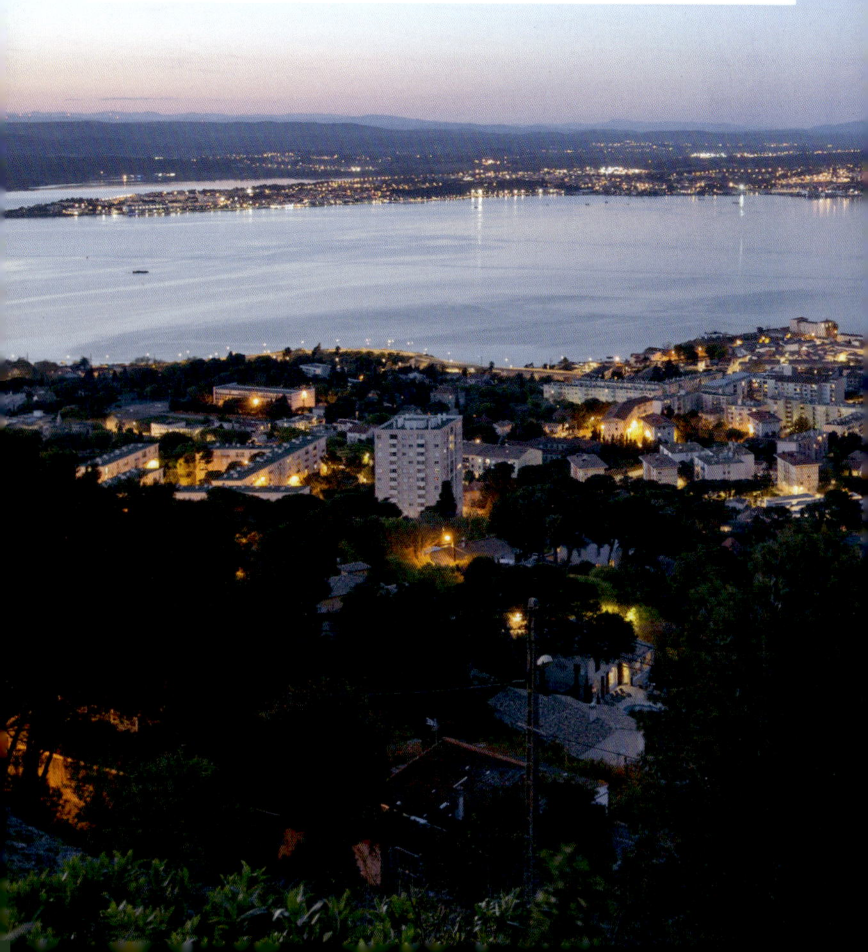

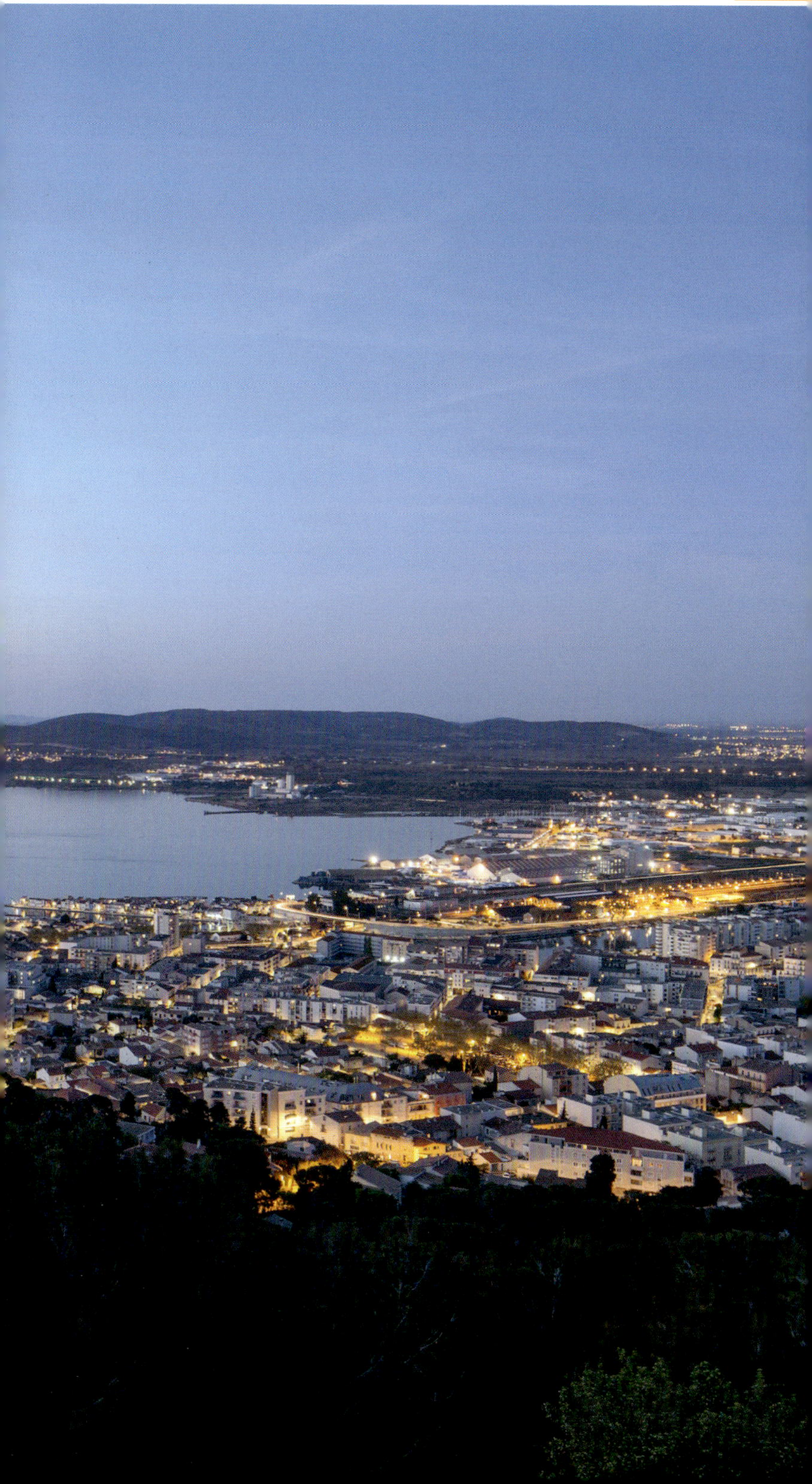

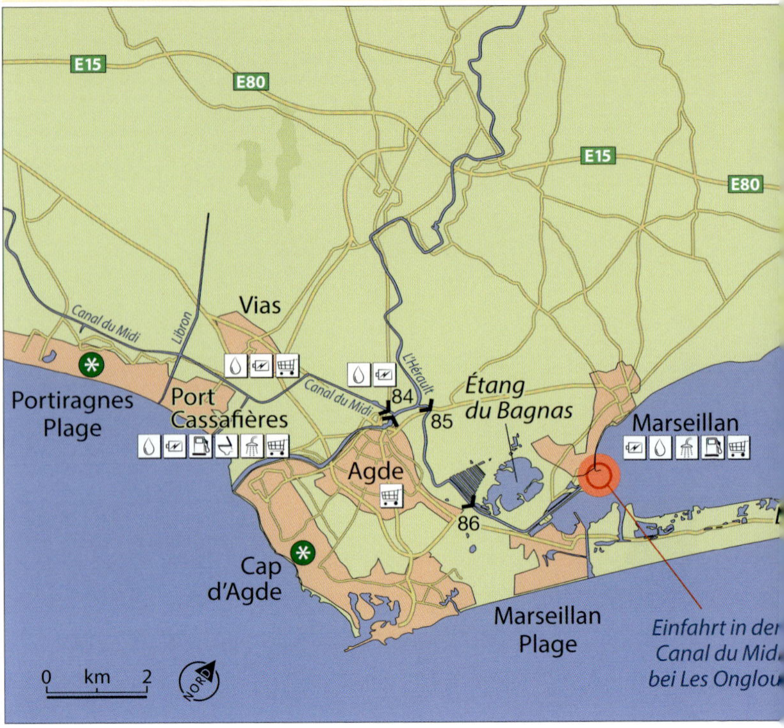

Der Étang de Thau ist mit 80 Quadratkilometern der größte See des Languedoc. Ursprünglich war die Lagune mit dem Mittelmeer verbunden, doch inzwischen wird sie durch eine 18 Kilometer lange Sandbank, »Le Toc«, abgetrennt. Sie verbindet die Stadt Sète mit der Küste von Agde und macht den Étang de Thau damit zum Binnenmeer. Da der See zwei Verbindungen zum Meer hat, ist sein Wasser salzig.

Überquerung

Wer vom Canal du Rhône à Sète zum Canal du Midi fährt (oder anders herum) oder sein Boot in Mèze oder Sète gechartert hat, muss den Étang de Thau überqueren. Es gibt auf dem See keine Gezeiten, doch selbst leichter Wind führt zu recht starken Wellen. Achten Sie darauf, dass alle Gegenstände auf dem Boot gesichert sind und nicht über Bord gehen können. Von einer Überfahrt ab Windstärke 4 wird abgeraten, denn die Boote können abgetrieben werden. Spätestens wenn Sie Schaumkronen auf den Wellen sehen, bläst der Wind zu heftig. Grundsätzlich ist die Überfahrt nur am Tage (dies gilt auch für den Canal du Midi) und bei günstigen Windverhältnissen erlaubt und es gilt, verschiedene Auflagen zum Schutze des Gewässers einzuhalten. Genaue Informationen erhalten Sie von Ihrem Bootsverleih.

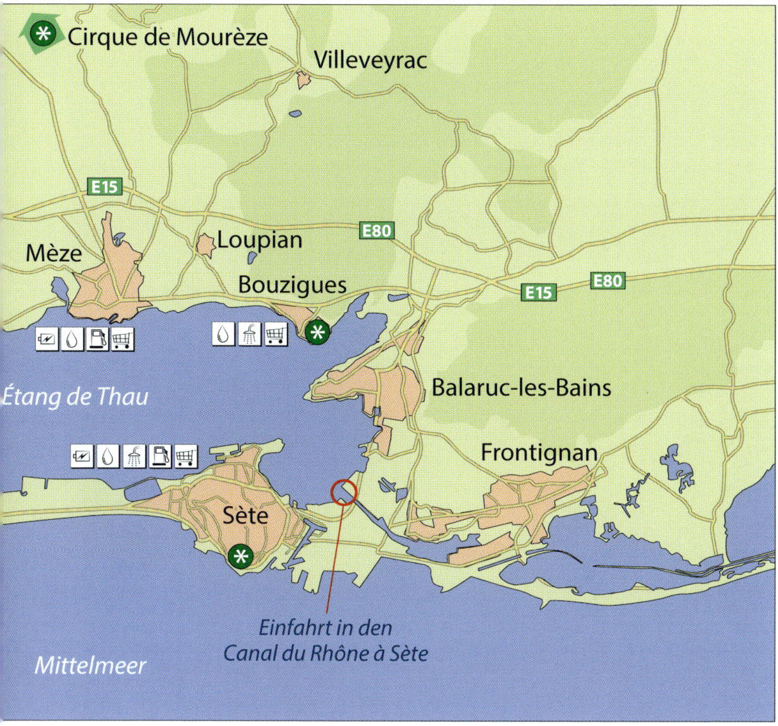

Die Sandbank Le Toc bietet auf der Meeresseite eine Reihe schöner Strände zum Schwimmen, Sonnenbaden und für sämtliche Wassersportarten. Auf der Innenseite, am südwestlichen Ufer des Thau, weist Le Toc aber zahlreiche Untiefen auf und macht die Überfahrt gefährlich. Zumindest Hausbootanfänger sollten die nördliche Route entlang der Austernbänke nehmen. Die Austernbänke reichen bis zur Mitte des Sees und sind erkennbar als weit aus dem Wasser ragende

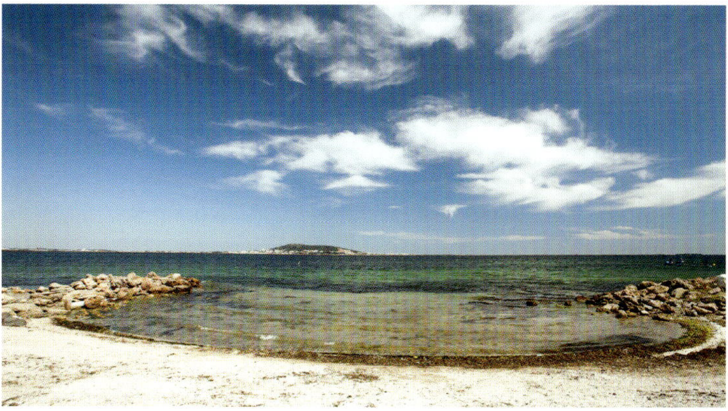

Bei schönem Wetter wirkt der Étang du Thau zauberhaft, doch unterschätzen Sie ihn nicht!

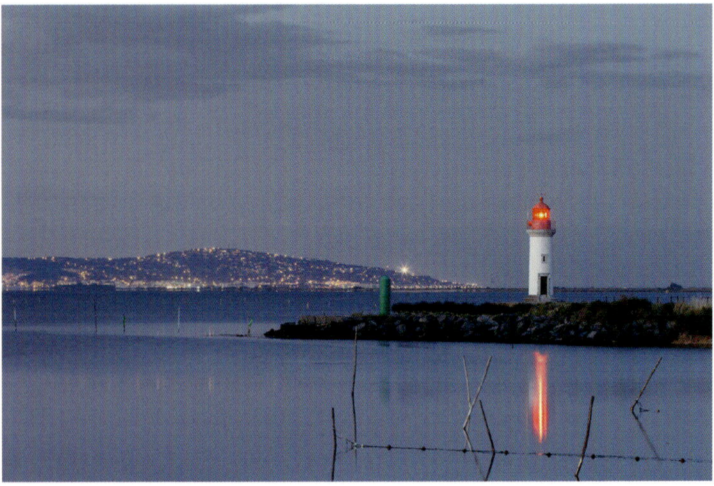

Blick auf den abendlichen Étang de Thau.

Stangen, die in Rechtecken aufgereiht sind. Als Orientierungshilfe eignen sich auch die Kirchtürme von Mèze und Marseillan. Die Überfahrt dauert etwas mehr als zwei Stunden bei einer durchschnittlichen Geschwindigkeit von acht Stundenkilometern.

Wer die südliche Route wählt, orientiert sich aus Richtung Canal du Midi (West) zum Canal du Rhône à Sète (Ost) am Mont Saint-Clair, dem Hausberg von Sète, oder in der Gegenrichtung am Mont Saint-Loup bei Agde. Beide Berge sind von beiden Ufern aus zu sehen. Der Kompasskurs vom Leuchtturm Roquéroles (Mündung des Canal du Rhône) zum Canal du Midi ist 227 Grad. Von der Einfahrt des Canal du Midi mit dem Leuchtturm Les Onglous zum Canal du Rhône à Sète beträgt er 47 Grad. Da diese Strecke etwas kürzer ist, kann sie in weniger als zwei Stunden bewältigt werden.

Baden und Surfen erlaubt

Aufgrund der schlechten Wasserqualität ist das Baden im Canal du Midi verboten. Obwohl dieses Wasser auch in den Étang de Thau fließt, ist die Lagune sehr sauber, und Baden ist hier erlaubt. Man sieht immer wieder Kanalschiffer, die in der Mitte des Sees Anker geworfen haben und sich dem Badevergnügen hingeben. Dagegen ist nichts einzuwenden, sofern man nicht gerade in die Austernbänke schwimmt.

Das Gleiche gilt für Wind- und Kitesurfer, die am Ètang de Thau einen der südfranzösischen Hotspots finden. An den Stränden der Mittelmeerküste ist Wind- und Kitesurfen während der Sommermonate verboten.

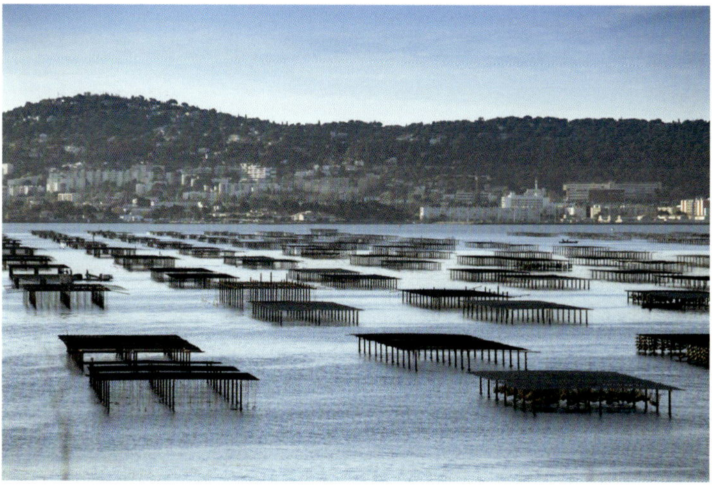

Austernbänke bei Bouzigues.

Austern

Im Étang de Thau herrschen ideale Bedingungen für die Austernzucht: Zum einen wirken keine Gezeiten, zum anderen wird er vom Canal du Midi mit stark kalkhaltigem Süßwasser gespeist und verfügt zudem über einige warme Süßwasserquellen. Hinzu kommt, dass das nur leicht salzhaltige Wasser sehr viel Plankton enthält, das durch den steten Wind gut im See verteilt wird. Austern und andere Schalentiere können in Ruhe fressen und gedeihen prächtig. Es gibt beispielsweise nirgends so viele Seepferdchen wie in dieser Lagune. Die Austernzucht im Étang de Thau ist einzigartig in Europa. Die Austern aus dem Mittelmeer sind sehr fleischig und haben einen pilzartigen bis nussigen Geschmack. Ihre Zucht beschränkt sich fast ausschließlich auf die Orte Bouzigues, Mèze und Marseillan. Natürlich gibt es die Schalentiere hier besonders frisch und selbstverständlich stehen sie auch auf jeder Speisekarte. Wer sich für die Aufzucht interessiert, kann an einer Bootstour zu den Austerbänken teilnehmen.

⊛ Bouzigues

Der kleinste Fischerort am Étang gibt sich im Frühjahr und am ersten Wochenende im August ganz groß. Dann findet in Bouzigues das Fest der Austern statt, bei dem es Unmengen an Meeresfrüchten zu essen und zu kaufen gibt. Auch außerhalb dieser Festtage lohnt es sich, die Schalentiere zu kosten. Ein »Plateau de la Mer« oder »Plateau de Thau« ist gewöhnlich bestückt mit rohen und überbackenen Austern,

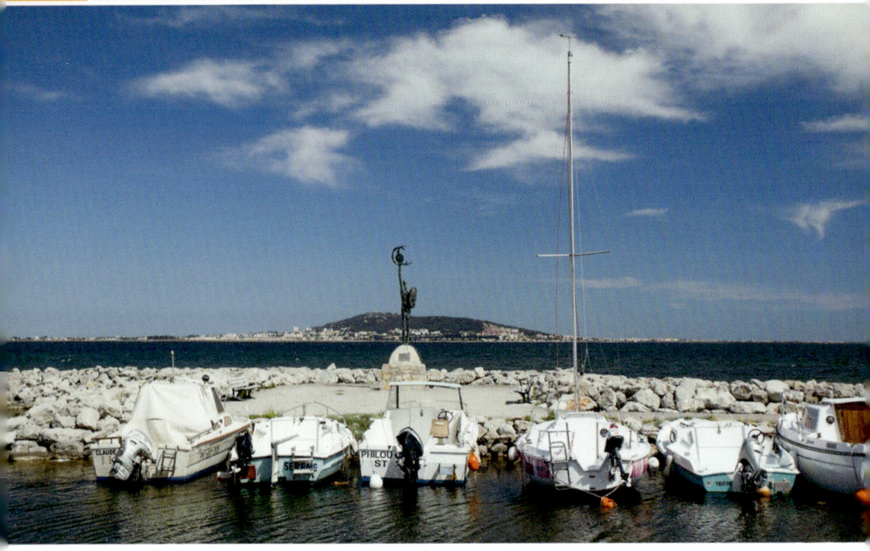

Auch viele Einheimische haben ein Boot am Étang de Thau liegen.

Seeigeln, Venus- und Miesmuscheln, Crevetten und anderen Leckereien. Ab etwa 20 Euro pro Person ist der herrliche Meeresfrüchteteller zu haben.

Im malerischen Hafen von Bouzigues gibt es ein eigenes Becken für die Fischerboote, sodass die Urlauber am hölzernen Steg praktisch unter sich sind. Wasseranschlüsse sind reichlich vorhanden. Der Ort mit seinen rund 1500 Einwohnern hat sein ländliches Flair bewahrt. Eine Kirche aus dem 15. Jahrhundert, die Gassen mit den Fischerhäusern und der Strand sorgen für das mediterrane Ambiente. Bars, Cafés und Restaurants laden zum Verweilen und Schlemmen ein und das Heimatmuseum »Musée de l'Étang de Thau«, am Ende des Hafens gelegen, informiert über die Geschichte und Technik der Austernzucht, die hier bis auf das Jahr 1925 zurückgeht.

Balaruc-les-Bains

Der Heilwasserkurort liegt gegenüber von Bouzigues und ist für seine Thermen bekannt. Er bietet zwei **Thermalbäder**, die ganzjährig geöffnet sind. Behandelt werden Gelenkschmerzen und Rheuma, wobei auch der Schlamm aus dem Étang de Thau eingesetzt wird. Der »Pavillon Sévigné« im historischen Zentrum ist die älteste Therme der Stadt. Hier ist inzwischen die Touristeninformation untergebracht. Ein Fußbecken direkt vor dem Gebäude lädt noch heute zum Ausruhen und Relaxen bei müden Beinen ein. Unterschiedliche Spa-Anwendungen, Ruhe und ein großes Wassersportangebot machen Balaruc-les-Bains zu einem in ganz Frankreich bekannten Kurort.

Informationen

Office de Tourisme de Balaruc-les-Bains
Pavillon Sévigné
34540 Balaruc-les-Bains
Frankreich
Tel.: +33 4 67 46 81 46
Web: www.balaruc-les-bains.com, Website auch in Deutsch
Ganzjährig geöffnet.

Museum
Musée de l'Étang de Thau
Quai du port de pêche
34140 Bouzigues
Tel.: +33 4 67 78 33 57
Fax: +33 4 67 78 51 56
Web: www.bouzigues.fr/musee/

Bootsfahrt zu den Austernbänken
Bleu Marin
2, Quai Noël Gignon
34140 Bouzigues
Tel.: +33 6 03 31 44 90
Web: www.promenade-bouzigues.fr

Ausfahrten werden von März bis November täglich zweimal angeboten, im Juli und August dreimal. Sie dauern etwa eine Stunde und kosten für Erwachsene 10 Euro, Kinder zahlen 8 Euro, ebenso Gruppen ab zehn Personen (7 Euro). Von November bis März nur Gruppenfahrten mit Reservierung.

Essen und Trinken
Chez la Tchèpe
14 Avenue Louis Tudesq
34140 Bouzigues
Tel.: +33 4 67 78 33 19

Hier können Sie sich Ihre Austern direkt aus einem großen Korb selbst aussuchen. Es herrscht stets reger Betrieb, denn das Restaurant ist vor allem bei Einheimischen beliebt. Pro Person speist man für 25–30 Euro.

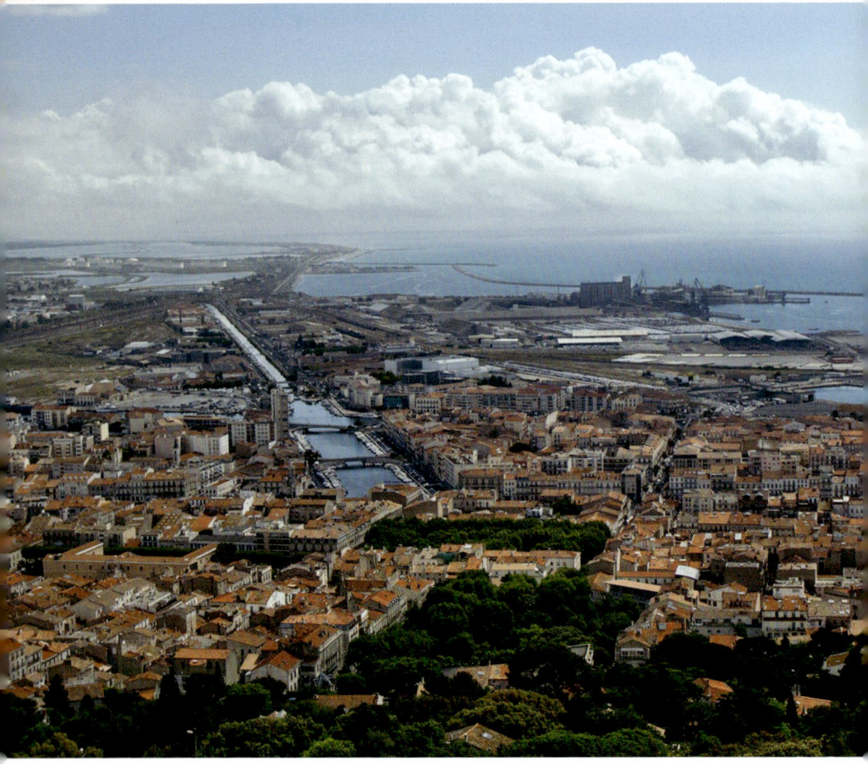

Von Sète aus in die Welt: Die Stadt lebt durch ihren Hafen.

✻ Sète

Sète, das »Klein-Venedig des Languedoc«, ist von Wasser umgeben, sein Zentrum von Kanälen durchzogen. Hier siedelten sich in den 1850er-Jahren zahlreiche Italiener an, die ihre Kultur und ihren Lebensstil mitbrachten, die die Stadt noch heute prägen. Ludwig XIV. ließ im Jahre 1666 die erste steinerne Mole anlegen und den Hafen ausbauen. Im selben Jahr wurde auch der Canal Royal, der königliche Kanal, gegraben. Um ihn herum entwickelte sich die Stadt.

Bewohnt war das Gebiet am südöstlichen Ufer der Lagune schon sehr viel länger. Ausgrabungen stießen auf Reste von Siedlungen aus der Bronzezeit, um 1000 v. Chr., die heute auf dem Grund des Étang de Thau liegen. Auch der Name Sète ist sehr alt. Bereits im 3. Jahrhundert v. Chr. wird vom »Setius mons«, dem Berg Setius, berichtet. Es handelt sich um den Hausberg von Sète, den heutigen Mont Saint-Clair (183 Meter). Bis ins 17. Jahrhundert hinein war der Berg ein Piratenquartier und die Gegend um ihn herum kaum bewohnt.

Heute ist Sète mit knapp 43 000 Einwohnern nach Montpellier und Béziers die drittgrößte Stadt in der Region Languedoc-Roussillon und besitzt nach Marseille den zweitgrößten Hafen am Mittelmeer.

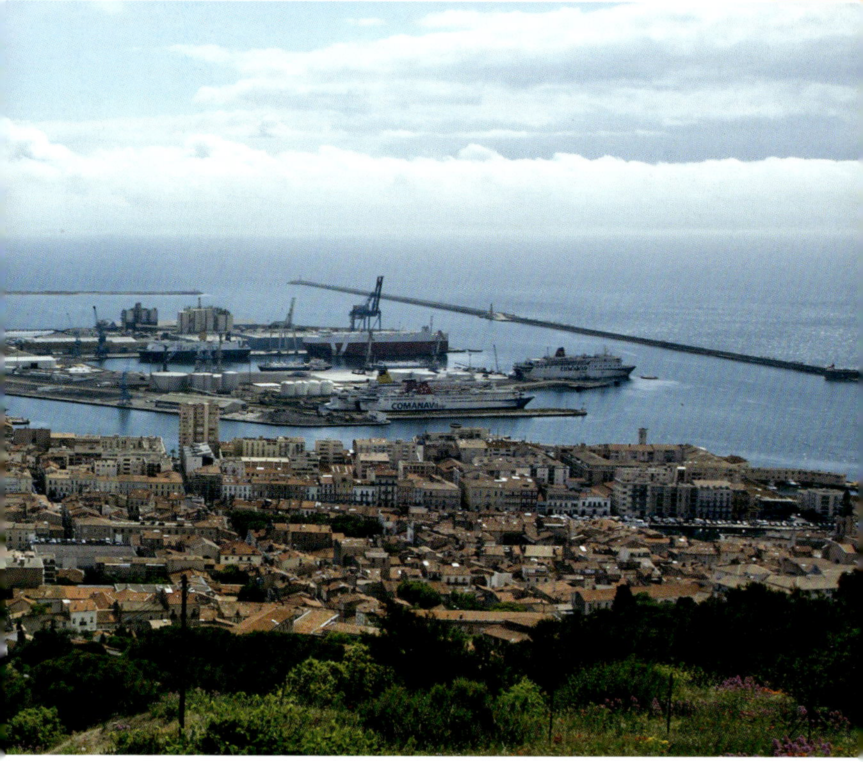

Der Fischereihafen ist sogar der größte am Mittelmeer. Ein weiteres wichtiges Handelsgut ist der Wein des Languedoc, der von Sète aus exportiert wird. Außerdem gibt es Fährverbindungen nach Spanien und Nordafrika. In Sète haben sich Betriebe aus verschiedenen Bereichen angesiedelt: chemische und Nahrungsmittelindustrie, Zement- und Sägewerke sowie Raffinerien. Die Stadt ist modern und lebendig und geprägt durch ihre unterschiedlichen kulturellen Einflüsse und Traditionen.

Wasserstraßen

Keine Stadt in Südfrankreich besitzt mehr Kanäle als Sète. Sie stellen die Verbindung zwischen dem Étang de Thau und dem Mittelmeer her und werden von zwölf Brücken überspannt. Einige davon haben einen Klappmechanismus, andere sind drehbar, um die Durchfahrt von Schiffen zu ermöglichen. Drei Brücken sorgen für die Straßenverbindung und eine ist eine Eisenbahnbrücke. Wenn sie alle geöffnet sind, wird Sète wieder zur Insel, denn dann gibt es keine Verbindung mehr zum Festland.

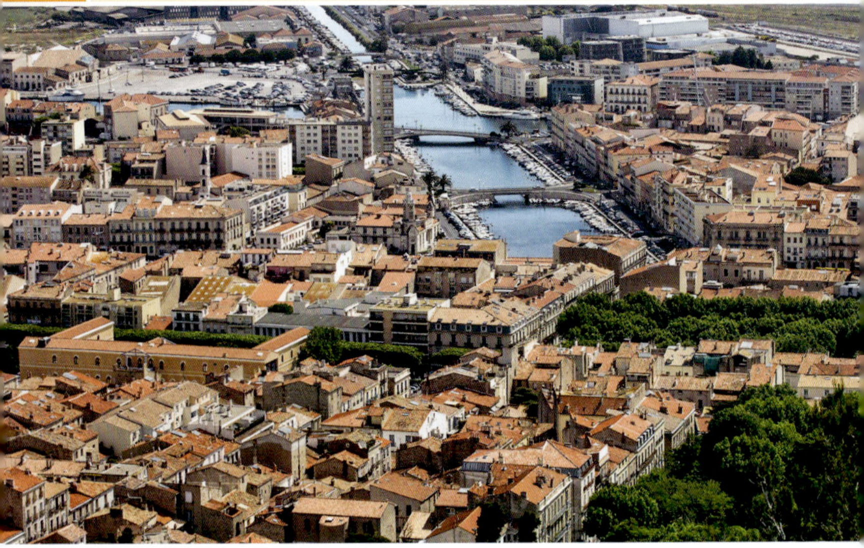

Wasserstadt Sète.

Der Kanalabschnitt zwischen den beiden Hauptbrücken ist als »Cadre Royal« bekannt. Er wird genutzt wie ein großer öffentlicher Platz, denn um ihn herum haben sich Geschäfte, Cafés und Restaurants angesiedelt, und während des gesamten Sommers finden auf dem Cadre Royal die berühmten Turniere im **Fischerstechen** statt. Und das seit 1666! Im August wird das Fest von Saint Louis, dem Schutzheiligen der Stadt, gefeiert, zu dem viele Tausende Besucher kommen. Die Feierlichkeiten werden mit fünf Tagen Fischerstechen

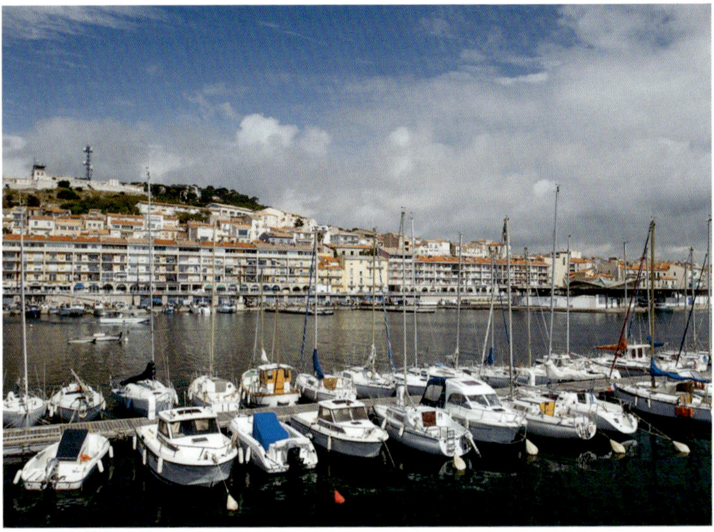

Der Hafen von Sète.

gekrönt. Die Wettkämpfe finden zwischen je zwei Bootsmannschaften statt, die sich mithilfe von langen Stangen gegenseitig ins Wasser stoßen müssen. Traditionell wird dazu Musik von Oboen und Trommeln gespielt.

Jeden Nachmittag, von Montag bis Freitag, findet am Cadre Royal der tägliche **Fischmarkt** statt. Die Fischauktionshalle »La Criée« liegt direkt am Eingang zum alten Hafen, zwischen Quai Général Durand und Promenade Jean-Baptiste Marty. Hier werden die fangfrischen Fische versteigert, hauptsächlich Sardinen, Makrelen und Thunfisch. Der Quai Général Durand, der in Sète meist »Quai de la Marine« genannt wird, ist Ausgangspunkt für die kleine Touristenbahn, die quer durch die Stadt fährt, sowie für Rundfahrten per Schiff. Angeboten werden Touren über das Meer, über den Thau zu den Austernbänken und mit kleinen Booten durch die Kanäle. Mit dem Hausboot können die Kanäle von Sète nicht befahren werden. Sie müssen im Hafen bleiben.

Tipp

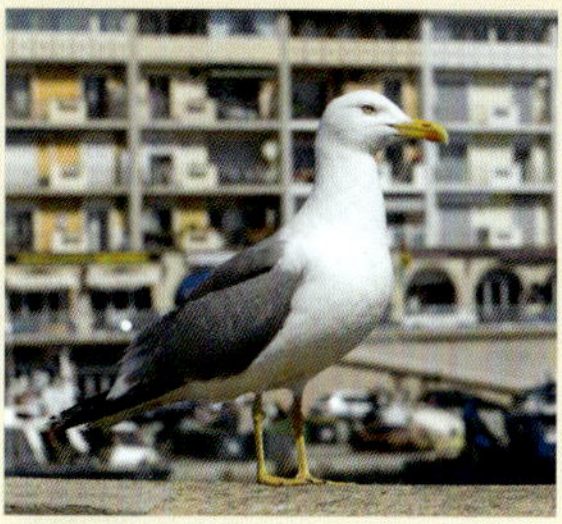

Das morgendliche Einfahren der Fischkutter und die unzähligen Möwen, die sie begleiten, kann man am besten vom Mont Saint-Clair aus beobachten! Der 183 Meter hohe Hausberg am südlichen Stadtrand bietet vom Gipfel aus in alle Himmelsrichtungen Panoramaaussichten über die Gewässer.

Ganz in der Nähe des Quai Général Durand liegen die **Markthallen von Sète**. Hier gibt es selbstverständlich frischen Fisch, vielerlei Muschelspezialitäten sowie Obst und Gemüse. Die Markthallen sind jeden Tag bis 13.00 Uhr geöffnet, auch sonntags. Mittwochs findet der große **Wochenmarkt** statt; er erstreckt sich rund um die Markthallen und über die Plätze der Stadt. Sonntags gibt es einen **Flohmarkt** auf dem Place de la République, und donnerstags findet auf dem Place Edouard Herriot im Viertel La Corniche ein landwirtschaftlicher Markt statt, auf dem Produkte aus der Region angeboten werden *(www.tourisme-sete.com)*.

Am alten Hafen liegt die Mole Saint Louis, die 1666 gebaut wurde. Sie ist 650 Meter lang und bietet einen wunderbaren Panoramablick über das Meer, die Lagune und die Stadt. An der Mole ist der Yachthafen Port de Plaisance untergebracht, der 300 Liegeplätze bereithält.

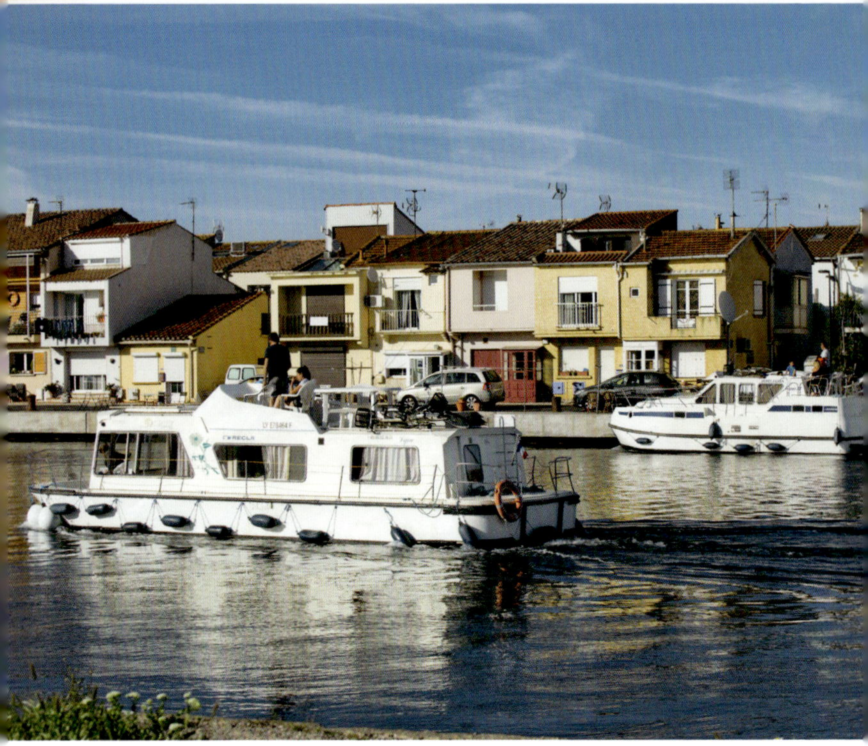

Am Quai du Mistral im Viertel Pointe Courte.

Ein Stückchen weiter in westliche Richtung befindet sich das alte Fort Saint Pierre, das zum Theater umgebaut wurde und den Namen Théâtre de la Mer trägt. Hier finden im Sommer regelmäßig Aufführungen statt. Das Fort wurde zwischen 1734 und 1746 erbaut, nachdem die Stadt im Jahre 1710 von den Engländern überfallen worden war. Die Belagerung konnte zwar nach wenigen Stunden beendet werden, doch sicherheitshalber baute man diverse Verteidigungsanlagen, wie das Fort Richelieu am Mont Saint-Clair, in dem heute eine Radarstation zur maritimen Überwachung eingerichtet ist.

Sehenswert

Das **Fischerviertel La Pointe Courte**, »die kurze Spitze«, liegt tatsächlich auf einer Landspitze, die in den Thau hineinragt. Die Bewohner leben vom Fischfang und mit ihm. So wie man am Festland sein Auto vor seiner Wohnung parkt, sind hier die Fischerboote hinter den Häusern vertäut. Die Straßen sind gerade und von Reihenhäusern gesäumt. Sie tragen Namen wie Fischergasse, Fischerstechergasse oder Ruderergasse. Die Bewohner selbst sind als die »Pointus« bekannt.

Das älteste Viertel **»Quartier Haut«**, die Oberstadt, liegt oberhalb des Hafens und wird »Klein-Neapel« genannt. Hier ließen sich die italienischen Fischer aus der Nähe von Neapel Mitte des 19. Jahrhunderts nieder; ihnen verdankt die Stadt ihr italienisches Flair. Neben den Fischern, die hier noch immer leben, ist das Viertel auch bei Künstlern sehr beliebt. In den kleinen Gassen findet man zahlreiche Malerateliers. Schon immer zog es Künstler nach Sète. Die berühmten Dichter Paul Valéry und Georges Brassens (letzterer war auch als Sänger und Komponist bekannt) sind die berühmtesten Söhne der Stadt. Ihnen sind in Sète vier verschiedene Museen gewidmet.

Im Herzen der Altstadt steht die **Kirche St. Louis** (1702), sie ist die älteste und bedeutendste der Stadt. Sie wurde zu Ehren des Schutzpatrons aus Bruchstein erbaut und steht seit 1989 unter Denkmalschutz. Jedes Jahr im August, zum Fischerstechen, das zu Ehren von St. Louis stattfindet, wird die Statue des heiligen Petrus, des Schutzpatrons der Fischer, zur Messe in die Kirche gebracht. Danach folgt eine Prozession zu Ehren aller verschollenen Seeleute.

Die Altstadt liegt am Fuße und an den Hängen des Hausberges Mont Saint-Clair, den man unbedingt erklimmen sollte. Von seinem Gipfel auf 183 Meter Höhe genießt man einen wunderbaren Rundblick auf die Stadt, den Hafen, das Meer und die Lagune. Im Jahre 1861 wurde die Kapelle Notre-Dame-de-la-Salette auf dem Gipfel errichtet. Hier stand zuvor das Fort Montmorencette. Im Innenraum sind vor allem die Fresken und Votivbilder sehenswert. Letztere wurden von den ansässigen Fischerfamilien aufgestellt. Dies hat in der katholischen Kirche eine lange Tradition: In Notsituationen legt man ein Gelübde ab und hängt ein Votivbild in einer Kirche auf.

Am Mont Saint-Clair liegt auch einer der bekanntesten Friedhöfe Frankreichs, der **Cimetière Marin**. Ursprünglich war sein Name Cimetière Saint Charles. Er wurde um 1680 eingerichtet, um den ersten Opfern des Hafenbaus eine angemessene Bestattung, »mit Blick auf das Meer«, zu ermöglichen. Über diesen sagenhaften Blick auf das Meer verfasste Valèry sein Gedicht »Friedhof am Meer«, das von Rainer Maria Rilke ins Deutsche übersetzt wurde. Auf diese Weise wurde der Friedhof weltbekannt und im Jahre 1945 zu Ehren des berühmten Gedichts in »Cimetière Marin« umbenannt.

Spezialitäten

Auf der lokalen Speisekarte finden sich vor allem Fisch und Meeresfrüchte. Unverkennbar ist der italienische Einfluss auch in der Küche. Man definiert ihn gern als mediterranen Stil mit deutlich italienischem Akzent. Sehr beliebt ist die *Macaronade*, ein Pastagericht mit Tomate und sehr feinen, mit Knoblauch, Petersilie, Salz und Pfeffer gewürzten Rindfleischrouladen. Auch die *Kalamari-Rouille*, Tinten-

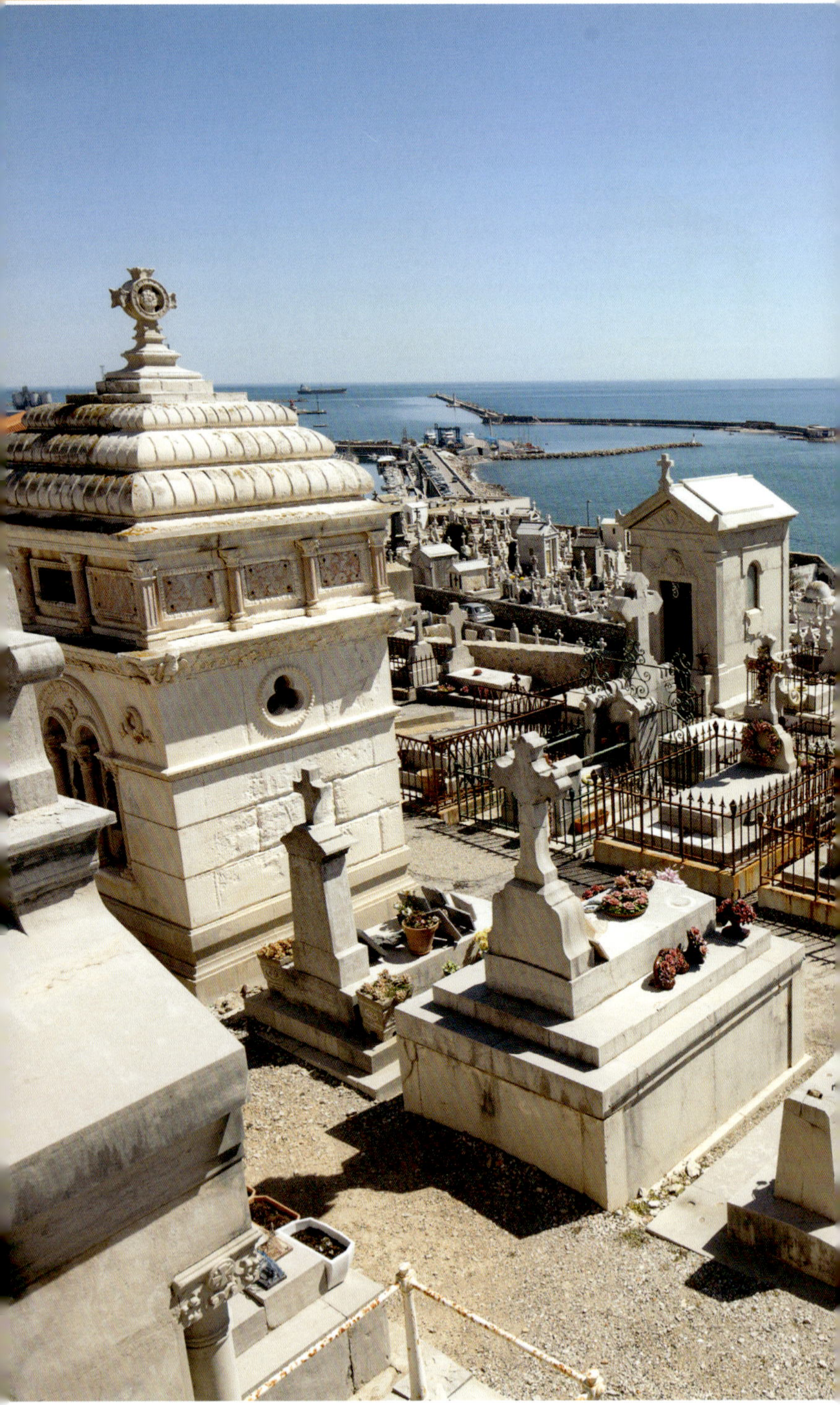

Aussicht vom Cimetière Marin.

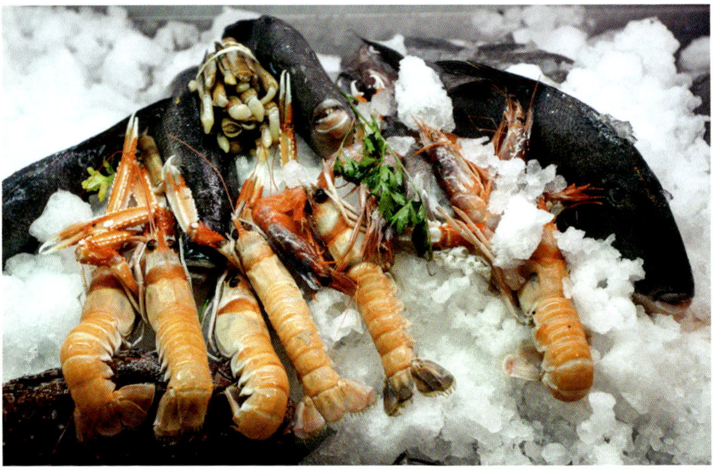

In puncto Meeresfrüchte bietet Sète alles, was das Herz begehrt, in köstlicher Frische.

fisch in einer Tomatensoße, ist ein sehr beliebtes Gericht. Bei den *Tielles de Sète* handelt es sich um kleine Pasteten, gefüllt mit Tintenfisch und Tomate. *Bourride de Baudroie* ist Seeteufel mit Gemüse, die *Bourride* ist eine Fischsuppe mit Miesmuscheln, Tintenfisch und anderen Meeresfrüchten. Bei *Moules à la Setoise* handelt es sich um Miesmuscheln mit einer delikaten Füllung.

Restaurants und Cafés gibt es am Canal Royal wie Sand am Meer und die gängigen Spezialitäten werden überall angeboten. Um einen bestimmten Qualitätsstandard zu gewährleisten, wurden drei Gütesiegel eingeführt: »Qualité de Hérault et Sud de France«, »Maitre Restaurateur« und »Famille plus«. Die Gastronomen unterziehen sich freiwillig der Prüfung, teilweise gleich dreifach. Mit einem Qualitätssiegel ausgestattete Restaurants sind nicht unbedingt hochpreisiger als ihre Mitbewerber.

Feste

Das 14-tägige Musikfestival »Fiest' A Sète« findet Ende Juli/Anfang August statt. Es ist eines von vielen Festivals, die jedes Jahr veranstaltet werden und Tausende von Besuchern in die Stadt locken. Einen Überblick finden Sie hier: *www.tourisme-sete.com.*

Im August, zum Fest Saint Louis, findet wie schon erwähnt das berühmte Fischerstechen statt (siehe Seite 34).

Informationen

Office de Tourisme
60 Grand Rue Mario Roustan
34200 Sète
Tel.: +33 4 99 04 71 71
Fax: +33 4 67 46 17 54
Mail: tourisme@ot-sete.fr
Web: www.tourisme-sete.com

Das Büro ist täglich geöffnet, außer an Weihnachten und Neujahr. Öffnungszeiten Oktober bis März: Mo–Sa 9.30–17.30 Uhr, So und Feiertage 10.00–17.00 Uhr. April, Mai und September: Mo–Sa 9.30–18.00 Uhr, So und Feiertage 10.00–17.00 Uhr. Juni, Juli, August: täglich 9.30–19.00 Uhr.

Touren und Anregungen
Auf der Website finden Sie ein reichhaltiges Angebot zur Erkundung von Sète. Ob Sie mit Eric für 10 Euro pro Person seine Heimatstadt erkunden oder sich einen Überblick über Gourmettempel verschaffen möchten, die Seite bietet ein wirklich reichhaltiges Spektrum.

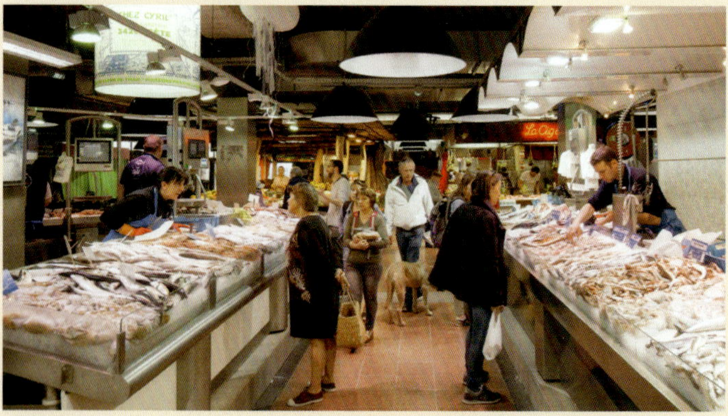

Parken
Wenn Sie mit dem Auto unterwegs sind, bietet sich die Tiefgarage »Parking du Canal« an, etwa 300 Meter vom Office de Tourisme entfernt. Sie liegt am Hafen, sodass Sie von hier aus alle Sehenswürdigkeiten gut erreichen.

Rundfahrten
Sète Croisières
BP 429 (Quai de la Marine)
34204 Sète
Tel.: +33 4 67 46 00 46

Inzwischen ist auch dieser Anbieter über die offizielle Seite www.tourisme-sete.com erreichbar.

Rundfahrten per Boot und per Bahn, Veranstaltungen und vieles mehr.

Essen und Trinken

Restaurant Terre & Mer
Place du Souras Bas
28 promenade J.B. Marty
34200 Sète
Tel.: +33 4 67 74 49 43
Web: www.restaurant-terreetmer.com

Am alten Hafen, gegenüber der Mole. Das Feinschmeckerrestaurant genießt einen sehr guten Ruf. Die Preise beginnen bei ca. 30 Euro pro Person. Mittags und abends geöffnet, Di und Mi Ruhetag. Um Reservierung wird gebeten.

Le Paris-Méditerranée
47 Rue Pierre Sémard
34200 Sète
Tel.: +33 4 67 74 97 73

Lokale Küche mit Pariser Flair, ganzjährig geöffnet, So und Mo Ruhetag. Die Preise bewegen sich im mittleren Bereich. Das Restaurant führt Weine aus biologischem Anbau.

Essen und Unterhaltung

Les Amis de Georges Brassens
38 Rue Maurice Clavel
34200 Sète
Tel.: +33 6 25 55 79 50
Mail: georges.brassens.resto@gmail.com
Web: www.resto-brassens.com

Karten gibt es auch bei der Touristeninformation.

Das Lokal Les Amis de Georges, der Freunde von Georges Brassens, dem berühmten Dichter, Schriftsteller und Chansonnier und bekanntesten Sohn der Stadt, hat ab September – über Winter – jeden Freitag- und Samstagabend geöffnet. Informieren Sie sich über die Website, die genauen Termine werden eingestellt. Vorbestellung notwendig. Hier gibt es Montmartre in Sète, die Gaststube ist mit Instrumenten dekoriert, die Gäste sitzen an langen Tischen. Um 20.15 Uhr startet ein Film über die Chansonniers der Zeit von Brassens und ab 21.45 Uhr gibt es Livemusik. Der Eintritt inklusive Menü und Konzert kostet 33 Euro, Kinder zahlen 13 Euro.

Rezept

Bourride de Baudroie
Seeteufel mit Knoblauch und Gemüse, für sechs Personen:

- 1,5 kg Schwanz vom Seeteufel
- 1 Stange Sellerie
- etwas Mangoldgrün
- 2 Karotten
- 1 Stange Lauch
- 1 Glas Weißwein
- Salz und Pfeffer, wer möchte, nimmt noch Knoblauch
- die Fischleber (wer es mag)
- ein Schuss Cognac
- Aioli (Knoblauchmayonaise) gekauft oder mit
  - 3 Eiern
  - 1/2 l Pflanzenöl und
  - 2 Knoblauchzehen

  selbst gerührt
- Brot
- Salzkartoffeln

Das grob gehackte Gemüse in ein wenig Öl anbraten, den Fisch in kleine Stücke (etwa drei pro Person) teilen, zum Gemüse geben, dazu ein wenig Wein und ein Glas Wasser. Kochen lassen, bis der Fisch durchgegart ist.

Inzwischen dünne Brotscheiben schneiden und rösten, mit der gebratenen Fischleber bestreichen und mit einem Schuss Cognac abschmecken. Die Fischfilets darauflegen.

Den Bratensaft zu der Aioli geben, nicht zu sehr erhitzen, damit die Soße nicht gerinnt; mit Salzkartoffeln servieren, die mit der Soße übergossen werden.

Dieses schmackhafte Gericht ist einfach und dazu schnell zubereitet und damit absolut hausbootküchentauglich. Es stammt aus dem Restaurant:

La Marine Restaurant Sète
29 Quai Général Durand
34200 Sète
Tel.: +33 4 67 74 30 03
Mail: contact@lamarine-resto.fr
Web: www.lamarine-resto.fr/

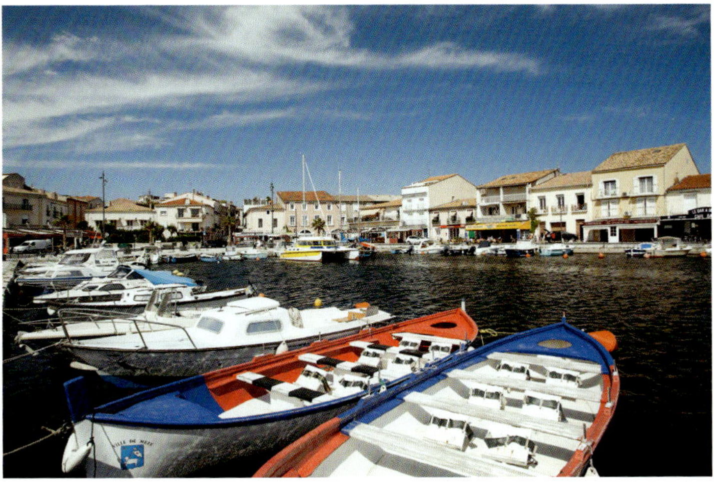

Im Hafen von Mèze.

Mèze

Der Fischerort liegt am Nordufer der Étang de Thau und hat heute rund 12 000 Einwohner. Damit hat sich deren Zahl seit 1975 mehr als verdoppelt. Rund ein Drittel der Bewohner lebt von der Muschelzucht, die übrigen hauptsächlich von Tourismus und Weinbau. Wenn Sie mit dem Hausboot in den kleinen Hafen von Mèze einlaufen, finden Sie am rechten Kai die Anlegestellen für Gastboote, gleich hinter der Hafenmeisterei. Hier gibt es Wasser und Treibstoff; wer übernachten möchte, muss mit recht hohen Gebühren rechnen. Wenn Sie mit dem Auto anreisen, finden Sie direkt am Hafen den großen Parkplatz »Place des Toneliers«.

Mèze verfügt über eine touristische Infrastruktur mit Hotels, Pensionen, Restaurants und Bars, die Stadt selbst hat aber keine echten Sehenswürdigkeiten zu bieten. Dabei ist das Gebiet um Mèze bereits seit dem 8. Jahrhundert v. Chr. besiedelt, als phönizische Seefahrer sich hier niederließen. Im 6. Jahrhundert errichteten sie einen Hafen, der als Servicestation für die An- und Abreise zu ihren spanischen Gebieten genutzt wurde.

Die Stadt verfügt über einen Strand, La Plagette, direkt am Hafen und neben der Touristeninformation. Meist trifft man hier nur Einheimische, und es herrscht ein recht familiäres Ambiente. Im Sommer ist der Strand bewacht. Vor allem Familien mit kleineren Kindern wird es hier gefallen, denn es gibt keine großen Wellen. Ringsherum finden sich Cafés und nur ein Stückchen weiter, am Hafen und im Zentrum, gibt es natürlich jede Menge Fischrestaurants.

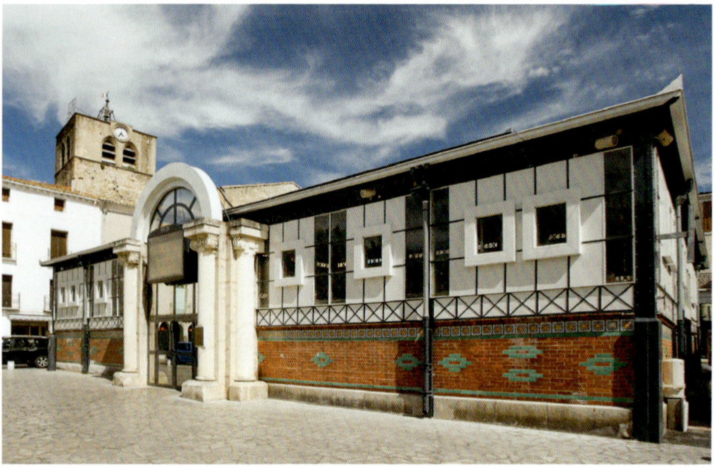

Die Markthalle von Mèze.

Feste

Ende Juni wird das Fest des heiligen Petrus gefeiert, das auch als Fischerfest bekannt ist. Zunächst versammeln sich Yachten, Fischerboote und die Kähne der Austernzuchten auf dem Étang de Thau, es wird ein Gottesdienst abgehalten und anschließend finden Umzüge durch die Straßen vom Mèze statt, die damit enden, dass Blumensträuße zum Andenken an die verschollenen Seeleute in die Fluten gelegt werden.

Seit 1991 wird in Mèze im Juli das Festival de Thau veranstaltet. Tausende Besucher nehmen an dem sechstägigen Musikfestival teil und es werden immer mehr. Leider gibt es noch immer keine Website auf Deutsch. Die Website in französischer Sprache finden Sie unter: *www.festivaldethau.com.*

Im August findet das Fest der Schalentiere statt, »La fête des coquillages«. Hier gibt es tagelang frischen Fisch und Meeresfrüchte, Musik, Tanz und allerlei Unterhaltung.

Umgebung

Auf dem Gemeindegebiet von Mèze, in Loupian, findet sich ein kleines Museum, das sich mit der Zeit der römischen Besatzung beschäftigt. **Villa Loupian** dokumentiert diese Zeit mit einigen sehr interessanten Ausgrabungen und den Resten einer römischen Villa. Besonders schön sind die römischen Mosaike.

In Mèze wurden Dinosauriereier gefunden, die belegen, dass in diesem Gebiet vor mehr als 65 Millionen Jahren Dinosaurier gelebt haben. Ihre versteinerten Knochen und jede Menge Nachbildungen finden sich im **Museum Dinosaurier-Park**, dem größten seiner Art in Europa. Hier ist das vollständige Skelett eines Brachiosaurus zu bewundert, das als das größte Dinosaurierskelett der Welt bekannt ist. Achtung! In Agde gibt es einen Freizeitpark, der sich Dino-Park nennt – nicht verwechseln!

Die **Abbaye Sainte-Marie de Valmagne** ist ein ehemaliges Zisterzienserkloster bei Villeveyrac, einem Nachbarort nördlich von Mèze. Das Kloster wurde 1138 von den Benediktinern gegründet und 1144 den Zisterziensern übergeben. Aufgelöst wurde es 1789. Kirche und Kloster wurden im romanischen Stil erbaut. Bereits 1257 entschloss man sich aber zum Bau einer gotischen Kirche, die um 1310 fertiggestellt wurde und die seither die romanische Klosterkirche ersetzt. Sie wurde das erste Beispiel nordfranzösischer Hochgotik im Languedoc. Der Zustand der Kirche ist sehr gut. Seit etwa 150 Jahren ist die Abtei in privatem Besitz. Heute kann man neben der mittelalterlichen Klosteranlage auch das Weingut sowie ein Restaurant besuchen.

Informationen

Office de Tourisme
Maison de la mer, Quai Baptiste Guitard
34140 Mèze
Tel.: +33 4 67 43 93 08
Web: https://de.thau-mediterranee.com (auch in Deutsch)
Mail: über die Website

Geöffnet vom 1. April bis 31. August Mo–Fr 9.30–18.00 Uhr, Sa 09.30–13.00 Uhr. September: Mo–Fr 9.30–13.00 Uhr und 14.30–17.00 Uhr. Oktober: Mo, Di, Mi und Fr, 9.00–12.00 Uhr und 14.00–17.00 Uhr.

Museen
Musée de site gallo-romain Villa-Loupian
RD 158 E4
34140 Loupian
Tel.: +33 4 67 18 68 18
Mail: villaloupian@ccnbt.fr
Web: https://patrimoine.agglopole.fr

Ganzjährig geöffnet, jedoch zu verschiedenen Zeiten. Ein Anruf oder eine Mail verschafft Klarheit. Der Eintritt kostet 5,00 Euro für Erwachsene und 3,50 Euro für Kinder. Familien zahlen 10 Euro. Für Gruppen ab 15 Personen werden auch Führungen angeboten.

Museum Dinosaurier-Park
Route Départemental 613
34140 Mèze
Tel.: +33 4 67 43 02 80
Mobil: +33 6 89 72 16 78
Fax: +33 4 67 43 03 65
Mail: mezedinosaure@yahoo.com
Web: www.dinosaure.eu

Im Juli und August ist das Museum von 10.00–19.30 Uhr geöffnet. Außerhalb der Ferienzeit öffnet es täglich von 14.00–19.30 Uhr. Einlass bis jeweils zwei Stunden vor Schließung. Am 24., 25. und 31. Dezember sowie am 1. Januar geschlossen.

Der Eintritt für Erwachsene beträgt 13,30 Euro, Kinder zahlen 8,00 bzw. 11,50 Euro.

Abtei von Valmagne
Route de Montagnac
34560 Villeveyrac
Besuchertelefon: +33 4 67 78 47 32
Mail Besucher: info@valmagne.com
Mail Gruppen: groupes@valmagne.com
Web: www.valmagne.com

Im Sommerhalbjahr, vom 15. April bis 30. September, ist die Anlage täglich von 10.00–18.00 Uhr geöffnet. Im April und Mai Mo Ruhetag. Im Winterhalbjahr, vom 1. Oktober bis 15. April, Di–Fr von 14.00–18.00 Uhr, Sa, So und an Feiertagen von 10.00–18.00 Uhr geöffnet. Mo geschlossen.

Cirque de Mourèze

Der Bergkessel von Mourèze, am Südhang des Montagne de Liausson, liegt etwa 45 Kilometer nordwestlich von Mèze. Man erreicht ihn über die A75.

Das ausgedehnte Gewirr von Dolomitfelsen bildet ein natürliches Amphitheater und erstreckt sich über 340 Hektar. Die außergewöhnlichen Kalksteinformen sind im Laufe von Millionen von Jahren durch Erosion entstanden. Mehrere Wanderwege erschließen den Kessel mit seinen Gesteinssäulen, von denen einige bis zu 100 Meter hoch sind. Gehen Sie auf die Suche nach dem Affen, Manitou, der Fee, der Schildkröte oder den Verliebten. Wer es ganz hinauf bis zum Mont Liausson schafft, kann sich über eine einzigartige Aussicht auf den Lac de Salagou freuen. Der Ort Mourèze selbst bietet kleine Gassen, eine Burgruine aus dem 10. Jahrhundert sowie eine kleine romanische Kirche.

Weitere Informationen finden Sie unter: *www.destination-salagou.fr* (auch in Deutsch).

Marseillan

Der Fischerort liegt am Nordufer des Étang de Thau und hat heute rund 7900 Einwohner. Etwa 200 Familien leben von der Austernzucht. Wenn Sie mit dem Hausboot den kleinen Hafen von Marseillan anlaufen, finden Sie hier am rechten Kai die Anlegestellen für Gästeboote. Im Hafen gibt es Wasser und Treibstoff, und wie in Mèze muss auch hier zum Übernachten tief in die Tasche gegriffen werden. Gleich nebenan befindet sich der Yachthafen, der auch eine Segelschule beherbergt. Auf der kleinen Landzunge daneben liegt die Hafenmeisterei, die Capitainerie. Der Fischerei- und Wassersporthafen befindet sich am Mittelmeer in Marseillan Plage.

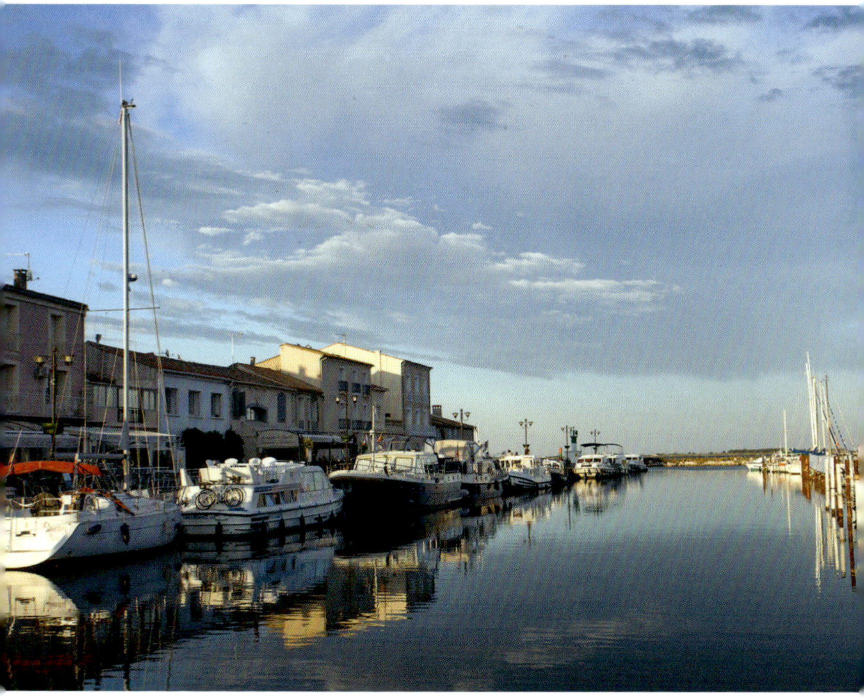

Der Hafen von Marseillan.

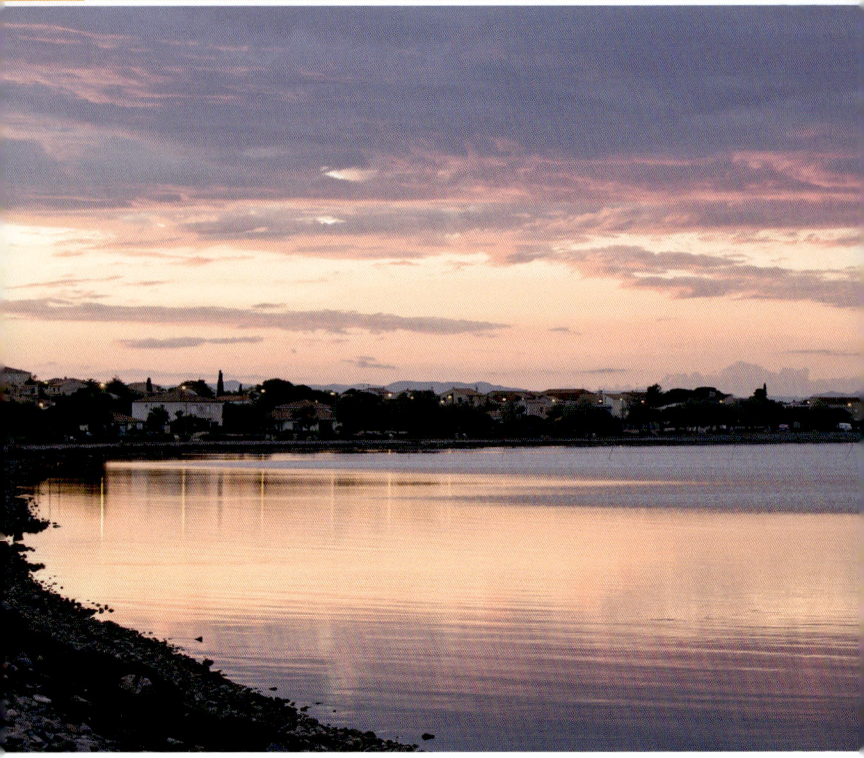

Abendstimmung in Marseillan.

Wie die der Nachbarorte geht auch die Besiedelung von Marseillan bis ins Altertum zurück. Heute gibt es den ursprünglichen Ort Marseillan am Étang de Thau und Marseillan Plage, das direkt am Mittelmeer liegt. Marseillan Plage ist ein Touristenort, der von seinem sechs Kilometer langen Sandstrand profitiert und dementsprechend sämtliche Möglichkeiten für einen erholsamen und/oder aktiven Urlaub bereithält. Wassersport, Radfahren, Reiten, Wandern, Relaxen – es wird geboten, was das Herz begehrt. Trotzdem hat sich der ursprüngliche Ort Marseillan seinen charmanten Charakter bewahrt. Er ist umgeben von Weinbergen und in den typischen kleinen Gassen findet man historische Bürgerhäuser, die Kirche Saint Jean-Baptiste, einen überdachten Platz aus dem 17. Jahrhundert und das berühmte Weinlager »Chais de Noilly-Prat«, wo man den Wermut Noilly-Prat erwerben kann. Das Geheimnis seiner Zubereitung wird von Noilly Prat in Marseillan seit 1813 streng bewahrt. Entwickelt wurde das Rezept von Joseph Noilly, nach eigenen Angaben ist es einzigartig. Die Weine werden über mehrere Monate in den Weinkellern und ein Jahr lang im Freien gelagert. Danach werden sie verschnitten und mit Kräutern aromatisiert. Wer möchte, kann sich ein eigenes Bild vom Entstehen und dem Geschmack des Wermuts machen.

Naturschutzgebiet

Zwischen Marseillan und Agde liegt der **Étang du Bagnas**, ein größerer offener See und ein kleinerer, trockengelegter Sumpf. Zusammen bilden sie ein Feuchtgebiet von 563 Hektar, das 1983 zum Naturschutzgebiet erklärt wurde. Auf diesen ehemaligen Salzwiesen leben mehr als 200 Vogelarten, darunter Flamingos, Silberreiher, Zwergadler, Schlangenadler, Wanderfalken, Bienenfresser und viele mehr. Rund 6000 Wasservögel nutzen das Gebiet zum Überwintern. Ein Teil des Étang du Bagnas kann nicht besucht werden, da dort besonders schutzbedürftige Vogelarten brüten. Neuerdings denkt man darüber nach, das Naturschutzgebiet noch zu erweitern.

An Pflanzen findet man vor allem verschiedene Arten von Schilf sowie die typische Flora von Feuchtgebieten. Es werden Wanderungen durch das Naturschutzgebiet angeboten. Informieren Sie sich bei der Touristeninformation.

Termine

Jeden Dienstagmorgen findet in Marseillan ein großer Markt statt. Einen Kunsthandwerkermarkt gibt es jeden Donnerstagabend von 19.00 Uhr bis Mitternacht auf dem »Platz der 8. Mai 1945«. Ein traditioneller Markt wird jeden Freitagabend ab 19.00 Uhr bis Mitternacht am »Place du Marché« in Marseillan Plage abgehalten.

In Marseillan Plage gibt es samstags, sonntags und an Feiertagen jeweils ganztägig einen großen Floh- und Trödelmarkt.

Informationen

Office de Tourisme
Avenue de la Méditerranée
34340 Marseillan Plage
Tel.: +33 4 67 21 82 43
Fax: +33 4 67 76 37 98
Mail: tourisme@marseillan.com
Web: www.marseillan.com/deutsch

In den Sommermonaten von Juli bis August ist am Strand in der Nähe des Stadttheaters Henri Maurin, Boulevard Marine, direkt beim Yachthafen, ein zusätzlicher Informationspunkt eingerichtet.

Öffnungszeiten täglich von 10.00–13.00 Uhr und 15.00–19.00 Uhr.

Essen und Trinken
Weinlager Noilly Prat
1 Rue Noilly
34340 Marseillan
Web: www.noillyprat.com

Infos und Buchungen über die Website, in Deutsch.
Nebensaison: März und April sowie Oktober bis Dezember täglich von 10–12 Uhr und von 14.30–17.30 Uhr geöffnet. Hauptsaison: Mai bis September täglich von 10–12 Uhr und von 14.30–19.00 Uhr geöffnet.

Essen und Trinken
Le Comptoir de dégustation Tarbouriech St-Barth
Lieu dit Montpenedre
34340 Marseillan
Tel.: +33 4 99 43 97 58
Mail: contact@lestbarth.com
Web: www.lestbarth.com

Geöffnet im Mai, Juni und September an den Wochenden und abends. Im Juli/August ganztägig.
Das Comptoir ist eine neuartige Probierstube für die außergewöhnlichen Tabouriech-Austern. Besonders empfohlen werden die »Chaudes sur perche«, die mindestens 250 Gramm schwer sind. Sie werden leicht geschmort und mit einer Soße serviert. Typisch für den Ort: die Brasucade-Muscheln mit Knoblauch, Pastis, Thymian, Lorbeer und Olivenöl.

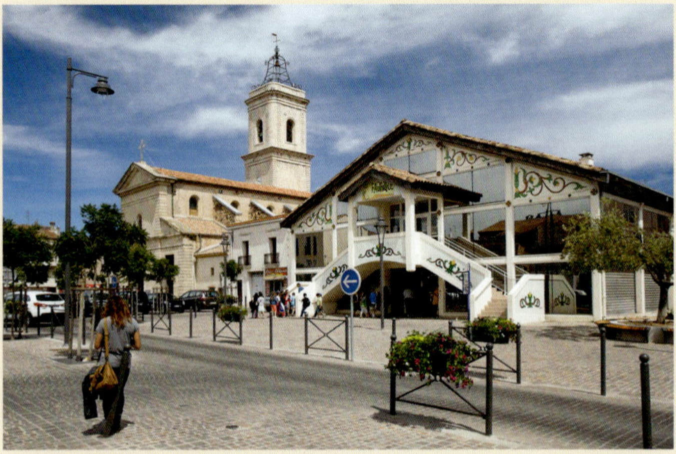

Ein kleiner Bummel durch Marseillan lohnt sich.

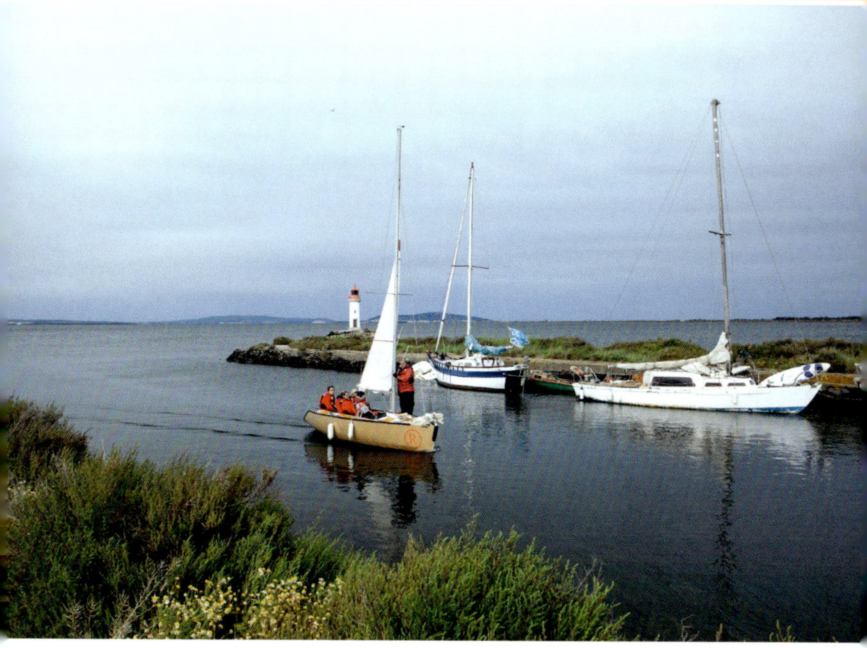

Die Einfahrt in den Canal du Midi bei Les Onglous.

Les Onglous

Der Leuchtturm Les Onglous markiert die Einfahrt zum Canal du Midi. Er steht auf einer spitz zulaufenden Mole, die in einen Kai übergeht, der vor allem von Segelbooten genutzt wird. Grund ist die ansässige Segelschule. Trotzdem kann man, vor allem wenn man vom Canal du Midi aus auf den Étang de Thau fährt, hier festmachen, um sich auf die Überfahrt vorzubereiten.

Wenn Sie in den Canal du Midi hineinfahren, halten Sie sich rechts des Leuchtturms. Sofern Sie nicht in einem der Häfen übernachten möchten, können Sie sich nach der Mole einen Liegeplatz suchen. Besser aber, Sie fahren direkt weiter bis zur Schleuse Bagnas, die knapp fünf Kilometer von der Einfahrt entfernt ist. Dieser erste Kanalabschnitt hat seine Tücken, denn es wird sehr viel Brackwasser aus dem Étang de Thau eingespült. Spätestens nach 1,5 Kilometern, hinter der ersten Brücke, treiben oft tote Fische, die aus dem nahen Süßwassersee Étang du Bagnas stammen und im Salzwasser des Kanals verendet sind. Nach der Schleuse Bagnas führt der Canal du Midi dann nur noch Süßwasser.

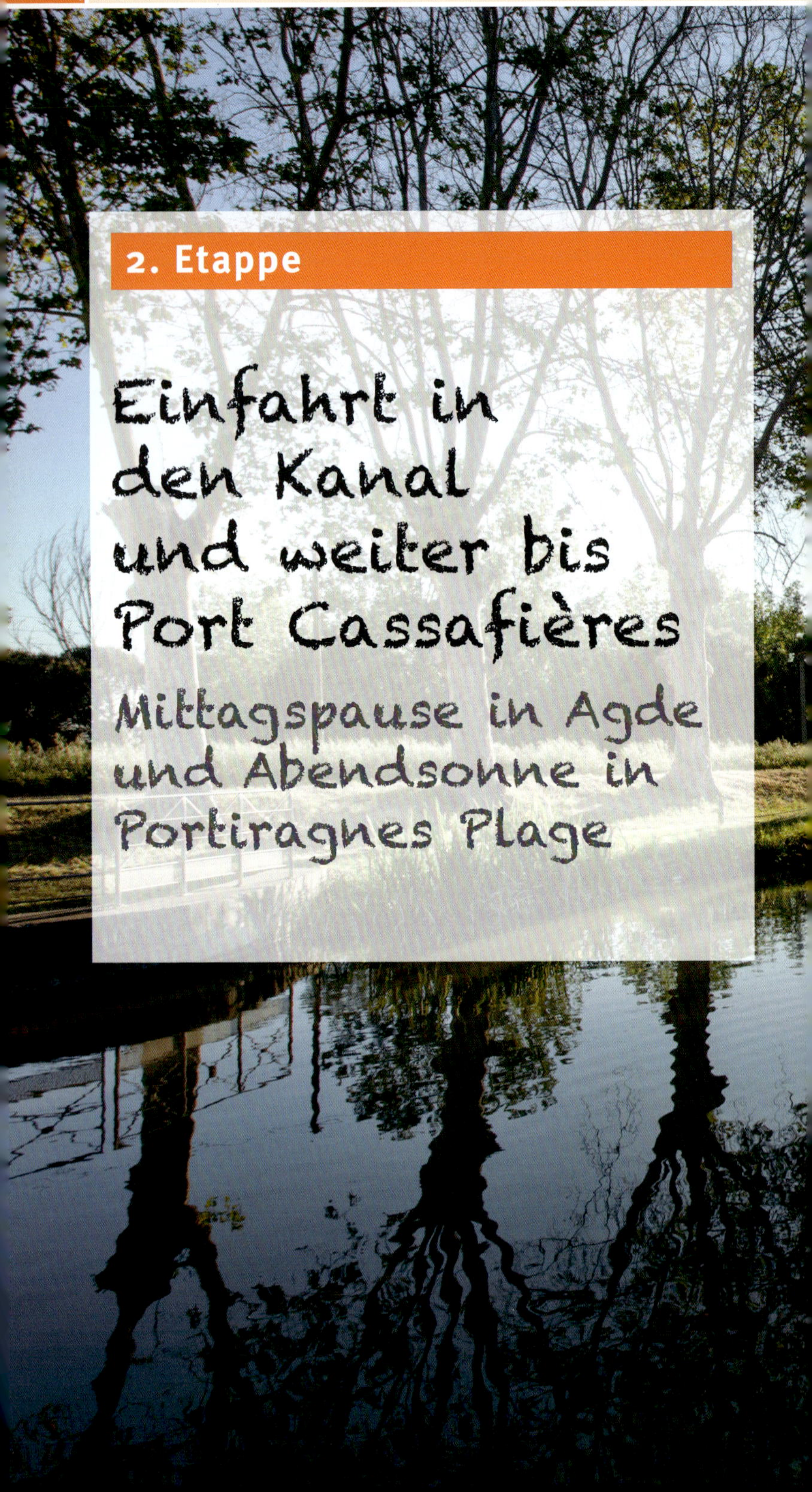

2. Etappe

Einfahrt in den Kanal und weiter bis Port Cassafières

Mittagspause in Agde und Abendsonne in Portiragnes Plage

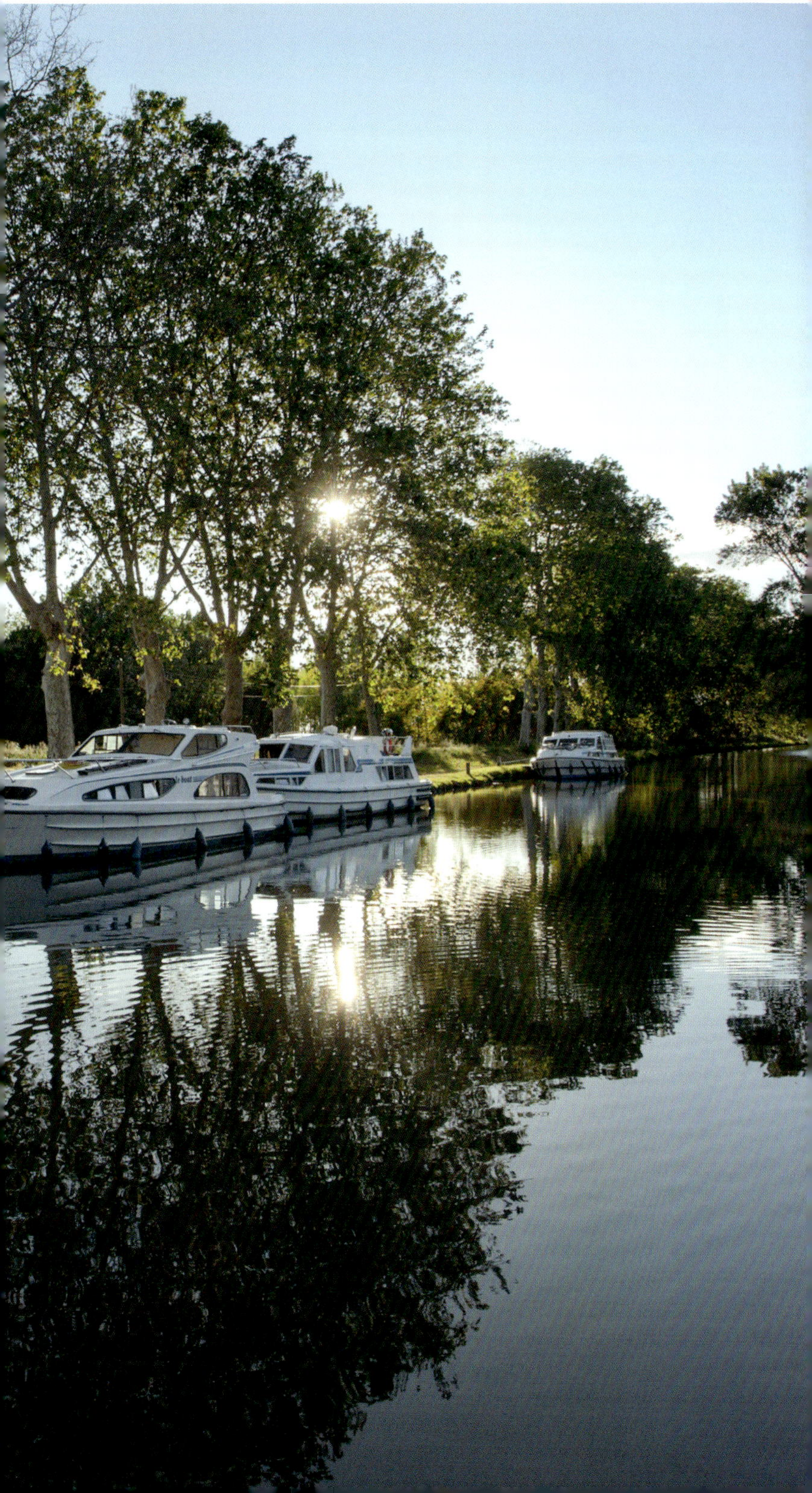

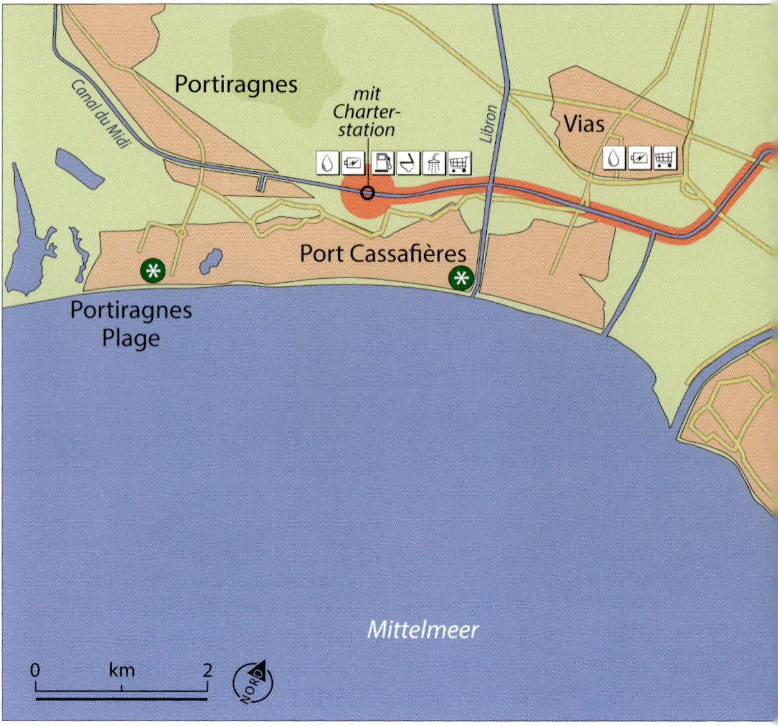

Startpunkt:	Les Onglous, Einfahrt in den Canal du Midi
Ziel:	Port Cassafières
Strecke:	18 km
Schleusen:	3
Fahrtzeit ohne Schleusen:	2,5 Stunden
Zwischenstopps:	Agde, abends Portiragnes Plage

Nach dem Leuchtturm Les Onglous gibt es bis zum Tagesziel, dem Hafen von Cassafières, drei Schleusen zu bewältigen: Die Schleuse Bagnas (86), die Hochwasserschleuse Prades (85), die in den Fluss Hérault hineinführt, und die berühmte Rundschleuse Bassin Rond (84). Die Hochwasserschleuse ist nur in Betrieb, wenn der Hérault nach Regenfällen Hochwasser führt. Im Sommer sind die Tore gewöhnlich offen.

Écluse du Bagnas

Etwa fünf Kilometer nach der Einfahrt zum Canal du Midi trifft der Skipper auf die erste Schleuse. Die Kammer hat die ursprüngliche,

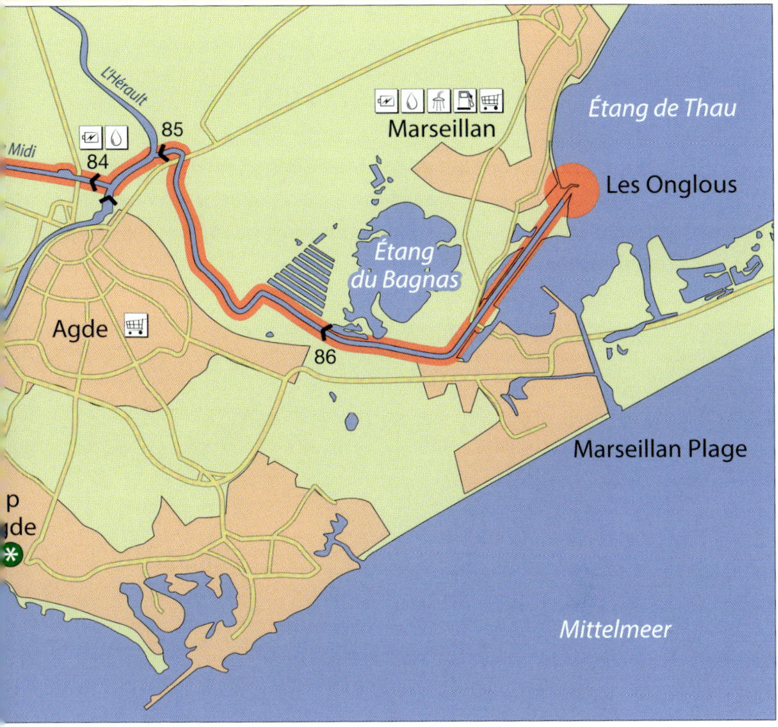

ovale Form, wie die meisten Schleusen am Kanal. Bei der Restauration der Schleusen wurde die Form beibehalten und die Kammern wurden nur um zehn Meter verlängert, sodass heute vier bis fünf Hausboote darin Platz finden. Grundsätzlich können Sie bei offenem Tor einfahren und an den Pollern festmachen; ist das Tor geschlossen, müssen Sie warten und eventuell das Boot am Ufer sichern.

Schleuse zum Hérault – Écluse Prades

Zwischen der Schleuse Bagnas und der Hochwasserschleuse Prades liegen 2,5 Kilometer. Zunächst ist es eine ruhige Fahrt, doch kurz vor der Hochwasserschleuse macht der Kanal einen extremen Linksknick, praktisch eine 90-Grad-Kurve. Diese Biegung können Sie schlecht einsehen, vor allem, wenn Sie ein Hausboot fahren, das den Führerstand am Heck hat. Halten Sie sich also ganz rechts und kündigen Sie sich durch Hupen an – dann langsam um die Kurve fahren.

Nach diesem Manöver haben Sie auch schon das Schlimmste hinter sich. Die Hochwasserschleuse zum Hérault ist nur in Betrieb, wenn der Wasserstand im Fluss um mindestens 20 Zentimeter erhöht ist. Dazu muss es schon ziemlich viel regnen; vor allem im Sommer ist nicht damit zu rechnen. Die Écluse Prades ist eine der wenigen rechteckigen Schleusen, denn sie stammt aus einem Restaurierungsprogramm der 1970er-Jahre, als der Canal du Midi komplett überholt wurde.

Auf dem Hérault fahren Sie nur etwa einen Kilometer weit. Der Fluss wird durch ein Wehr reguliert, sodass die Strömung sehr leicht ist. Im Vergleich zu dem recht beengten Kanalabschnitt davor ist der Fluss breit und ungefährlich.

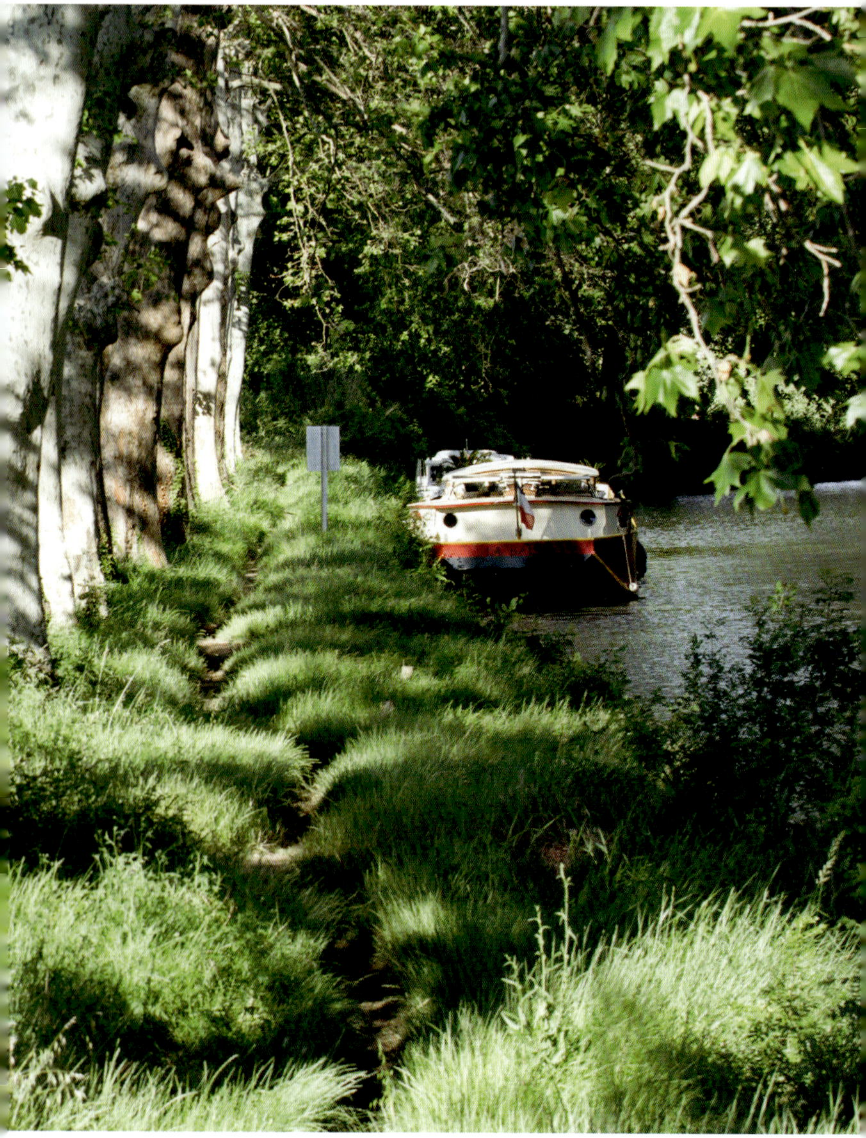

Der Canal du Midi begrüßt Sie sofort mit wunderschönen Fleckchen am Wasser.

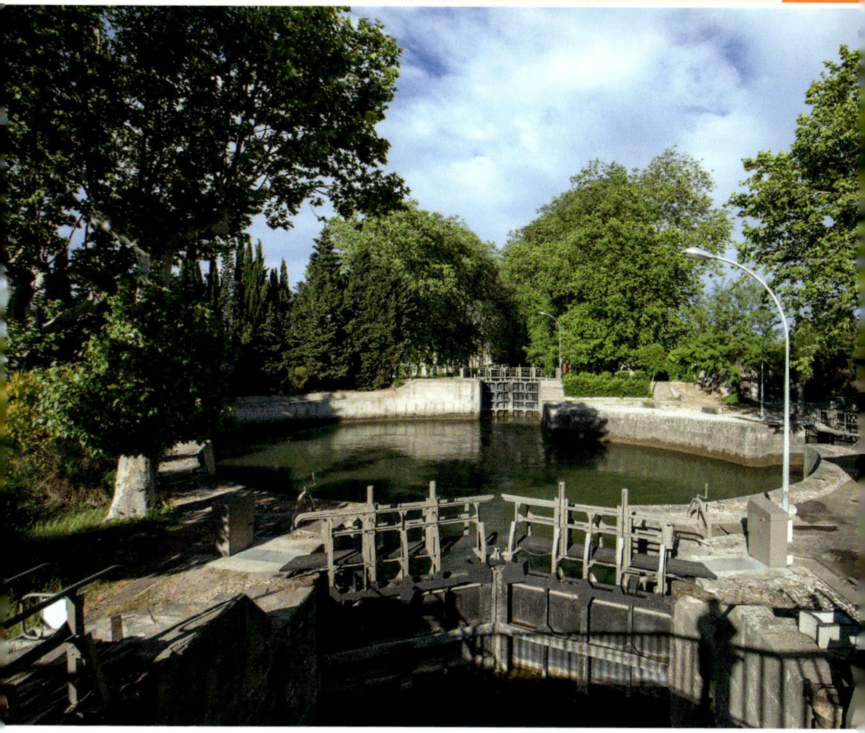

Die Rundschleuse von Agde ist ein Knotenpunkt.

Rundschleuse Agde

Eng wird es dann bei der Einfahrt zur Rundschleuse von Agde. Die Schleusenkammer selbst bietet für Hausboote genügend Platz. Diese Schleuse verfügt über drei Tore, in Richtung Béziers, in Richtung Étang de Thau und in Richtung Agde, und ist damit die einzige französische Schleuse mit mehr als zwei Toren, die noch in Betrieb ist. Das will schon etwas heißen, denn Frankreich verfügt immerhin über Wasserstraßen mit einer Gesamtlänge von 8500 Kilometern.

Die Einfahrt in den Kanal nach Agde und weiter Richtung Mittelmeer ist leider verboten. Hier dürfen nur Seeschiffe abbiegen. Doch das sollte Sie nicht abhalten, der Stadt einen Besuch abzustatten. Es gibt einen kleinen Sporthafen gleich neben der Schleuse, den Sie anlaufen können, oder Sie machen am Ufer fest und laufen zu Fuß nach Agde hinunter. Bis Port Cassafières sind noch rund zehn Kilometer ohne Schleusen zurückzulegen – das lässt sich gut in weniger als zwei Stunden schaffen.

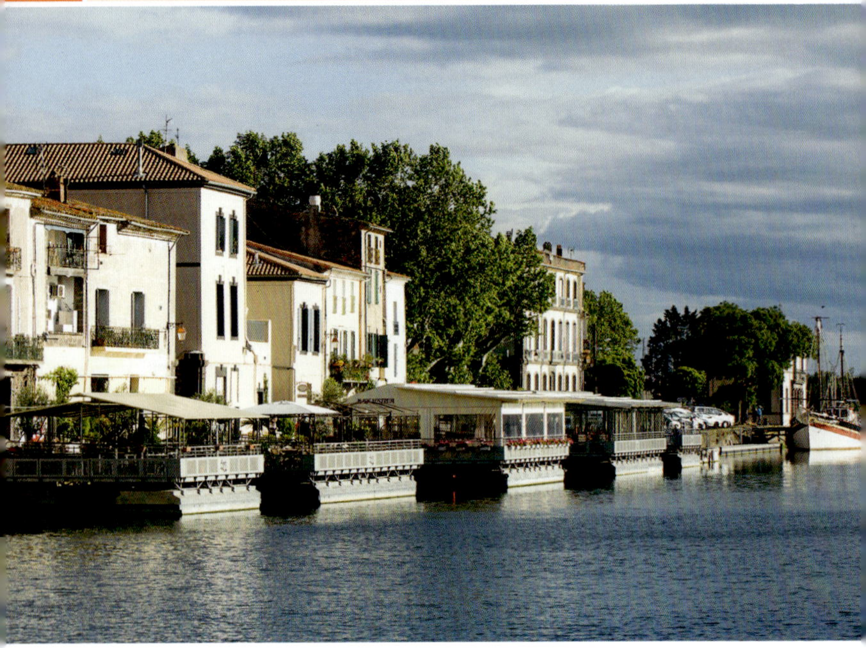

Agde vom Wasser aus gesehen.

Agde

Die Stadt hat heute gut 26 600 Einwohner. Um den alten Stadtkern Le Grau d'Agde herum ist sie ab den 1960er-Jahren, als das Touristenzentrum Cap d'Agde an der Mittelmeerküste entstand, stark gewachsen. Dabei lag das historische Agde am Meer. Heute ist es durch Verlandung fast vier Kilometer davon entfernt und durch einen Kanal verbunden. Immerhin liegt der neue Stadtteil Cap d'Agde wieder am Mittelmeer.

Um 550 v. Chr. gründeten die Griechen einen Handelsplatz, den sie Agathe Tyche nannten. Rund 500 Jahre später ging die Stadt an die Römer. 475 wurde sie von den Westgoten und 500 von den Alemannen erobert. Im Jahre 725 fielen die Sarazenen ein, die im Jahre 737 von Karl Martell zurückgeschlagen wurden. Üblicherweise wurden die befreiten Städte dabei bis auf die Grundmauern niedergebrannt. Bereits seit dem 5. Jahrhundert war Agde Bischofssitz und blieb es über 1300 Jahre, bis zur Französischen Revolution. Der letzte Bischof starb 1794 unter der Guillotine.

Sehenswert

872 begann der Bau der romanischen **Kathedrale Saint-Étienne**, die erst in der Hochgotik, 1453, geweiht wurde. Ab 1173 ließ Bischof Guillaume die Kirche befestigen. Sie wurde mit Zinnen und Pechna-

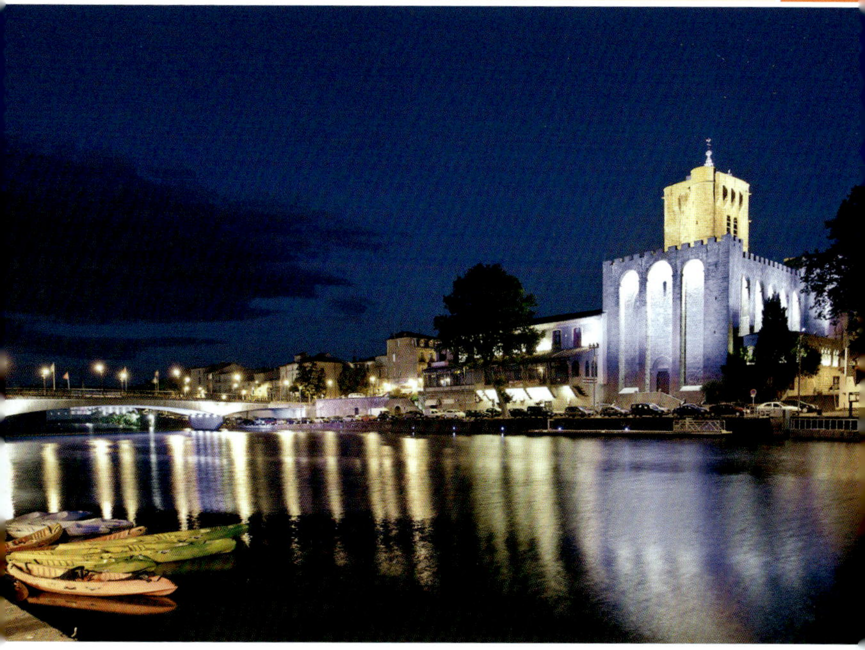

Die Kathedrale Saint-Étienne wird nachts dramatisch beleuchtet.

sen bestückt. Ihr Glockenturm ist 35 Meter hoch, und ihre Mauern sind zwei bis drei Meter dick. Sie machten sie zu einem uneinnehmbaren Bollwerk im Kampf gegen die Ungläubigen. Noch heute ist die Kathedrale Saint-Étienne eines der beeindruckendsten Beispiele für einen befestigten Kirchenbau in Südfrankreich. Die Kathedrale liegt direkt am Fluss und ist bereits von Weitem zu sehen.

Die **Kirche Saint-André** stammt aus dem Jahr 1525 und wurde auf den Fundamenten der allerersten Kirche aus dem 5. Jahrhundert erbaut. Die neugotische Pforte sowie die Innenausstattung stammen aus dem 19. Jahrhundert. Bei Ausgrabungen wurden Gräber aus dem 5. und 6. Jahrhundert gefunden. Die Kirche steht an der Place Gambetta, ganz in der Nähe der Kathedrale.

Wenn Sie durch die engen Gassen streifen, kommt sicher sofort das typische Südfrankreichgefühl auf. Agde hat sich viel von seiner mittelalterlichen Bausubstanz bewahrt; die Häuser sind teilweise in gutem, teilweise in recht bedenklichem Zustand. Das Besondere an den **Herrschaftshäusern** aus dem 16. und 17. Jahrhundert ist, dass sie aus Vulkangestein erbaut wurden. Es stammt vom erloschenen Vulkan Mont Saint-Loup (106 Meter hoch), der in Cap d'Agde steht. Auf seinem Gipfel befinden sich eine Funkstation der französischen Marine und ein Leuchtturm mit Aussichtsplattform. Im 12. und 13. Jahrhundert wurde eine **Stadtmauer** auf den Resten der alten griechischen Be-

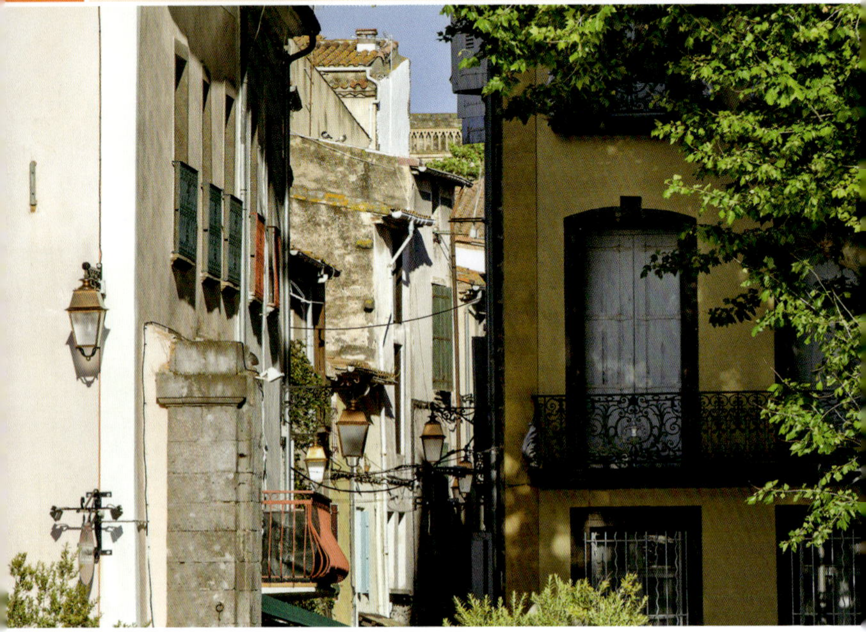

Die verwinkelten Gässchen von Agde laden zum Schlendern ein.

festigung errichtet. Teile davon sind noch unterhalb der Promenade zu finden, darunter auch ein Wappen mit vier Wellen. In einem Renaissancehaus in der Rue de la Fraternité befindet sich das **Musèe Agathois**, das sich mit der Geschichte der Stadt und den Traditionen ihrer Bewohner befasst. Das Museum geht auf eine private Initiative aus dem Jahre 1935 zurück.

Märkte

An der Place Gambetta, in einem schicken roten Neubau, finden Sie **Les Halles**, die Markthalle von Agde. Jeden Donnerstag findet ein **Lebensmittelmarkt** um die Halle herum statt. Von April bis Ende September gibt es täglich an der Promenade einen **landestypischen Markt.** An den Montagen im Juli und August ist er sogar bis 18.00 Uhr geöffnet. Donnerstags wird am gleichen Platz ein **Kleidermarkt** abgehalten. Ebenfalls donnerstags gibt es einen **Blumenmarkt** an der Place du Jeu de Ballon. Öffnungszeiten für alle Märkte ist 7.30–13.00 Uhr.

Ganz in der Nähe der Rundschleuse, auf einem großen freien Gelände (Château Laurens), findet jedes Jahr am letzten Wochenende im Juni der **Regionalmarkt** Journées du Terroir statt. Im August wird auf dem Hérault ein **Fischerstechen** ausgetragen.

Bei der Touristeninformation gibt es Broschüren, auch in deutscher Sprache, mit dem Sommerprogramm in Agde und Cap d'Agde.

Cap d'Agde

Ab den 1960er-Jahren entstand südlich von Agde das Touristenzentrum Cap d'Agde, das seinen Gästen elf Strände bietet. Neben Ferienwohnungen gibt es Hotels und Camping, einen Sporthafen, eine künstliche Lagune mit Yachthafen, einen Golfplatz und einen Wasserpark (Aquapark) sowie ein großes BMX-Gebiet bis hinauf zum Vulkan Mont Saint-Loup. Sehenswert sind das Meeresaquarium sowie das Museum für Meeresarchäologie Musée de l'Ephèbe, das jeden ersten Sonntag im Monat freien Eintritt bietet.

Wer mit Kindern unterwegs ist, findet in Cap d'Agde jede Menge Möglichkeiten, ihnen einen tollen Ferientag zu bereiten.

Cap d'Agde Nuturiste

Im größten FKK-Dorf Europas verbringen jedes Jahr rund 30 000 Gäste ihren Urlaub. Es punktet mit einem zwei Kilometer langen, feinsandigen Strand, mit allen Annehmlichkeiten. Zahlreiche Übernachtungsmöglichkeiten stehen zur Auswahl, außerdem gibt es Restaurants, Bars und jede Menge Wassersport. Wer das Ressort besuchen möchte, kann am Eingang eine Tageskarte erwerben. Doch vergessen Sie nicht: Dort bewegt man sich völlig unbekleidet, und Fotografieren ist verboten!

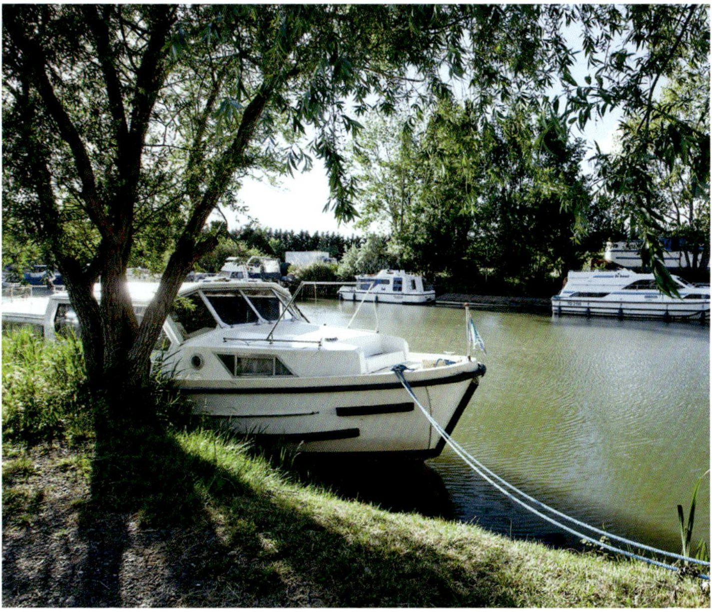

Der Yachthafen von Agde.

Informationen

Office de Tourisme
Die sehr übersichtlich und informativ gestaltete offizielle Website des Touristenbüros Cap d'Agde Méditerranée, mit vielen Anregungen und Tipps (auch in Deutsch) finden Sie unter: www.capdagde.com.

Eine Auflistung aller Touristenbüros des Gebietes, deren Öffnungszeiten, Kontaktdaten und vieles mehr erhalten Sie über www.de.capdagde.com/fremdenverkehrsamt

Folgende Orte haben sich hierbei zusammengeschlossen: Cap d'Agde, Agde, Montagnac, Pézenas, Portiragnes, Tourbes und Vias.

Museen
Musée Agathois
5 Rue de la Fraternité
34300 Agde
Tel.: +33 4 67 94 82 54
Web: www.museeagathois.fr/
Mail: musee.agathois@ville-agde.fr

In den Sommermonaten Juni bis September täglich von 10.00–19.30 Uhr geöffnet.

Das Museum befindet sich in einer Jugendstil-Villa und zeigt die Kunst, Kultur und Mode von Adge. Der Eintritt für Erwachsene beträgt 6,00 Euro bzw. 4,00 Euro für Senioren und Studenten. Für Kinder und Jugendliche bis 16 Jahre ist der Eintritt frei.

Aquarium Marin du Cap d'Agde
11 Rue des 2 Frères
34300 Cap d'Agde
Tel.: +33 4 67 26 14 21
Web: www.aquarium-agde.com

Das Aquarium ist zurzeit (August 2022) geschlossen. Ob und wann es eine Wiedereröffnung gibt, können Sie am besten über die Website erfahren.

Musée de l'Ephèbe
Archäologisches Museum
Avenue des Hallebardes
34300 Cap d'Agde
Tel.: +33 4 67 94 69 60

Mail: über die Website
Web: www.museecapdagde.com

Eintrittspreise sind sehr unterschiedlich, zwischen 2,00 und 4,70 Euro. Audioguide zusätzlich 2,00 Euro. Das Museum hat im Juli und August täglich geöffnet. Von Januar bis Dezember täglich von 10.00–12.00 Uhr und 14.00–18.00 Uhr. An den Wochenenden von 9.00–12.00 Uhr und 14.00–17.00 Uhr. Geschlossen am 1. Mai, Weihnachten und Neujahr.

Vias

Nach der Rundschleuse von Agde verläuft der Canal du Midi auf den folgenden 13 Kilometern ruhig und ohne Schleuse. Nach fünf Kilometern kommen Sie zur Brücke von Vias, Pont Vieux, mit acht Liegeplätzen. Es gibt hier Wasser und Strom.

Das Örtchen hat gut 5500 Einwohner, die seit Generationen vom Weinbau und seit den 1970er-Jahren vermehrt vom Tourismus leben. Auf dem Gemeindegebiet von Vias liegt der Regionalflughafen Béziers-Agde-Vias, dessen ausrangierter Tower noch immer im Stadtzentrum steht. Im Mittelalter wurde eine Stadtmauer erbaut, die man nach dem Zweiten Weltkrieg einriss, um den Ort zu erweitern. Nur das Stadttor Saint Thibéry blieb stehen.

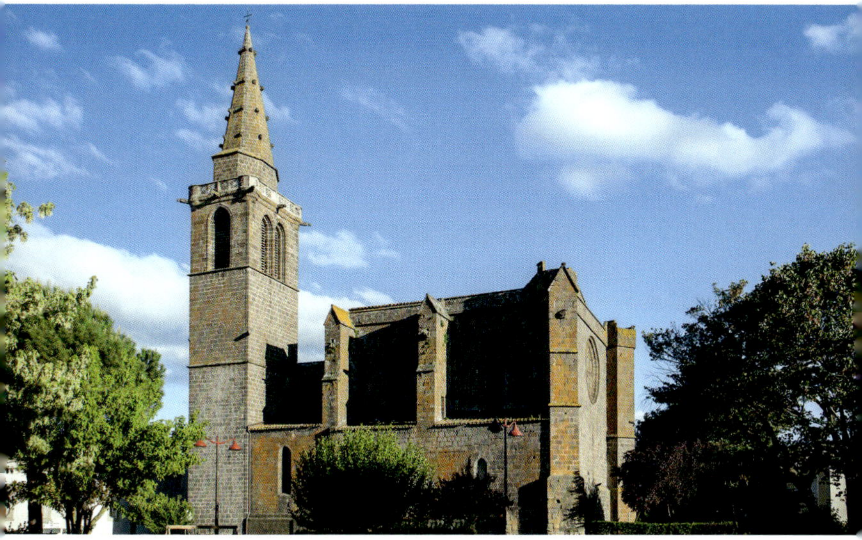

Saint Jean Baptiste in Vias.

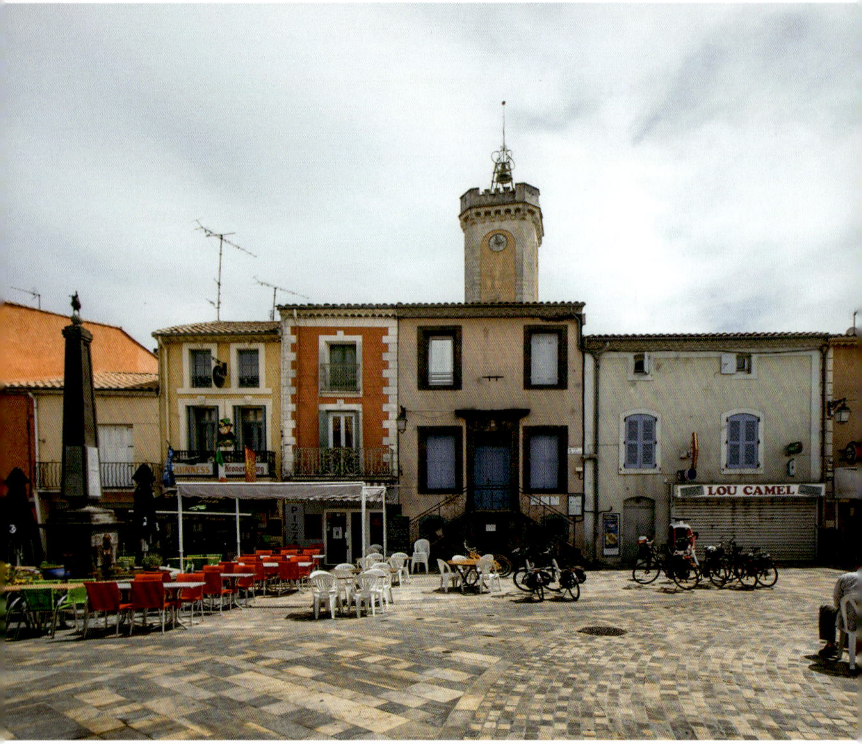

Das ehemalige Rathaus von Vias, links der Brunnen Grifol.

Die gotische Kirche **Saint Jean Baptiste** wurde 1394–1424 aus schwarzem Vulkangestein in der Verlängerung der Stadtmauer erbaut. Auch sie diente der Verteidigung. Ihr Glockenturm gleicht einem Bergfried und hat einen Wachgang unterhalb der Turmspitze. Sie finden die Kirche an der Place de l'Église. Hier startet auch der beschilderte Weg durch das historische Vias, auf dem Sie einige interessante Türen aus dem 17. Jahrhundert bewundern können. Außerdem gibt es noch zu entdecken:

Die **Markthalle** von 1830 hat einen achttürigen Eingang mit Säulen und Rundbögen. Direkt davor steht der **Brunnen Grifol**, der aus Vulkangestein erbaut wurde. Er hat ein achteckiges Becken mit einem drei Meter hohen Obelisken in der Mitte, auf dem ein Hahn steht. Aus welcher Zeit der Brunnen stammt, weiß man nicht – bekannt ist, dass er 1820 restauriert wurde.

Die **Sommerresidenz** der Bischöfe von Agde aus dem 16. Jahrhundert ist das älteste vollständig erhaltene Gebäude in Vias. Die Fassade besteht aus schwarzem Vulkangestein und im ersten Stock finden sich Fenster mit Glasbemalung.

Informationen

Office de Tourisme (Richtung Strand)
Avenue de la Méditerranée
34450 Vias-Plage
Tel.: +33 4 67 21 76 25
Mail: über die Website (auch in Deutsch)
Web: www.ot-vias.com

Im Juli und August täglich von 9.00–19.00 Uhr geöffnet. Die Öffnungszeiten außerhalb der Hochsaison finden Sie auf der Website. Wenn Sie nicht sowieso zum Strand möchten, ist es ein recht langer Marsch zur Touristeninformation.

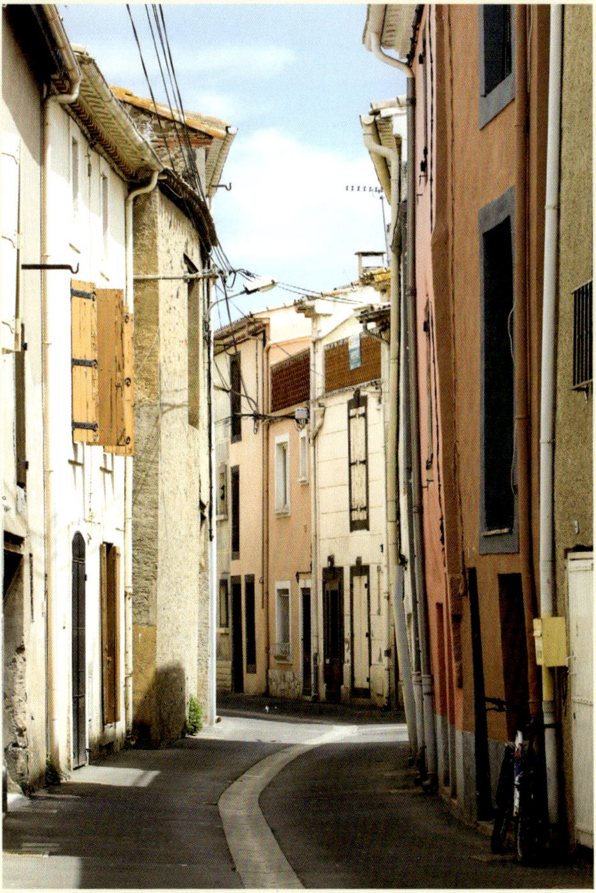

In den Gassen von Vias.

Weingüter

Für eine Weinprobe können Sie eines der ortsansässigen Weingüter besuchen. Drei davon laden dazu ein:

Domaine Preignes le Neuf
Route de Béziers
34450 Vias
Tel.: +33 4 67 21 51 48
Web: www.preignesleneuf.com

Öffnungszeiten: Mo–Fr 8.00–12.30 Uhr und 13.30–17.00 Uhr

Domaine Preignes le Vieux
34450 Vias
Tel.: +33 4 67 21 67 82
Mail: über die Website
Web: www.preignes.com

Weinkeller ganzjährig geöffnet, Oktober bis Ende März Mo 9.00–17.00 Uhr, Di–Fr 9.00–18.00 Uhr. April bis September Mo–Fr 09.00–19.00 Uhr.

Besichtigungstouren (mittelalterliches Anwesen, Weinbergwanderung, Weinprobe) können über die Website gebucht werden.

Domaine Saint-Pierre
34450 Vias-Plage
Tel.: +33 4 67 21 64 21
Mail: info@domainedesaintpierre.com
Web: www.domainedesaintpierre.com

Von April bis August finden von Mo–Sa um 10.30 Uhr Führungen mit Verköstigung durch den Keller statt. Diese Führung kostet 18 Euro für Erwachsene und 15 Euro für Jugendliche bis 18 Jahre.

An denselben Tagen um 17.30 Uhr können Sie acht Weine probieren, diese Veranstaltung kostet 8 Euro für Erwachsene und 5 Euro für Jugendliche.

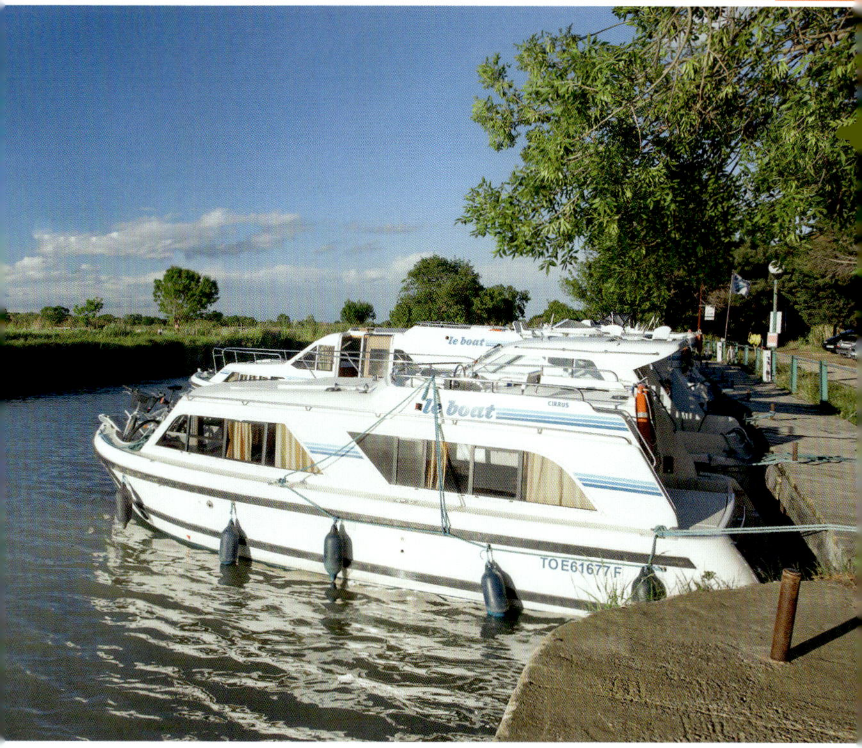

Port Cassafières: komfortabel und strandnah.

Port Cassafières

Zwischen Vias und dem Etappenende Port Cassafières liegen rund 4,5 Kilometer oder knapp eine Stunde Fahrzeit. Nach der Abfahrt kommen Sie nach gut einem Kilometer zur Kreuzung des Flusses Libron, was Sie an der Wehrschleuse erkennen. Das Bauwerk dient dazu, den Libron, wenn er Hochwasser führt, zu regulieren, damit die Schiffe auf dem Canal du Midi den Fluss passieren können. Aber keine Angst, der Libron ist meistens ein ganz kleines Rinnsal. Falls Sie doch einmal bei Hochwasser zu dieser Kreuzung kommen sollten, fahren Sie bis zur Flussmitte und warten, bis die seitlichen Schieber abgelassen sind und der Weg fortgesetzt werden kann. Auf den letzten drei Kilometern bis zum Hafen gibt es keine weiteren Besonderheiten.

Port Cassafières ist vor allem eine Charterstation mit 70 Liegeplätzen. Hier gibt es Wasser, Diesel, Strom, Fäkalienentsorgung, Duschen und auch ein Restaurant, das »Aux Rendez-Vous des Bateliers«. Das Besondere an diesem Hafen ist, dass er so dicht am Meer liegt, dass man zu Fuß zum Strand hinuntergehen kann – dort kann man den Abend mit der Nase im Seewind genießen!

3. Etappe

Von Port Cassafières bis Béziers

Auf dem Weg ins Hinterland

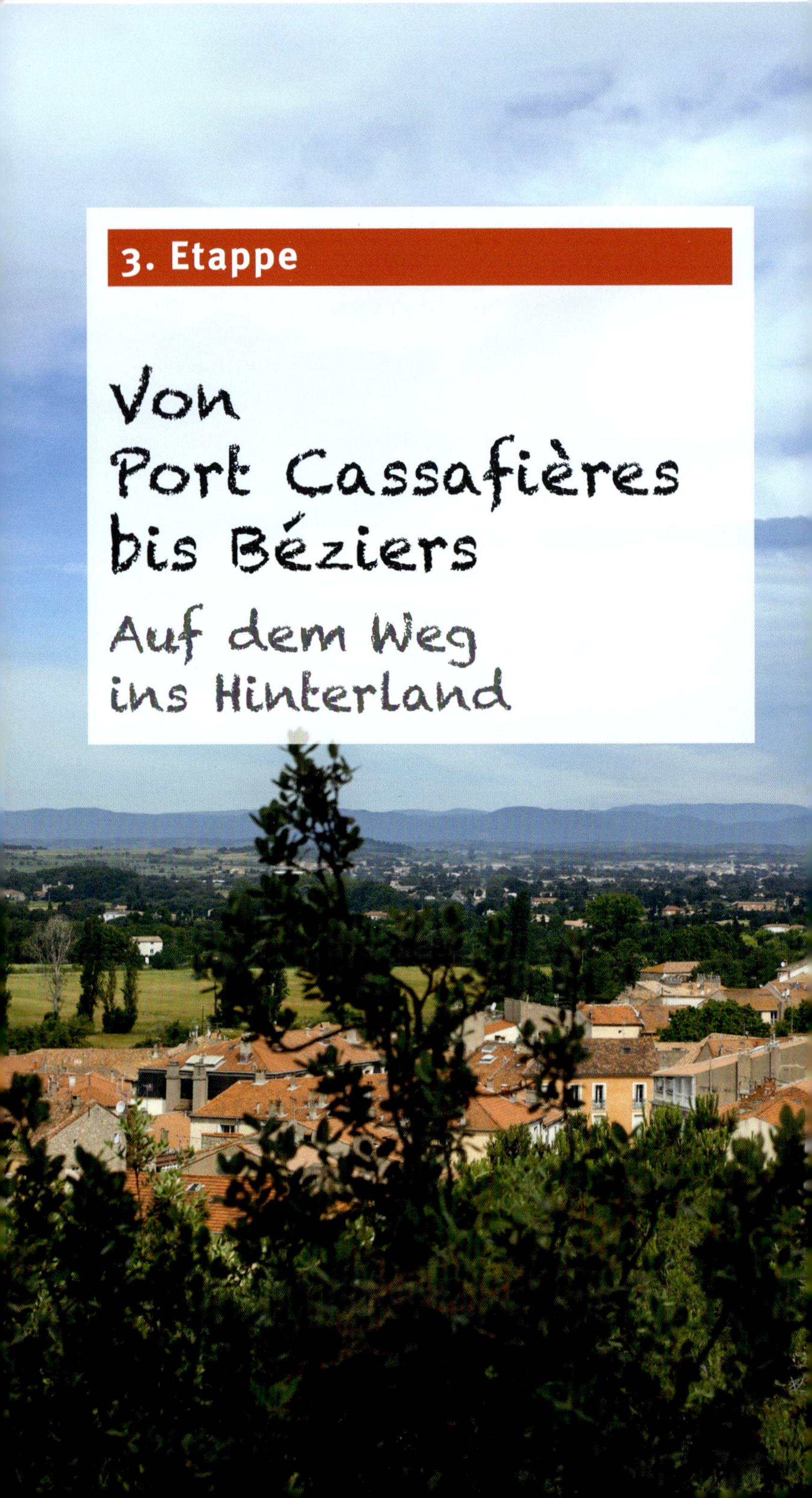

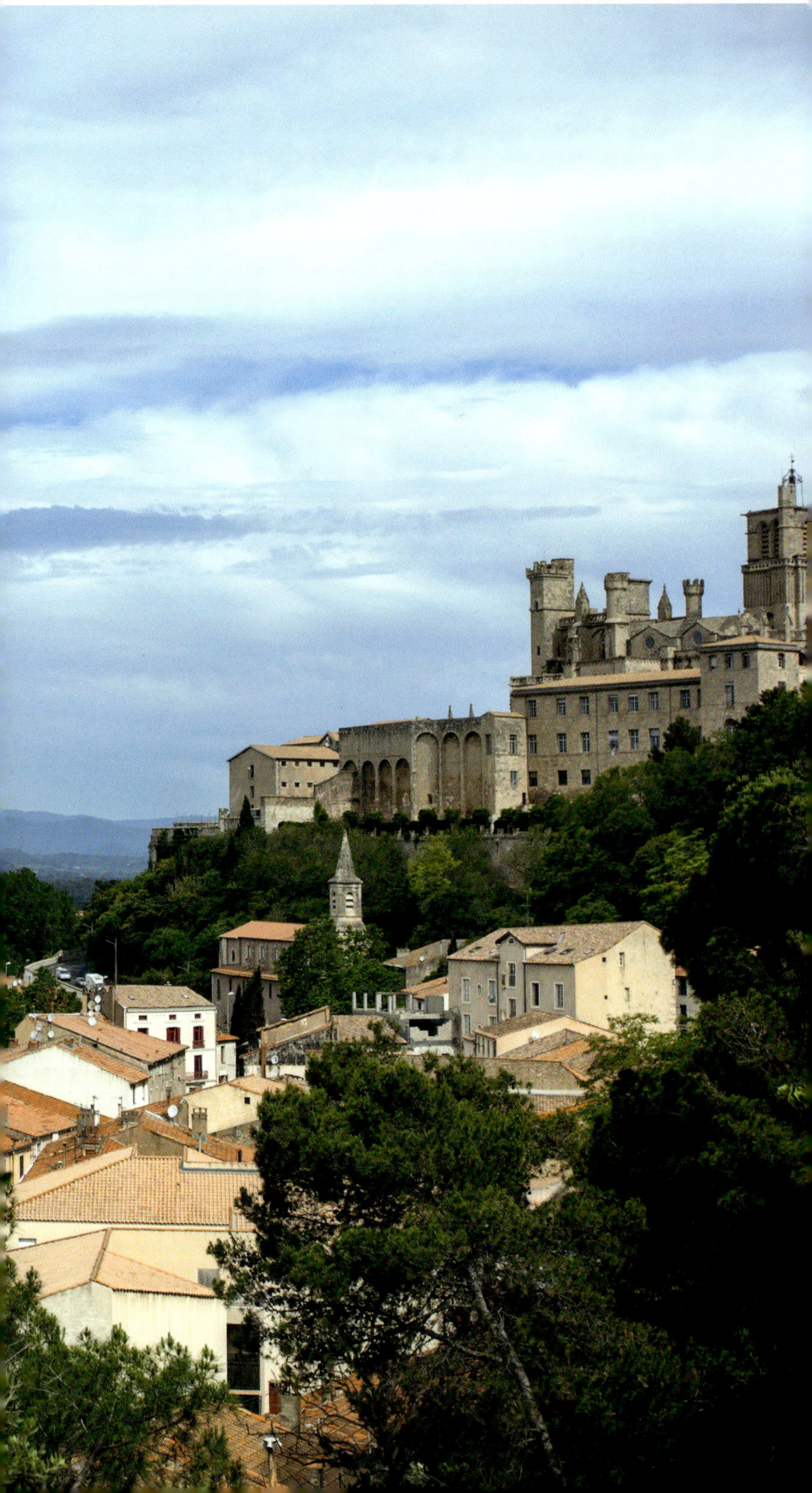

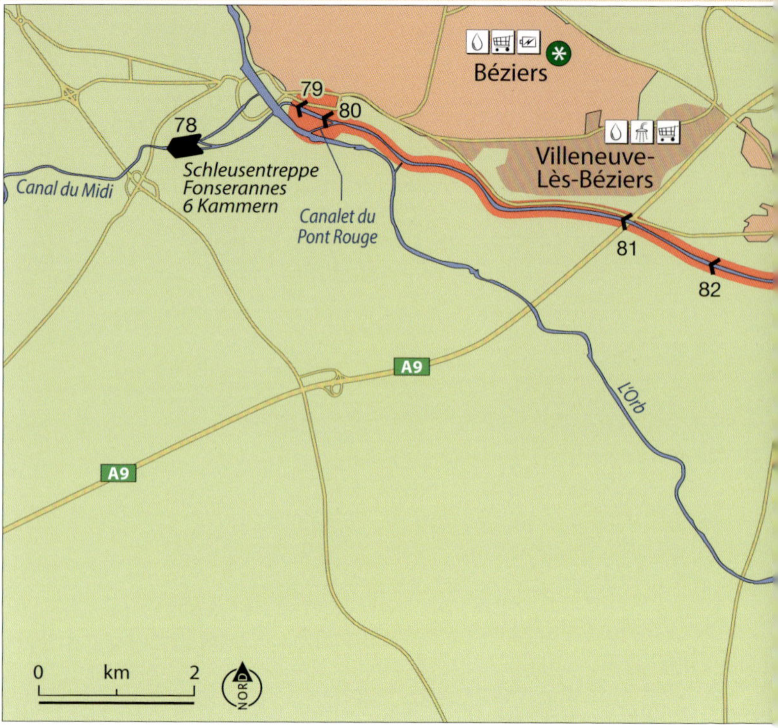

Startpunkt:	Port Cassafières
Ziel:	Pont Rouge, Béziers oder Hafenbecken Béziers
Strecke:	13,5 km
Schleusen:	3 bzw. 4 (Hafenbecken)
Fahrtzeit ohne Schleusen:	2 Stunden
Zwischenstopps:	Portiragnes Plage

Die Etappe beträgt 13,5 Kilometer. Es sind drei Schleusen zu durchfahren, die erste nach 3,5 Kilometern in Portiranges (83), die nächste nach weiteren 4,5 Kilometern, Villeneuve (82), und dann nach 1300 Metern die Schleuse Ariège (81). Bis zur Einfahrt in den Canalet du Pont Rouge (Kleiner Kanal der Roten Brücke), einem kleinen Seitenarm, auf dem man übernachten kann, sind es dann noch vier Kilometer. Wer im Hafen von Béziers festmachen möchte, muss zuvor noch die Schleuse von Béziers (80) durchfahren, denn das Hafenbecken liegt genau zwischen den beiden nächsten Schleusen.

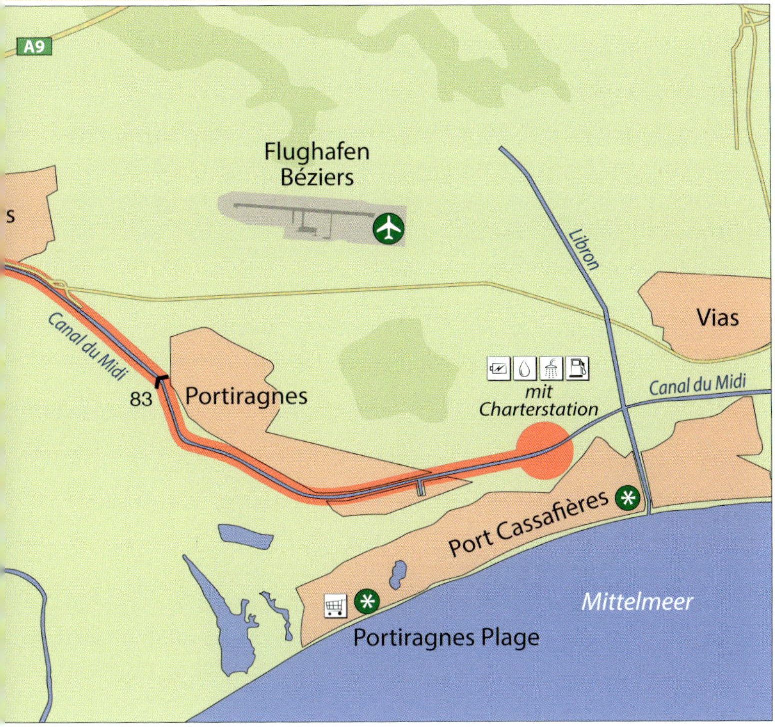

Portiragnes Plage

Mit dieser Etappe verlassen Sie die Strände des Mittelmeers und begeben sich in die grüne, hügelige Landschaft des Languedoc. Gleich neben Port Cassafières liegt Portiragnes Plage mit einem breiten Sandstrand und dem üblichen touristischen Angebot.

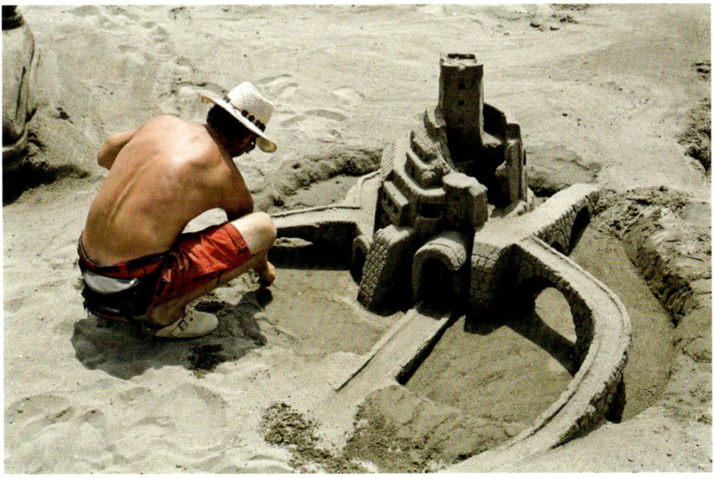

Sonnenbrand und Sandburg am Strand von Portiragnes Plage.

Für Kinder gibt es hier allerlei Vergnügungen: einen Abenteuerspielplatz, Minigolf, eine Riesenwasserrutsche und mehrere Fahrradverleihstationen, bei denen man auch mehrsitzige Räder mieten kann. Ein tolles Angebot ist der »Parcours d'Aventure«, der Abenteuerparcours in den Bäumen. Der sieben Hektar große Park liegt unterhalb des Weingutes »Roque Haute«.

Gleich am Canal du Midi finden Sie die muntere »Ranch les Gaillardels«, die täglich ab 8.00 Uhr morgens Pony- und Pferde-Ausritte anbieten – für ältere Kinder sicher ein tolles Abenteuer, an dem auch unerfahrene Erwachsene teilnehmen können.

Märkte und mehr

In Portiragnes Plage gibt es Cafés, Restaurants, Bäcker, Metzger und Fischgeschäfte. In der Saison findet jeden Montag am Parkplatz Tramontane, am Dienstag an der Gendarmerie, mittwochs und freitags am Meer und sonntags in der Avenue de l'Egalité ein **Markt** statt, und zwar jeweils von 9.00–13.00 Uhr. Einen **Künstlermarkt** gibt es dienstagabends am Meer und sonntagabends am Platz Bicentenary, jeweils ab 20.00 Uhr. Das Ambiente ist etwas ganz Besonderes, denn die beleuchteten Marktstände scheinen in der Nacht zu glühen.

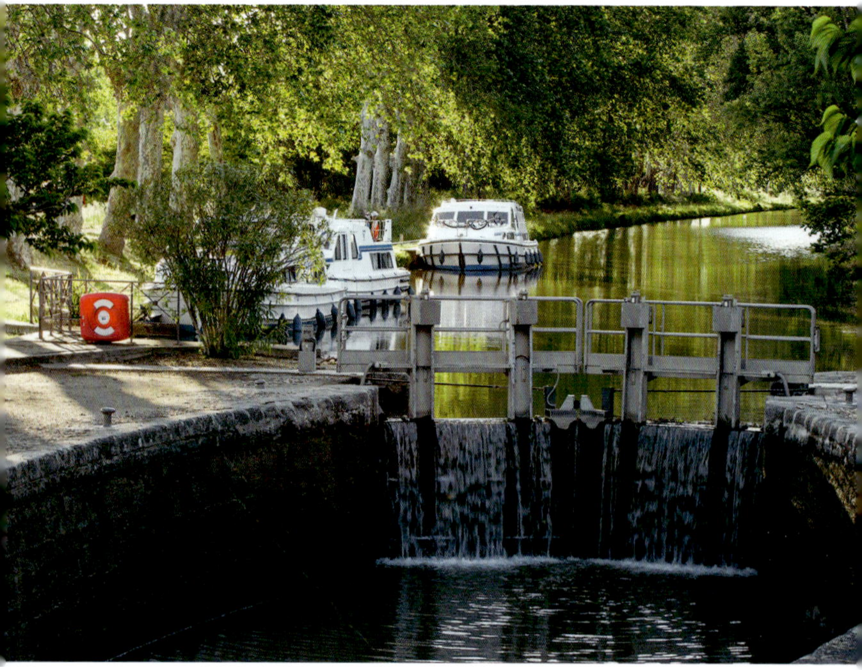

Die Schleuse in Portiragnes.

Informationen

Office du Tourisme
Place de Bicentenaire
34420 Portiragnes Plage
Tel: +33 4 67 90 92 51 oder +33 9 75 80 72 12
Mail: contact@tourisme-portiragnes.fr
Web: www.tourisme-portiragnes.fr

Wenn Sie etwas Zeit übrighaben, besuchen Sie Portiragnes; der Ort bietet unterschiedlichste Aktivitäten an und setzt sich von seinen Mitbewerbern ab. Informationen und Anregungen gibt es auf der teilweise in Deutsch gestalteteten Website.

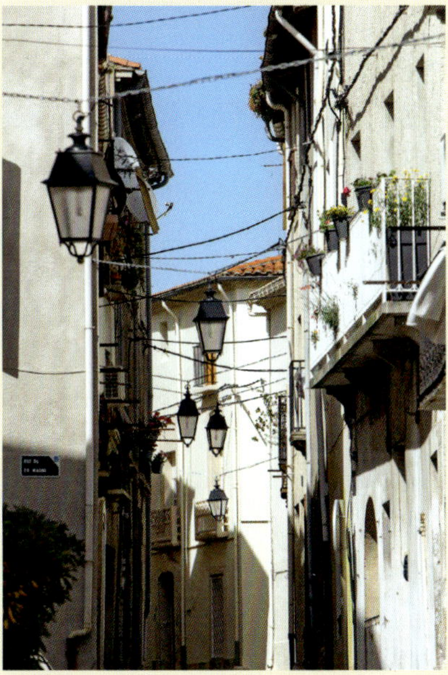

Die engen Gassen von Portiragnes.

Reiten
Ranch les Gaillardels
Route de Portiragnes Plage
34420 Portiragnes Plage
Tel.: +33 4 67 90 93 54
Mail: ranchlesgaillardels@gmail.com
Web: www.ranchlesgaillardels.e-monsite.com

Ausritte kosten ca. 25 Euro/Stunde, Ponyreiten für Kinder etwa 10 Euro für 30 Minuten.

Abenteuerparcours – Kletterpark – E-Roller Touren
Azimut Aventures
Parc Aventure & Activités Outdoor
Domaine de Roque Haute
34420 Portiragnes
Tel.: +33 6 30 36 09 57
Web: www.azimut-aventures.fr

Der Park hat von April bis einschließlich der ersten Woche im September geöffnet. Für eine Klettertour zahlen Kinder bis sieben Jahre 13 Euro, bis 1,40 Meter 15 Euro, zwischen 1,40 bis 1,55 Meter 19 Euro und darüber hinaus und Erwachsene 22 Euro. Weitere Angebote und Preise auf der Website.

Stierkampf
Portiragnes Plage hat, wie zahlreiche andere Orte am Canal du Midi, eine kleine Stierkampfarena, in der zumindest bei traditionellen Festen, wie der Feria im Juli, Corridas stattfinden. Ein Stier muss gegen junge Männer antreten, die ihn reizen, misshandeln und verspotten. Das Tier überlebt zwar, muss die Tortur aber mehrmals über sich ergehen lassen. In Südfrankreich hält man das für einen ganz großen Spaß – das muss aber jeder für sich selbst entscheiden.

Portiragnes

Hier leben gut 3200 Menschen. Die beiden markantesten Bauten des Orts sind die Kirche **Saint Felix** aus dem 12. Jahrhundert, die im Zentrum erhaben auf einem Hügel steht, sowie der neue Tower des Flughafens am Ortsrand. Der Flughafen bietet Verbindungen von und nach Paris sowie mit Ryanair in verschiedene Länder, darunter auch Deutschland mit Düsseldorf-Weeze.

In Portiragnes durchfahren Sie nach 13 schleusenfreien Kilometern die erste Schleuse (83) der Etappe. Neben dem Treidelpfad wurde hier ein asphaltierter Radweg angelegt, der bis nach Béziers führt. Viele Hausbootreisende nutzen die Gelegenheit zu etwas Bewegung – wenn mehrere Personen an Bord sind, kann ein Teil der Crew mit dem Fahrrad neben dem Boot herfahren und auch bei den Schleusen behilflich sein.

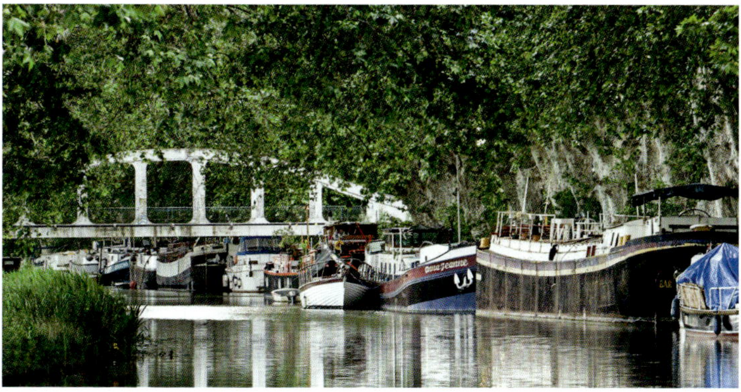

Anlegestelle bei Cers.

Cers

Der Weinort hat 2 300 Einwohner und einen historischen Stadtkern. Die Straßen verlaufen im Kreis um die Kirche herum. Der Ortsname geht wahrscheinlich auf »Circius« zurück, den gallischen Gott der starken Winde. Jeden Samstagmorgen findet ein Markt statt, außerdem gibt es samstags und sonntags morgens auch einen Flohmarkt.

Cers verfügt über eine Anlegestelle ohne Versorgungsleistungen. Hier liegt auch ein alter Lastkahn, der zum Hotel umgebaut worden ist. Es gibt nur ein Restaurant, das »Canal plus«, an der Route Agde, dazu einige Bars und Cafés. Die Nähe zu Béziers ist spürbar, denn Cers hat nicht wirklich viel zu bieten.

Villeneuve-Lès-Béziers

Zwischen Portiragnes und Cers wurden die Ufer des Kanals auf weiten Strecken restauriert, und die jungen Bäume spenden bereits wieder Schatten. Gut einen Kilometer hinter Cers kommen Sie zur Schleuse Villeneuve (82). Falls ein Crewmitglied mit dem Rad unterwegs ist, werden Sie dort sicher bereits erwartet.

An der Schleuse gibt es einen Kai für fünf Boote; Wasser und Duschen finden Sie auf dem nahen Campingplatz. Im Ort, aber zu Fuß vom Kanal aus zu erreichen, gibt es drei nahe beieinander liegende Brasserien. Auf einem Rundgang kommen Sie daran vorbei.

Villeneuve-Lès-Béziers hat heute rund 4300 Einwohner. Entstanden ist es aus einer Schenkung Kaiser Karls des Großen von 896 an einen Herrn Valchaire. Dieser errichtete einige Bauten sowie eine Kirche und fügte immer mehr Gebäude hinzu. So entstand eine neue Stadt oder »Villeneuve«.

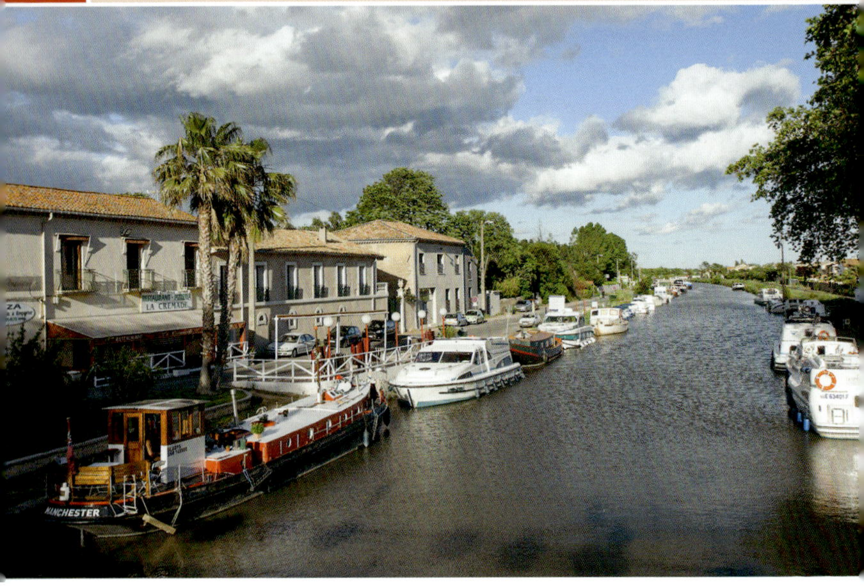

Villeneuve-Lès-Béziers.

Die heutige Kirche **Saint-Étienne** (L'église de l'Invention-de-Saint-Étienne) ist teilweise romanisch, diese Teile stammen aus dem 12. Jahrhundert; die gotischen Umbauten wurden im 16. Jahrhundert vorgenommen. Die Kirche ist nicht zu verfehlen, sie steht im Zentrum des Ortes. Es lohnt sich, von hier aus einen Spaziergang zu unternehmen, denn Villeneuve-Lès-Béziers ist genau so, wie man sich ein südfranzösisches Dorf vorstellt: schmale Gassen, alte Gebäude und sehr idyllisch. An der Allee André Palmade werden Sie auf Arkaden stoßen, die zum ehemaligen Aquädukt gehören, das während der Arbei-

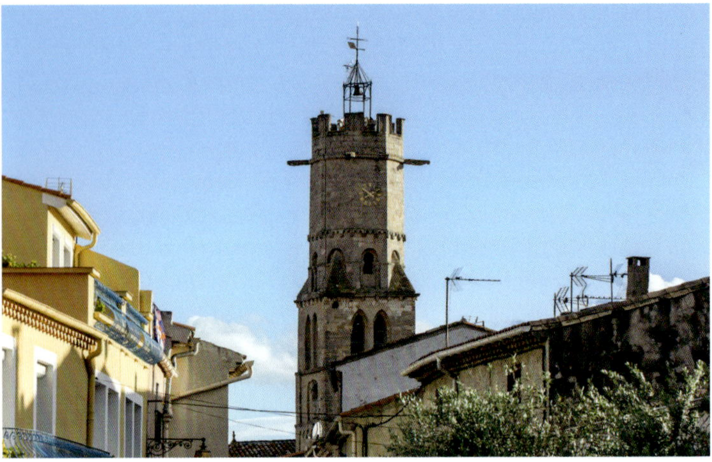

Saint-Étienne.

ten zur Umleitung des Flusses Orb (1745–1747) gebaut wurde. Villeneuve-Lès-Béziers litt infolge der Arbeiten an Wassermangel. In der gepflasterten Straße des 4. September gibt es zwei historische Eingänge des ehemaligen Priorats von Thounieux zu sehen, die im Original erhalten sind. Der Turm eines alten Schlosses, das bereits in den 1920er-Jahren abgerissen wurde, konnte jedoch erhalten und restauriert werden.

Informationen

Office de Tourisme
Boulevard Pasteur
34420 Villeneuve-Lès-Béziers
Tel.: +33 4 67 62 95 67
Web: www.beziers-mediterranee.com
Das kleine Büro liegt direkt am Canal du Midi. Geöffnet vom 1. Juni bis 31. August: Di–Fr 9.30–12.30 Uhr.

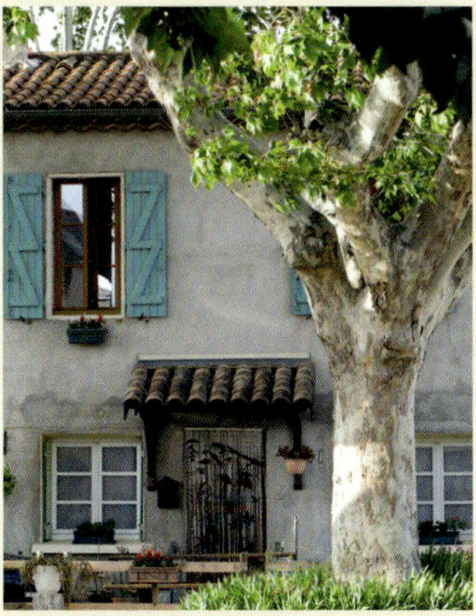

Idylle in Villeneuve-Lès-Béziers.

Église de l'Invention-de-Saint-Étienne de Villeneuve-Lès-Béziers
1 Pl. Roger Salengro
34420 Villeneuve-Lès-Béziers
Kontakt: Rathaus von Villeneuve-Lès-Béziers
1 rue de la Marianne
34420 Villeneuve-Lès-Béziers
Tel.: +33 4 67 39 47 80

Öffnungszeiten Mo–Fr 8.30–12.00 Uhr und 13.30–17.00 Uhr.

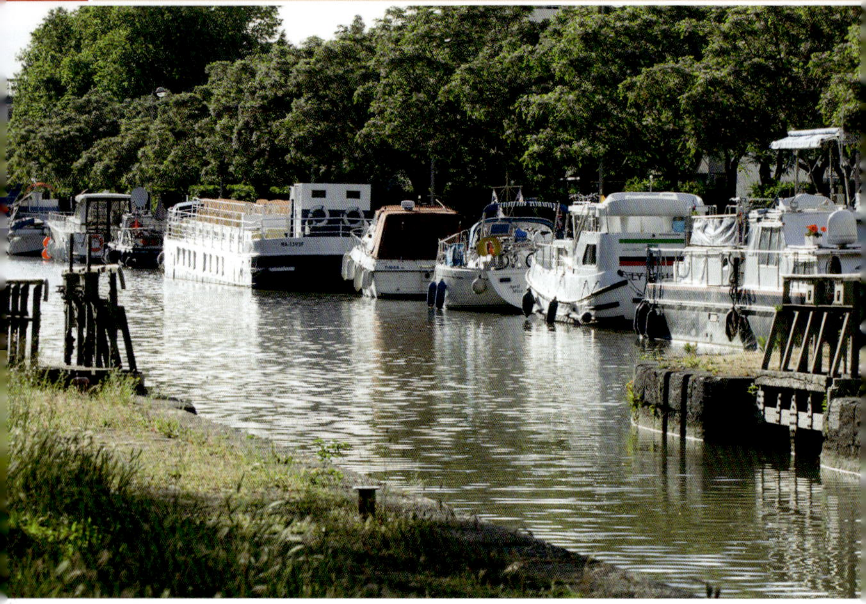

Der Hafen von Béziers.

Weiter auf dem Canal du Midi

Rund einen Kilometer hinter der Schleuse Villeneuve (82) wird der Kanal von einer Autobahnbrücke der A9 gekreuzt. In diesem Bereich ist das Festmachen verboten. Gleich dahinter liegt die Schleuse Ariège (81). Nach weiteren vier Kilometern kommen Sie an einem sogenannten Sperrtor vorbei, das aber ständig offen ist. Nun sind es noch 300 Meter bis zur Einfahrt in den Canalet du Pont Rouge (Kleiner Kanal der Roten Brücke). In diesem kleinen Seitenarm kann man über Nacht festmachen. Wasser und Strom gibt es hier natürlich nicht. Die Brücke führt zum Quai Commandant Yves Jacques Cousteau, von wo aus Sie einen herrlichen Blick auf den Aquädukt von Béziers werfen und natürlich fotografieren können. Bedenken Sie, dass Sie die Kanalbrücke später nur noch von oben sehen. Wer in den Hafen von Béziers fahren möchte, muss zuvor noch die Schleuse von Béziers (80) durchfahren.

✻ Béziers

Béziers ist der Geburtsort von Pierre-Paul Riquet, dem Planer und Erbauer des Canal du Midi. Ihm haben die Stadtväter nicht nur ein Denkmal gesetzt, sondern auch zwei Straßen nach ihm benannt, die Rue Paul Riquet und die Allées Paul Riquet.

Mit 76 000 Einwohnern ist Béziers eine der größten Städte am Canal du Midi. Ihre Besiedlung geht auf das 7. Jahrhundert v. Chr. zurück. Im 1. Jahrhundert v. Chr. wurde die Stadt der römischen Provinz Gallia Narbonensis einverleibt und erlebte in den folgenden Jahren einen Aufschwung. Den verdankte sie ihren landwirtschaftlichen Produkten, darunter bereits damals schon Wein. Später wurde Béziers mehrmals zerstört: 276 durch einen Angriff der Germanen, 409 wurde es von den Vandalen geplündert. 413 von den Westgoten eingenommen, fiel es 720 an die Sarazenen und wurde 733 von Karl Martell »befreit« und niedergebrannt. Doch es wurde wieder aufgebaut.

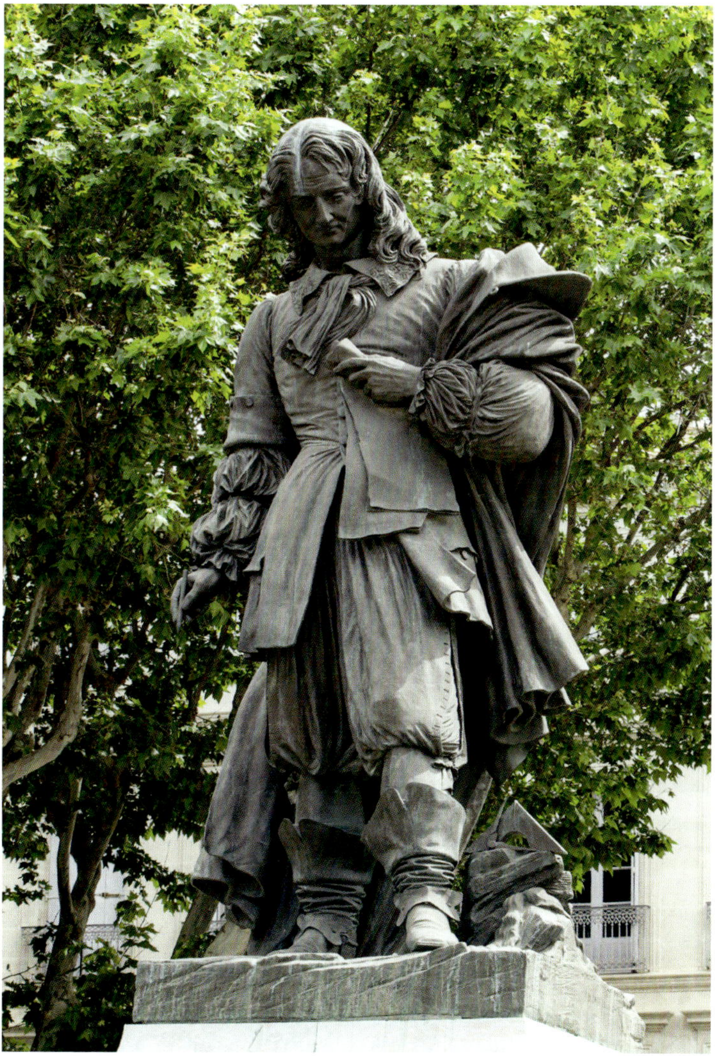

Pierre-Paul Riquet, der Erbauer des Canal du Midi.

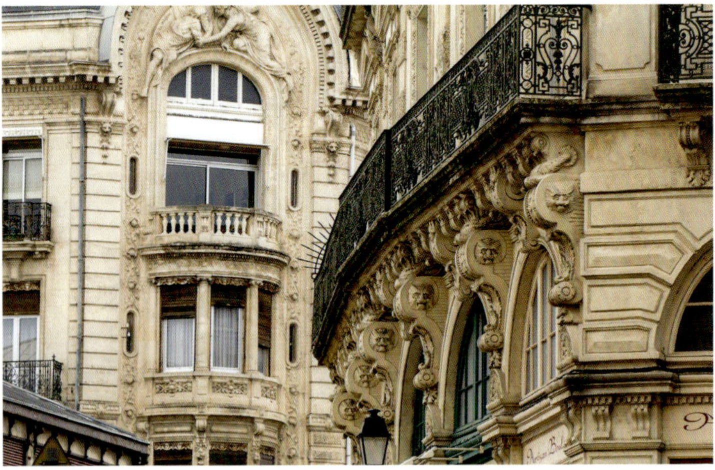

Trotz seiner bewegten Vergangenheit besitzt Béziers wunderschöne Gebäude und Fassaden.

Im Mittelalter war Béziers ein Hauptsitz der Katharer (auch Albigenser), einer als Ketzer verschrienen, dem Papsttum abtrünnig gewordenen Gemeinschaft. Papst Innozenz III. rief zum Kreuzzug gegen sie auf und so wurde Béziers 1209 von Kreuzrittern erobert, die ein Massaker unter den Bewohnern anrichteten. In der Magdalenenkirche sollen Hunderte Menschen ermordet worden sein und viele Hunderte endeten auf dem Scheiterhaufen. Im 16. Jahrhundert wurde Béziers zu einem Hauptsitz der Hugenotten, die sich ebenfalls gegen die katholische Kirche erhoben, sodass die Stadt während der Religionskriege schwer zu leiden hatte. Diese Geschichte voller Gewalt ist den Einwohnern von Béziers bis heute präsent, und so schön die Stadt auch sein mag, sie hat ein schweres Erbe zu tragen.

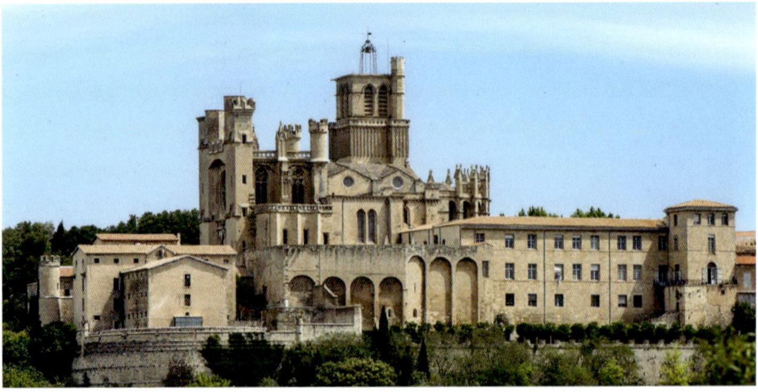

Die gewaltige Kathedrale Saint-Nazaire.

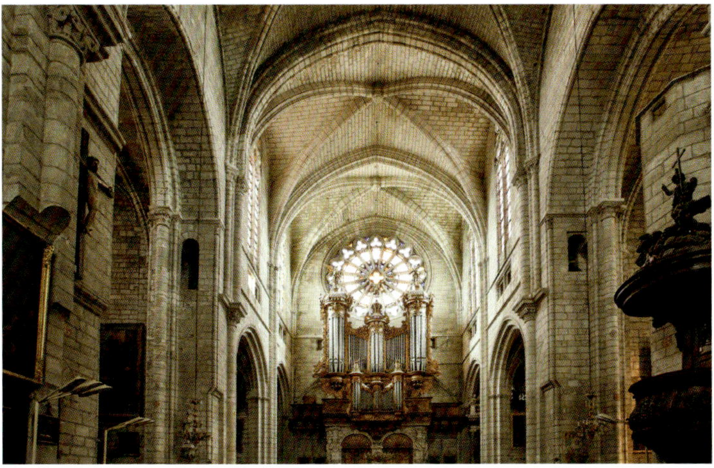

Auch das Innere der Kathedrale ist überwältigend.

Sehenswert

Unübersehbares Wahrzeichen von Béziers ist die gotische **Kathedrale Saint-Nazaire**, die vom 13. bis 15. Jahrhundert erbaut wurde. An ihrer Stelle hatte eine romanische Kirche gestanden, die beim Massaker von 1209 zerstört wurde. Auch vor dieser hatte es dort schon eine Kirche gegeben: Béziers ist Bischofssitz seit dem 5. Jahrhundert. Der Kreuzgang der Kathedrale aus dem 14. Jahrhundert blieb unvollendet. Das gesamte Bauwerk wurde bereits im Jahr 1840 unter Denkmalschutz gestellt. Ein Highlight bietet der Garten des Bischofssitzes. Von dort kann man das einzigartige Panorama über die Ebene des Flusses Orb mit seinen Brücken genießen. Die Kathedrale ist täglich von 10.00–19.00 Uhr geöffnet.

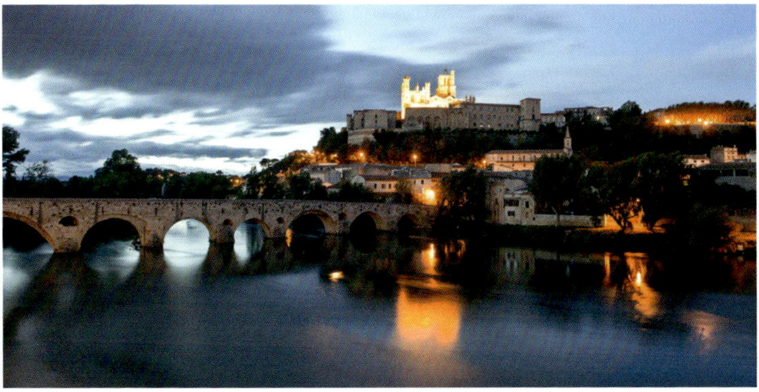

Pont Vieux in der Abendstimmung.

Schon von Weitem sieht man die Alte Brücke über den Fluss Orb, die **Pont Vieux**, aus dem 13. Jahrhundert. Sie wurde vom 14. bis zum 16. Jahrhundert mehrmals umgebaut.

Die **Kirche Sainte Madeleine** wurde 1092 erstmals erwähnt. Bei Umbauten im 14. und im 18. Jahrhundert verlor sie ihren klaren romanischen Stil, doch durch umfangreiche Restaurierungen in jüngster Zeit wurde dieser wieder freigelegt. Die Kirche steht am Place de la Madeleine und kann auch während der Hochsaison nur an wenigen Tagen besichtigt werden: vom 15. Juni bis 15. September montags 16.00–18.00 Uhr sowie dienstags und sonntags 10.00–12.30 Uhr und 16.00–18.00 Uhr. Vom 16. September bis 13. Juni mittwochs und freitags 10.00–12.00 Uhr, donnerstags 15.00–18.00 Uhr, samstags 10.00–12.00 Uhr und 14.00–17.00 Uhr und sonntags 10.00–12.30 Uhr und 14.00–16.00 Uhr.

Die Kirche **Saint Aphrodise** liegt im Zentrum der Stadt und stammt in ihrer jetzigen Form aus dem 11. und 15. Jahrhundert. Sie ist dem Schutzpatron und ersten Bischof Aphrodise de Béziers gewidmet. Wahrscheinlich wurde die vorromanische Basilika ebenfalls 1209 zerstört und danach in gotischem Stil restauriert. Derzeit ist sie geschlossen.

Les Halles, die **Markthallen**, wurden 1890 im Stil der Markthallen von Paris erbaut. Sie liegen am Place Pierre-Sémard und sind täglich, außer montags, von 6.00–13.00 Uhr geöffnet. Es werden Produkte aus der Region sowie die üblichen Souvenirs angeboten. Um die Markthallen herum gibt es jede Menge Bars und Restaurants. Auf der Allee Paul Riquet findet jeden Freitagmorgen ein großer **Markt** statt, zu dem auch der berühmte **Blumenmarkt** gehört.

Ganz in der Nähe der Markthallen, am Place Gabriel Pèri, finden Sie das **Rathaus** von 1238, das auf dem Forum Romanum erbaut wurde, zu erkennen an seinem Glockenturm. Wiederum ein Stück weiter, in der Rue du Moulin à Huile, ist das **römische Amphitheater** zu finden, das im 1. Jahrhundert v. Chr. entstanden ist. Wirklich viel ist aber nicht zu sehen, darum sollte, wer auf den Spuren der Römer wandeln möchte, eine Führung zum Thema mitmachen. Fragen Sie bei der Touristeninformation nach.

Die **Allées Paul Riquet** sind die Hauptschlagader der Stadt. Sie wurden 1827 nach dem Verlauf der antiken Stadtmauern und Gräben, die

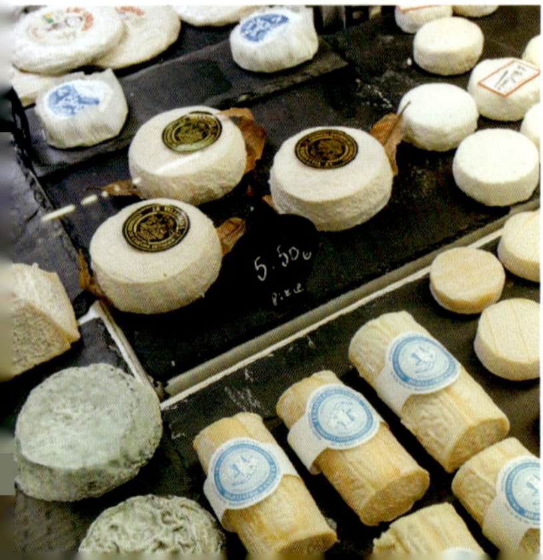

In Les Halles kommen Käseliebhaber auf ihre Kosten.

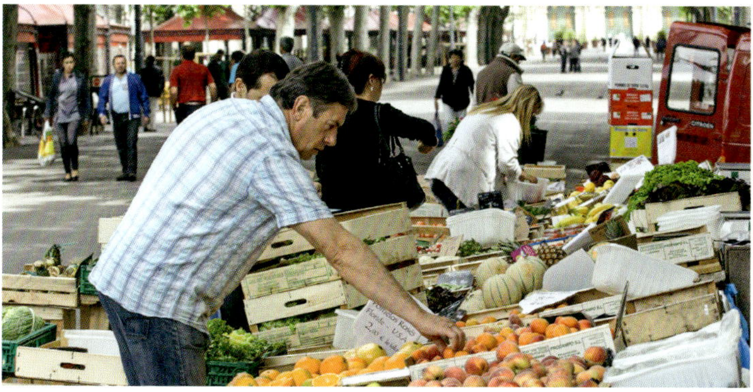

Markt auf den Allées Paul Riquet.

bis zum 17. Jahrhundert existierten, angelegt. Auf dem Grünstreifen in der Mitte steht das Denkmal von Pierre-Paul Riquet aus dem Jahre 1838. Es stammt von David d'Angers, einem bekannten französischen Bildhauer, der sich dem Realismus verschworen hatte. In Weimar befindet sich eine Büste, die er von Johann Wolfgang von Goethe schuf und dem Dichter zum Geschenk machte.

An den Allées Paul Riquet stehen Hotels, Restaurants und Cafés, die Touristeninformation und auch das **Theater**. Es wurde im Jahre 1844 im italienischen Stil erbaut und ist das einzige neoklassizistische Gebäude dieser Strömung, das in Frankreich noch im Original erhalten ist. Von den Einheimischen wird es liebevoll »Die italienische Bonbonniere« genannt. In Béziers gibt es eine Reihe **Museen**, darunter das **Kunstmuseum**, das **Archäologische Museum du Biterrois** und **das Museum der schönen Künste** – genau das Richtige für einen Regentag.

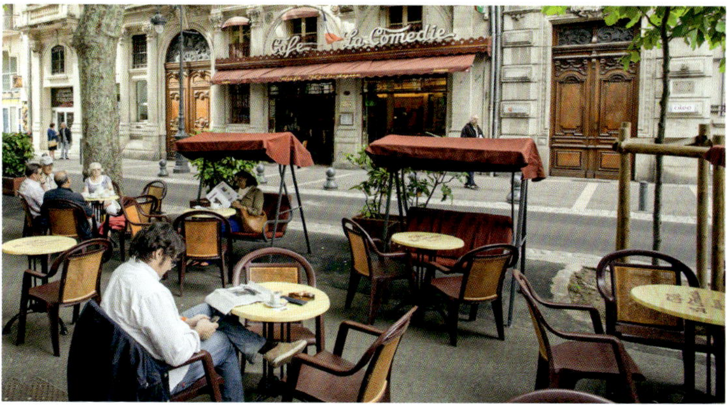

Café an den Alleés Paul Riquet.

Spanische Traditionen

In Béziers wird im August die **Feria** gefeiert, das große Fest des Jahres, mit Stierkampf, Pferden, Wein und Flamenco. Es ist das größte Fest im gesamten Gebiet Languedoc-Roussillon und es nehmen nahezu eine Million Menschen daran teil. Wie beliebt die Stierkämpfe sind, die den Mittelpunkt der tollen Tage bilden, lässt sich erahnen, wenn man vor der riesigen Stierkampfarena steht. Übrigens handelt es sich hier um die tödlich endenden Kämpfe – definitiv nicht jedermanns Sache und auf keinen Fall etwas für Kinder! Genauso wie in Spanien gibt es Casitas (Festzelte) auf dem Jahrmarktsgelände, es werden Festumzüge veranstaltet und in der Stadt rund um die Bodegas (Weinkellereien) wird ordentlich gefeiert.

Die neuen Arenen wurden 1897 gebaut und werden heute auch für Konzerte und Sportveranstaltungen genutzt. Besichtigen kann man sie im Juli und August jeweils montags und donnerstags um 18.30 Uhr, Anmeldung bei der Touristeninformation. Die **Arènes de Béziers** finden Sie in der Avenue Emile Claparède, 34500 Béziers. Sie sind von Di–Sa, 11.00–18.00 Uhr geöffnet. Website: *www.arenes-beziers.com.*

Informationen

Office de Tourisme Béziers Méditerranée
Im Stadtgebiet von Bèziers gibt es zwei Touristenbüros, drei weitere in den Vororten gehören ebenfalls dazu. Die unten genannten Öffnungszeiten beziehen sich auf die Monate Juli und August. Für weitere Informationen besuchen Sie bitte die unten genannte Website.
Website für alle Standorte: www.beziers-mediterranee.com.
Tel.: +33 4 99 41 36 36

Historisches Zentrum
Place du Forum
Täglich geöffnet 09.00–19.00 Uhr.

Canal du Midi
Neuf Ecluses de Fonseranes
Täglich geöffnet 10.00–19.00 Uhr.

Serignan
Maison des Orpellières
Täglich geöffnet 11.00–21.00 Uhr.

Valras-Plage
Im Hauptbahnhof
2, Platz René-Cassin
Täglich geöffnet 9.00–19.00 Uhr.

Öffnungszeiten: Vom 22. April bis 30. September. Im Mai, Juni, Juli und August täglich 10.00–13.00 Uhr und 14.00–18.00 Uhr. Im September Fr–So 10.00–13.00 Uhr und 14.00–18.00 Uhr.

Tipp der Autorin
Eine Fahrt mit dem Petit Train ist ein echtes Highlight! Er startet stündlich gegenüber des Theaters, am Kaufhaus, und fährt durch das historische Béziers bis hinunter zur Schleuse. Dort kann man aussteigen. Wenn man weiter mitfährt, geht es auf einer sehr interessanten Route wieder hinauf zum Startpunkt der Touristenbahn. Die Fahrt kostet 7,50 Euro, Ohrhörer für die deutsche Stadtführung inbegriffen, und dauert ca. 90 Minuten.
Web: www.lepetittraindebeziers.fr.

Museen
Musee des Beaux-Arts
Le Musée Fayet
9 Rue du Capus,
34500 Béziers
Tel.: +33 4 67 49 04 66

Kunst, Skulpturen und Möbel aus dem 17. und 18. Jahrhundert. Das Museum ist in dem historischen Hotel Fabregat untergebracht. Di–Sa 11.00–18.00 Uhr geöffnet.

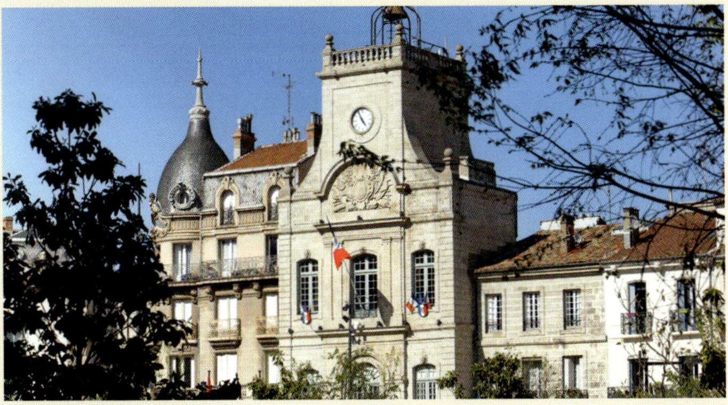

Das Rathaus von Béziers.

4. Etappe

Von Béziers nach Argeliers

Einer der spannendsten Abschnitte

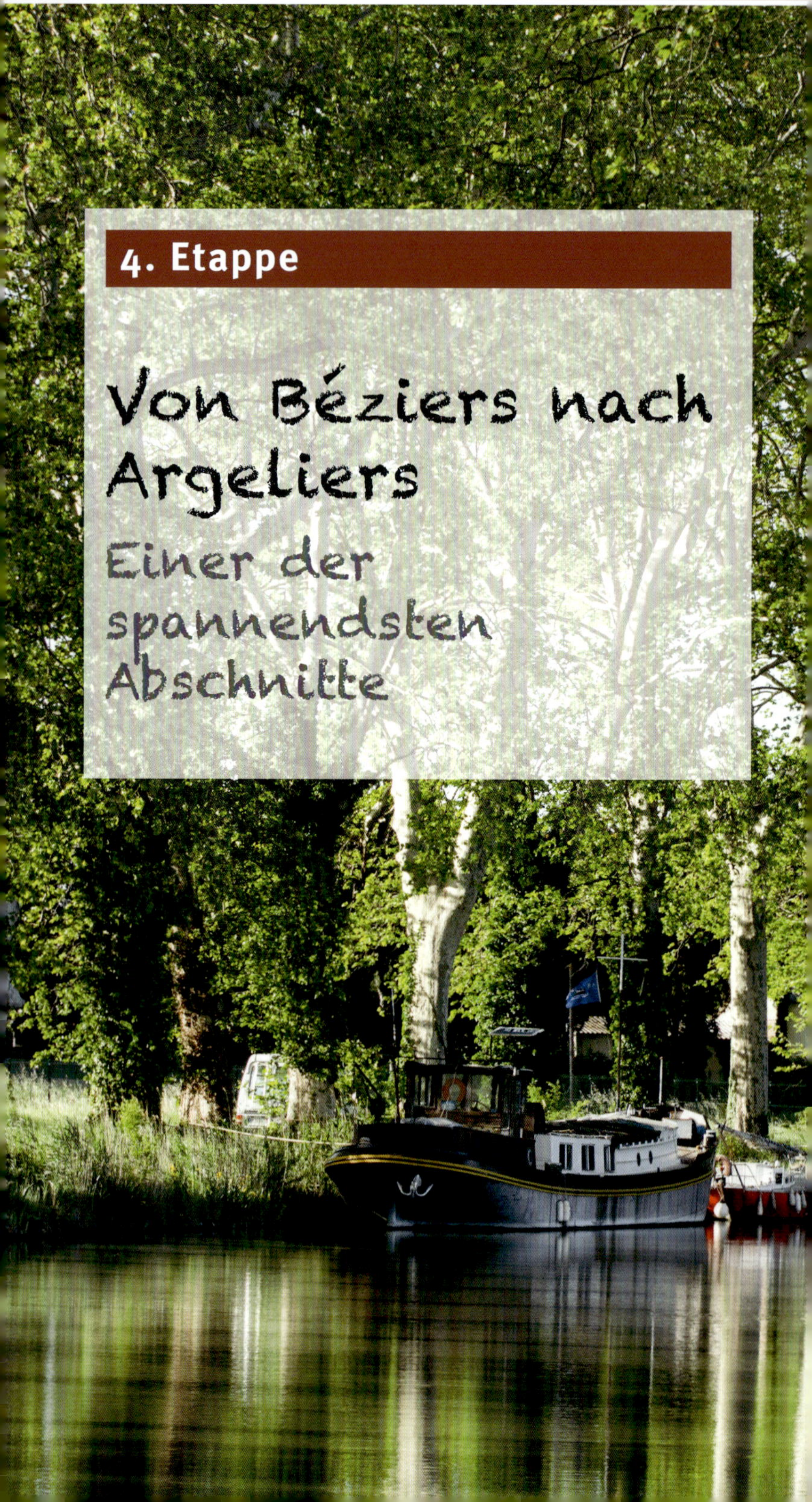

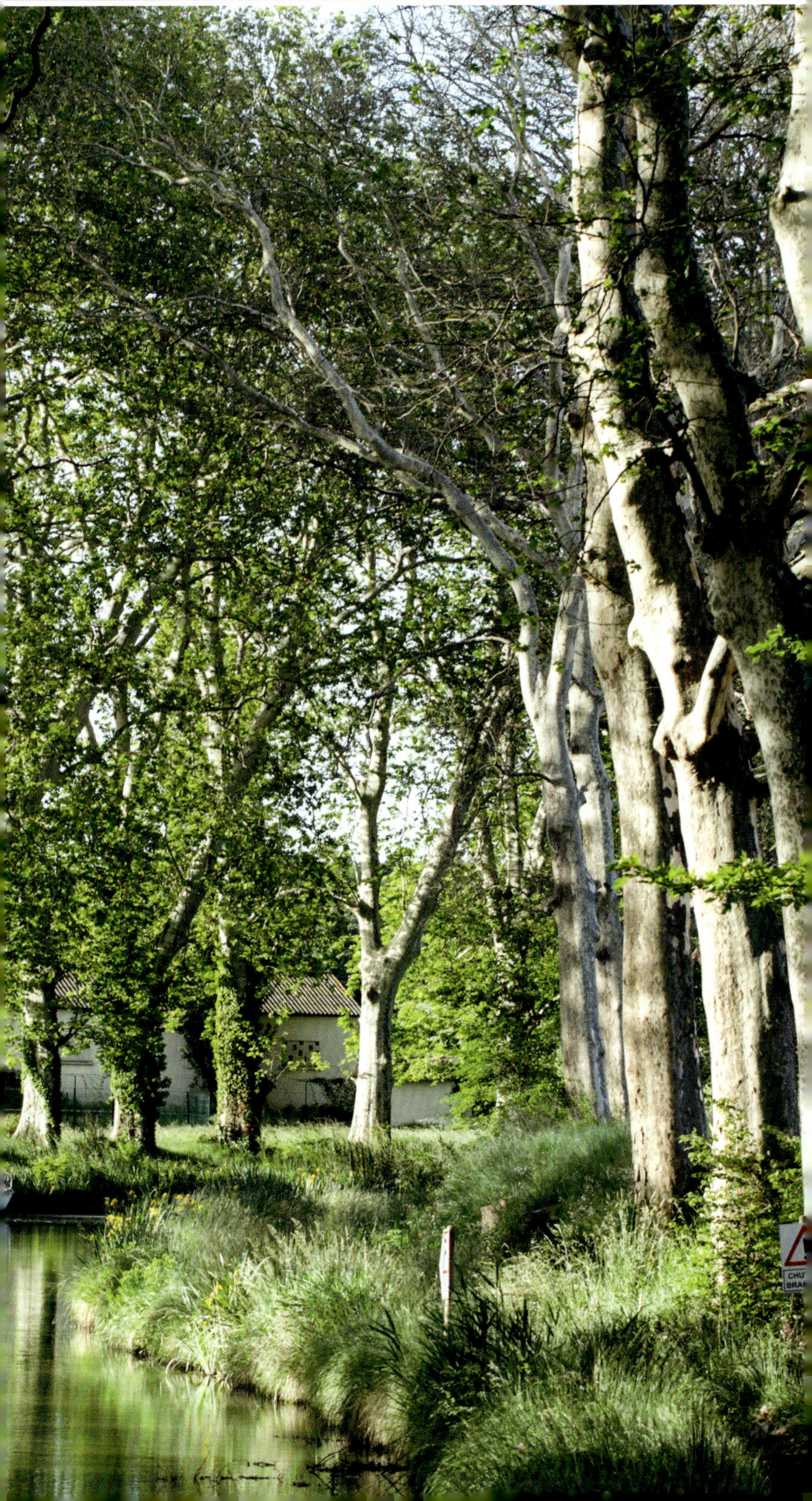

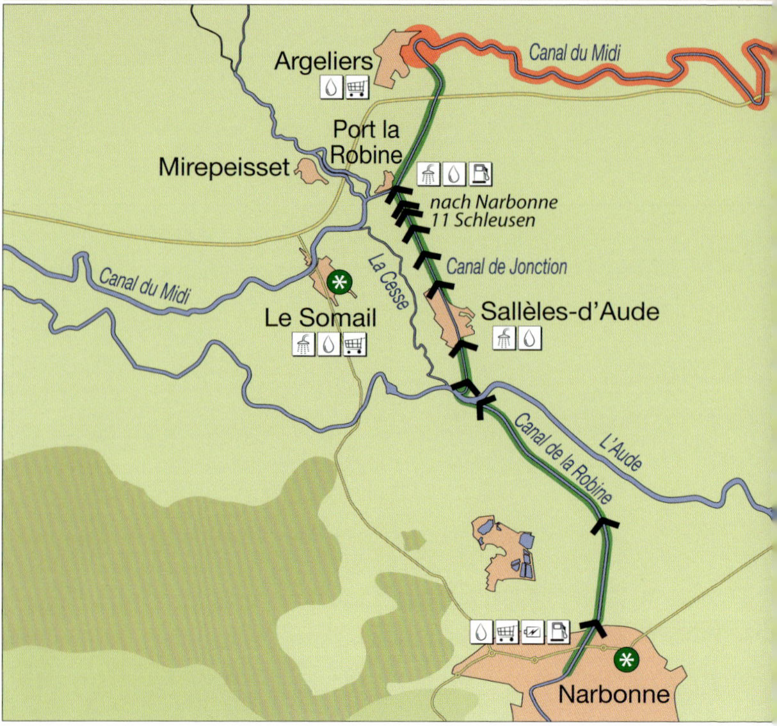

Startpunkt:	Béziers
Ziel:	Argeliers
Strecke:	36 km
Schleusen:	2 Schleusen und 1 sechsstufige Schleusentreppe
Fahrtzeit ohne Schleusen:	5 Stunden
Zwischenstopps:	Tunnel von Malpas, Étang de Montady
Abstecher:	Narbonne über den Canal de la Robine
Strecke:	18 km
Schleusen:	1 zweistufige Schleusentreppe und 8 Schleusen
Fahrzeit ohne Schleusen:	2,5 Stunden

Im vierten Abschnitt passieren Sie einige der absoluten Kanalhöhepunkte. Zunächst geht es durch die tiefe Schleuse Béziers (80), durch den Hafen und gleich danach durch die tiefe Schleuse Orb (79). Danach fahren Sie auf der Kanalbrücke über den Orb und erreichen nach einem Kilometer die Schleusentreppe von Fonserannes (78). Sieben

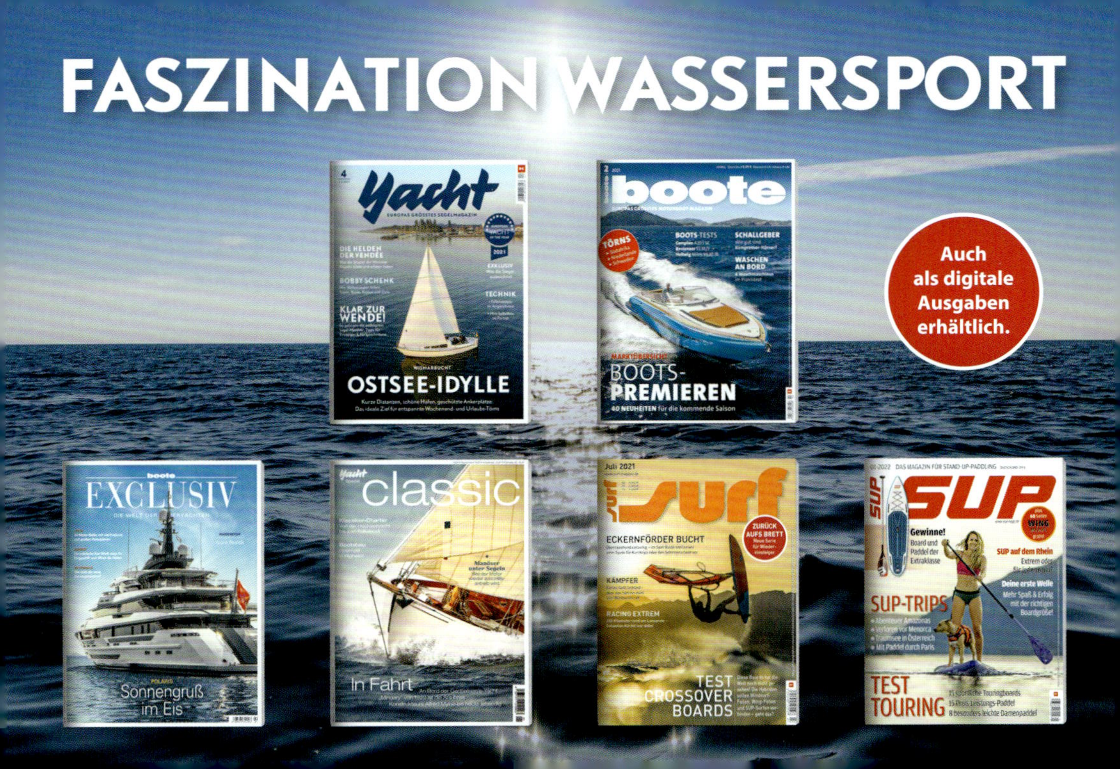
FASZINATION WASSERSPORT
Auch als digitale Ausgaben erhältlich.
Yacht
EUROPAS GRÖSSTES SEGELMAGAZIN
DIE HELDEN DER VENDÉE
BOBBY SCHENK
KLAR ZUR WENDE!
EXKLUSIV
TECHNIK
OSTSEE-IDYLLE
Kurze Distanzen, schöne Häfen, geschützte Ankerplätze: Das ideale Ziel für entspannte Wochenend- und Urlaubs-Törns
boote
EUROPAS GRÖSSTES MOTORBOOT-MAGAZIN
TÖRNS
BOOTS-TESTS
SCHALLGEBER
WASCHEN AN BORD
MARKTÜBERSICHT
BOOTS-PREMIEREN
40 NEUHEITEN für die kommende Saison
boote EXCLUSIV
Sonnengruß im Eis
Yacht classic
In Fahrt
Juli 2021
surf
ZURÜCK AUFS BRETT
ECKERNFÖRDER BUCHT
KÄMPFER
RACING EXTREM
TEST CROSSOVER BOARDS
01-2022 DAS MAGAZIN FÜR STAND-UP-PADDLING
SUP
Gewinne! Board und Paddel der Extraklasse
SUP auf dem Rhein
Deine erste Welle
Mehr Spaß & Erfolg mit der richtigen Boardgröße!
SUP-TRIPS
Abenteuer Amazonas
Verloren vor Menorca
Traumsee in Österreich
Mit Paddel durch Paris
TEST TOURING
15 sportliche Touringboards
15 Preis-Leistungs-Paddel
8 besonders leichte Damenpaddel

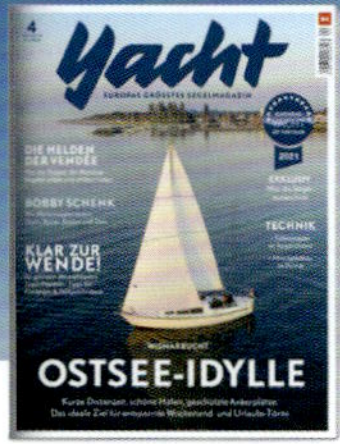

Europas größtes Segel-Magazin

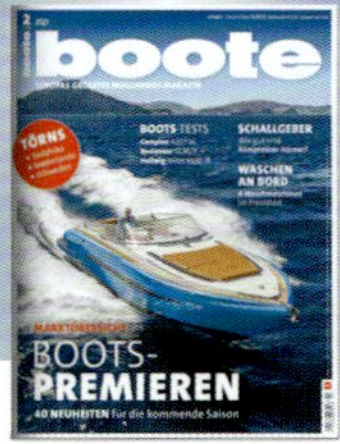

Europas größtes Motorboot-Magazin

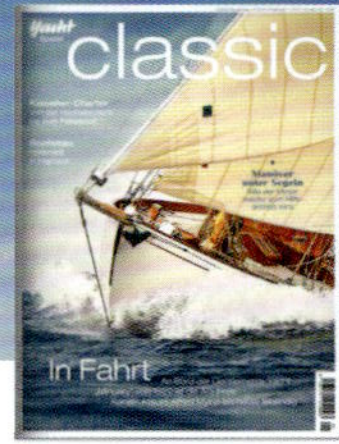

Das Magazin des klassischen Yachtsports

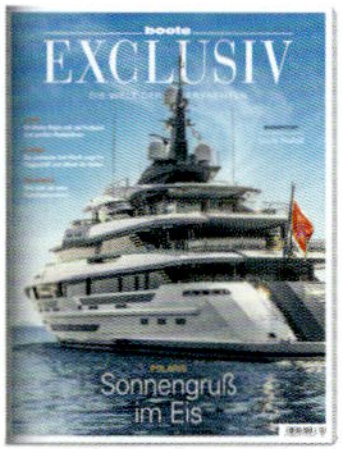

Die Welt der Superyachten

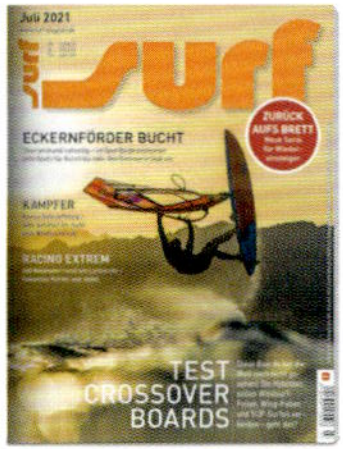

Europas größtes Windsurf-Magazin

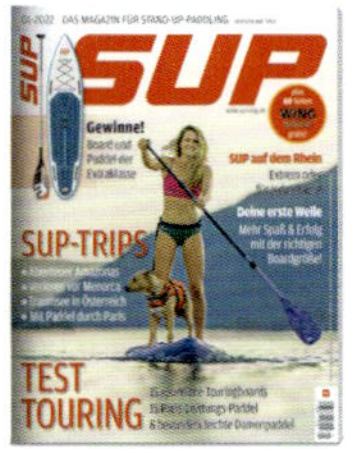

Das Magazin für Stand-Up-Paddling

HIER BESTELLEN delius-klasing.de/wassersport-zeitschriften

+49 (0) 521/55 99 55 abo@delius-klasing.de

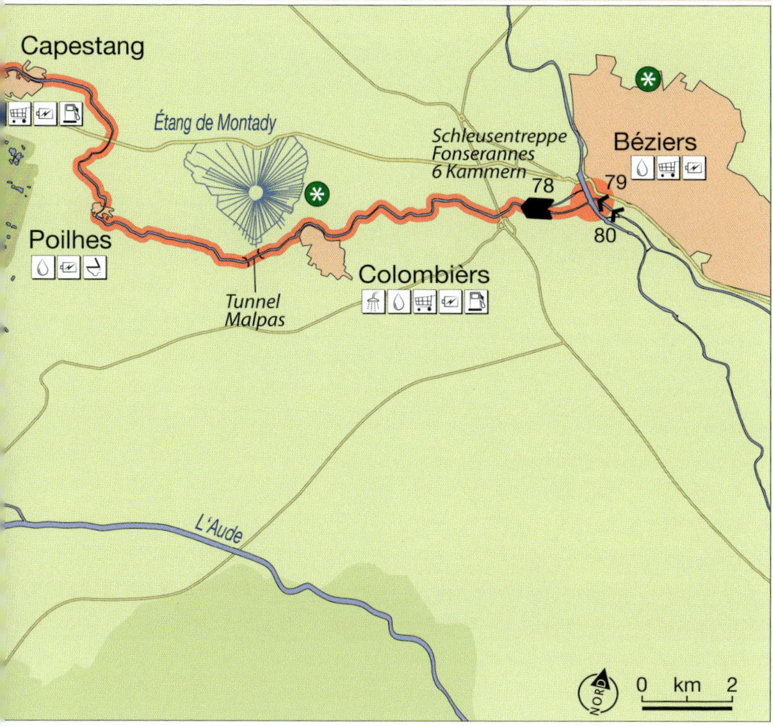

Kilometer weiter durchfahren Sie den Tunnel von Malpas. Bis Argeliers sind es dann noch 25 ruhige Kilometer.

Start in Béziers

Der Liegeplatz Pont Rouge befindet sich genau vor der Schleuse Béziers (80). Beide Schleusen von Béziers sind neueren Datums, sie wurden 1857 zusammen mit der Kanalbrücke gebaut. Darum haben sie auch gerade Wände, im Gegensatz zu den ursprünglichen ovalen Kammern von Riquet. Früher waren es Schleusentreppen, doch man hat die Kammern inzwischen so tief gestaltet, dass je Schleuse nur einmal geschleust werden muss. Die Schleuse Béziers überwindet so 4,24 Meter und die Schleuse Orb sogar 6,19 Meter. In die Wände sind senkrechte Führungsstangen für die Leinen eingelassen, sodass man das Ende einfach darumschlägt und die Leine dann mit nach oben bzw. unten rutschen lässt.

Nach der Schleuse Béziers (80) kommen Sie durch das Hafenbecken von Béziers, in dem es Liegeplätze und Wasser gibt. Das Stadtzentrum ist nur 500 Meter entfernt. Nach dem Hafen geht es direkt in die Schleuse Orb (79), die nach demselben Prinzip funktioniert. Danach fahren Sie über den Aquädukt, die Kanalbrücke von Béziers. Von hier aus genießen Sie einen herrlichen Blick über die Stadt und den Fluss.

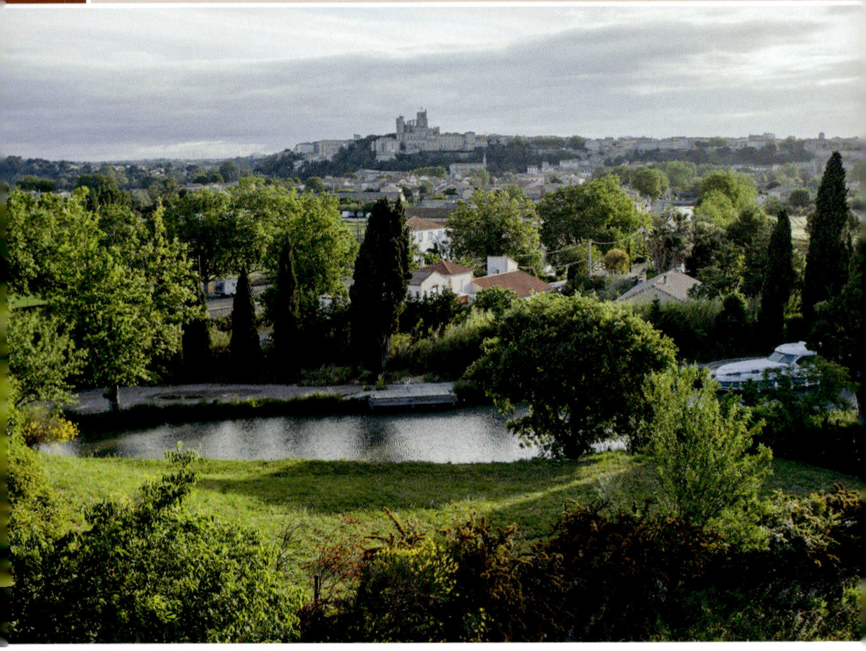

Der Tag beginnt mit herrlichen Ausblicken über Béziers.

Tatsächlich ist die Kanalbrücke L'Orb die längste und jüngste Kanalbrücke des Canal du Midi. Ursprünglich wurden alle Höhenunterschiede durch das Anstauen des betreffenden Flusses ausgeglichen, sodass sie passiert werden konnten. Nur eine einzige Kanalbrücke, die Pont de Rèpudre, über den Fluss Rèpudre, wurde von Riquet geplant und realisiert. Damals war sie die erste Kanalbrücke in Frankreich.

Die Schleusentreppe von Fonserannes

Sie ist das größte Bauwerk am Canal du Midi und zählt zu den bekanntesten Touristenattraktionen in Südfrankreich. Sie wurde von Riquet entworfen und ist damit genauso alt wie der Kanal selbst. Allerdings wurde sie zuletzt in den Jahren 2016 und 2017 restauriert und für Besucher attraktiver gemacht. Die Schleusentreppe ist 312 Meter lang und hat acht Kammern, von denen seit dem Bau der Kanalbrücke noch sechs in Betrieb sind. Die unterste Schleusenkammer, die zum Fluss Orb hinunterführte, wurde stillgelegt, da der Canal du Midi bereits in der darüberliegenden Schleusenkammer abzweigt. Die Treppe überwindet 13,6 Höhenmeter. Insgesamt werden mit allen Schleusen von Bèziers 25 Höhenmeter überwunden.

Im Juli und August werden bis zu 60 Boote täglich geschleust. Das ist ohne Reglementierung natürlich nicht möglich. Darum gibt es bestimmte Zeiten für das Auf- und Abwärtsschleusen. Gewöhnlich wird

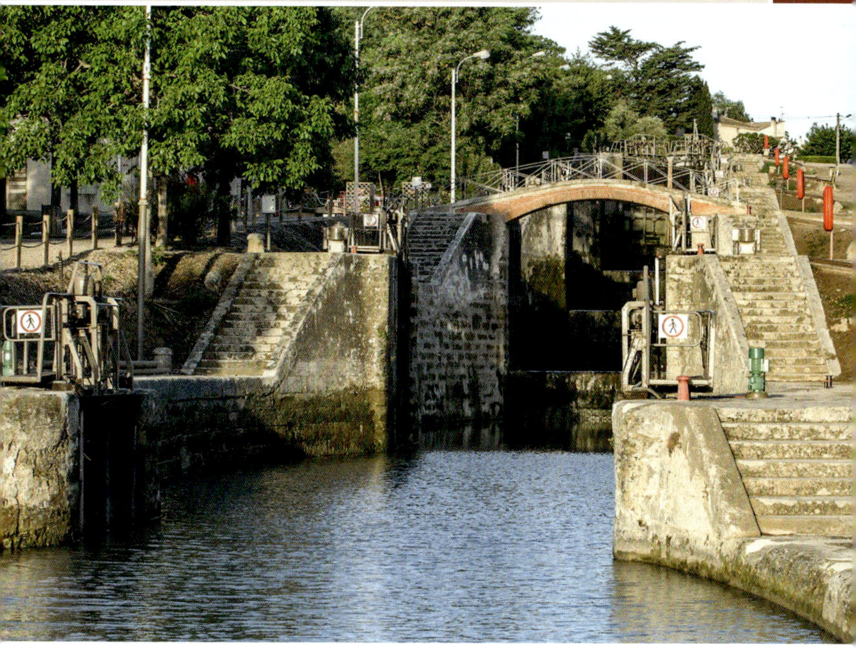

Die Schleusentreppe führt über mehrere große Stufen.

von 8.30–9.30 Uhr und von 13.30–15.30 Uhr abwärts geschleust (Richtung Agde), was etwa 30 Minuten dauert. Von 10.00–11.00 Uhr und von 16.00–18.15 Uhr geht es aufwärts (Richtung Toulouse), Dauer etwa 45 Minuten. In jede Kammer passen drei Hausboote. Die Einfahrt ist durch eine Ampel geregelt. Berufsschiffer haben jederzeit Vorrang.

Gleich neben der Schleusentreppe können Sie die traurigen Überreste eines Schiffshebewerkes, des Wasserkeils, besichtigen. Die Anlage wurde 1983 in Betrieb genommen, um die Schleusentreppe zu entlasten bzw. eines Tages zu ersetzen. Die Schiffe wurden in der Rinne mit einem Traktor nach oben gezogen oder nach unten gebremst. Doch offenbar gab es einen Fehler im System, denn der Wasserkeil hat niemals zufriedenstellend funktioniert. Seit 2001 ist er stillgelegt.

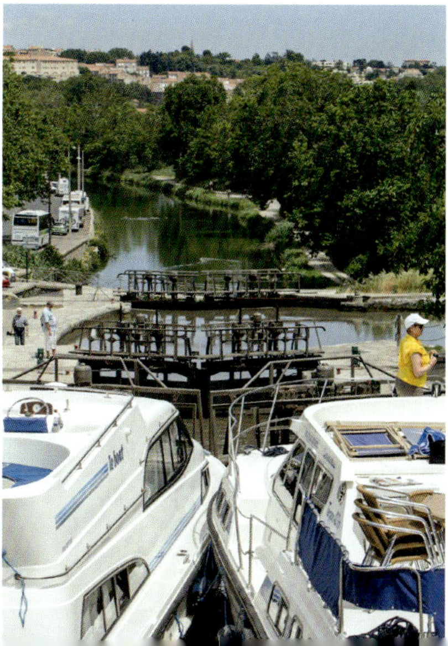

Es geht abwärts.

Colombièrs und der Tunnel Malpas

Nach der Schleusentreppe verengt sich der Kanal, sodass für große Boote streckenweise Einbahnverkehr herrscht. Hausboote sind davon nicht betroffen, Sie sollten aber vorsichtig fahren, sich in Kurven rechts halten und Ihr Kommen durch Hupen ankündigen. Immerhin gibt es nun aber auf einer Strecke von 53 Kilometern keine Schleuse mehr auf dem Canal du Midi – wer einen Abstecher nach Narbonne machen möchte, muss sich allerdings weiterhin mit Schleusen abfinden.

Von Fonserannes bis Colombièrs, einem kleinen Ort mit Hafen und zwei Charterbasen, sind es sechs Kilometer.

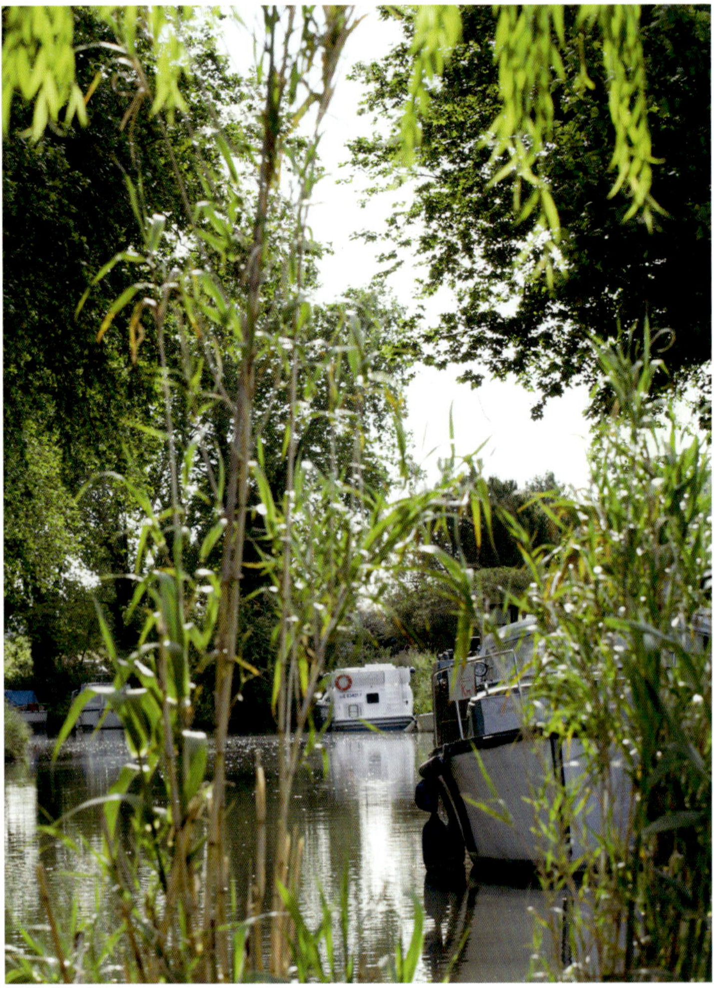

Im Hafen von Colombièrs.

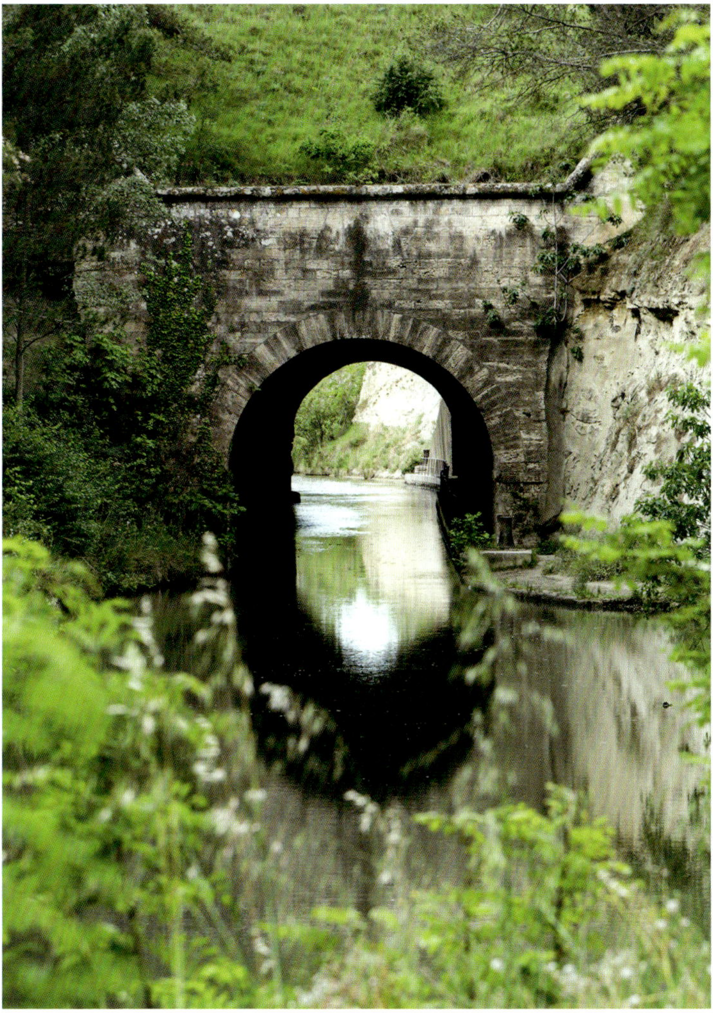

Tunnel Malpas.

Colombièrs hat ca. 2 700 Einwohner und lebt hauptsächlich vom Weinbau. Das bezeugt der Weinkeller des Château de Colombièrs. Er wurde 1870 gebaut und gehört zum Kulturerbe der Gemeinde. Mitten durch den Ort führt die Via Domitia, die erste römische Straße Galliens. Sie wurde 120–118 v. Chr. gebaut. Sehenswert ist auch die romanische Kirche **Saint-Sylvestre Sainte-Colombe** aus dem 5. bis 8. Jahrhundert. Sie steht in der Rue de l´Église.

Durch die Lage am Canal du Midi hat sich in Colombièrs eine gute Infrastruktur für die Boots- und Kanaltouristen entwickelt, die sich vor allem um den neuen, im Halbkreis angelegten Hafen dreht. Hier

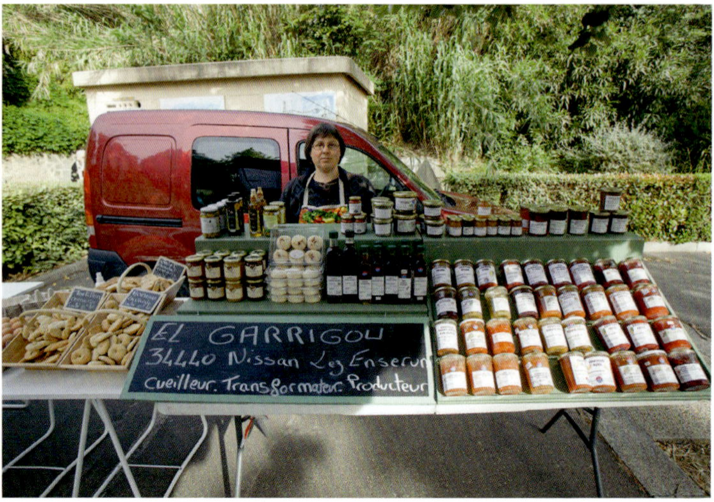

Auf dem Markt findet man jede Menge lokaler Köstlichkeiten.

gibt es Treibstoff, Wasser, Strom und Duschen für die 30 Liegeplätze, und wer übernachten möchte, muss für die erste Nacht nichts zahlen. Geschäfte und Restaurants rechnen mit Ihrem Besuch. Jeden Mittwoch wird im Hafen Markt abgehalten. Interessant ist Colombièrs für Bootseigentümer, denn hier gibt es eine Slipanlage, auf der man Boote vom Land ins Wasser befördern kann und umgekehrt.

Hauptattraktion von Colombièrs ist der Tunnel Malpas, knapp zwei Kilometer hinter dem Ort. Er führt unter dem Hügel Ensérune hindurch und ist der erste Kanaltunnel, der jemals gebaut wurde. Die Legende erzählt, dass Riquet nur sechs Tage für die 160 Meter lange Unterführung brauchte. Angeblich hatte man ihm Prüfer auf den Hals gehetzt, die seine Ausgaben kontrollieren sollten. Das ärgerte den Baumeister so sehr, dass er seine besten Leute am Tunnelprojekt zusammenzog und sie antrieb, das Bauwerk in Rekordzeit fertigzustellen. Als die Kontrolleure eintrafen, war die Arbeit bereits erledigt.

Übrigens gibt es insgesamt drei Tunnel durch den Ensérune, die untereinander liegen. Etwa zehn Meter unter der Straße befindet sich der Kanaltunnel von 1679/1680, weitere zehn Meter darunter der Eisenbahntunnel von 1854–1856, und darunter der längste und älteste: die Drainage zur Trockenlegung des Étang de Montady. Sie liegt 30 Meter unter Straßenniveau und ist 1364 Meter lang. Sie wurde zwischen 1250 und 1270 von Mönchen angelegt.

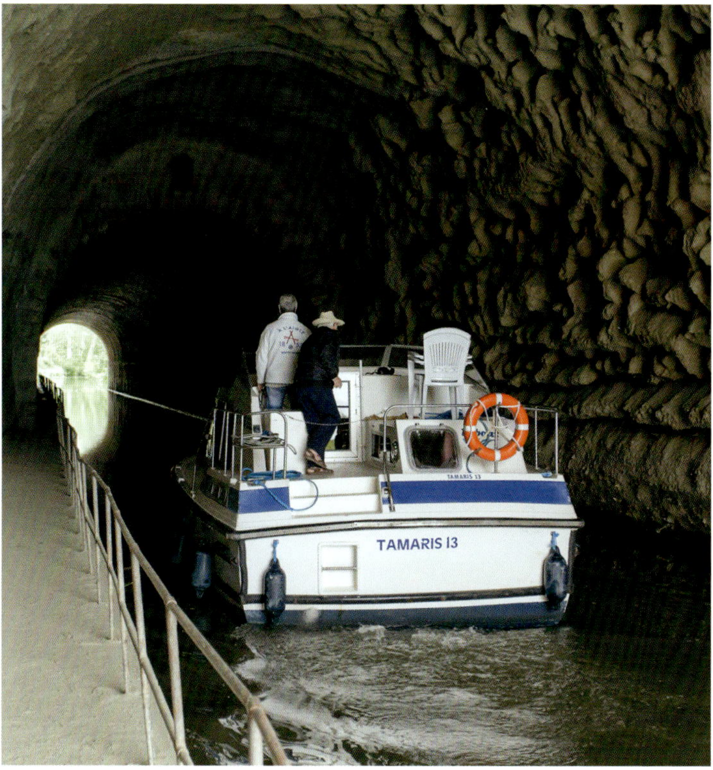

Im Tunnel Malpas.

Étang de Montady

Étang de Montady ist eine im Mittelalter durch Drainagen trockengelegte Salzwasserlagune mit einer Größe von 4,25 Quadratkilometern. Bis 1247 hatte man die Lagune zur Salzgewinnung genutzt, doch sie war eine Brutstätte von Mücken und anderen Insekten, die für die Verbreitung von Epidemien verantwortlich gemacht wurden. Darum bekamen die ansässigen Mönche die bischöfliche Genehmigung zur Trockenlegung. Von 1250–1270 bauten sie ein Entwässerungssystem, das auf die tiefste Stelle der ehemaligen Lagune zuläuft. Nach der Trockenlegung gewannen die Mönche hier Böden, die zum Getreide- und Weinanbau hervorragend geeignet sind. Alle Felder laufen sternförmig zur Mitte, zum tiefsten Punkt der ehemaligen Lagune. Die Drainage der Mönche wird noch heute als Bewässerungssystem genutzt und durch den Canal du Midi gespeist. Bereits seit 1974 steht der Étang de Montady als »malerische Landschaft« unter Schutz.

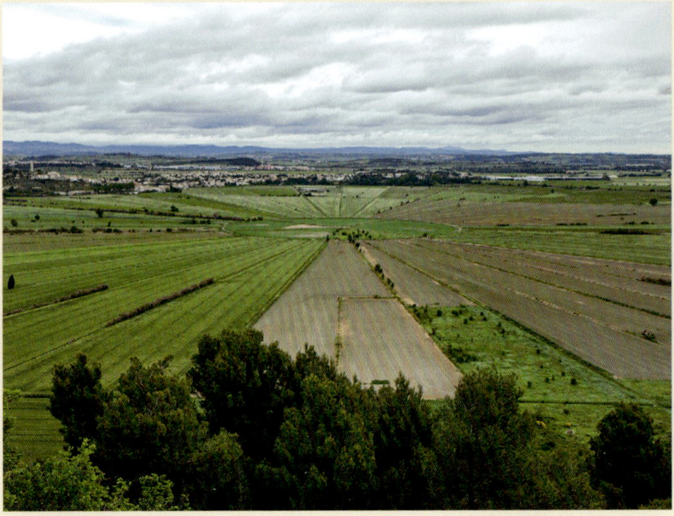

Der Étang de Montady.

Einen ganz besonderen Blick über den Étang de Montady hat man vom Oppidum Enérune aus, einer iberisch-griechischen Siedlung aus dem 6. Jahrhundert v. Chr. Sie kommen zu den Ausgrabungen, indem Sie vor dem Tunnel Malpas am nördlichen (rechten) Ufer anlegen und den Weg hinaufgehen. Bis zum Oppidum sind es etwa 1200 Meter. Möglicherweise sind die Ausgrabungen nicht für jeden interessant, aber der Blick über den Étang de Montady ist wirklich fantastisch. Wertvolle Funde, darunter zahlreiche Keramiken, sind im Museum ausgestellt.

Informationen

Museum

Site archéologique et musée d'Ensérune
34440 Nissan-lez-Ensérune
Tel.: +33 4 67 32 60 35
Web: www.enserune.fr

Die Grabungsstätte mit Museum hat von April bis September täglich von 9.30–12.30 Uhr und 14.00–18.30 Uhr geöffnet. Mo Ruhetag. Von Oktober bis März von Mi–So 9.30–12.30 Uhr und 14.00–17.30 Uhr. Letzter Einlass ist 60 Minuten vor Schließung der Anlage. Für Erwachsene kostet der Eintritt 6 Euro, für Kinder und Jugendliche bis 18 Jahre kostenlos.

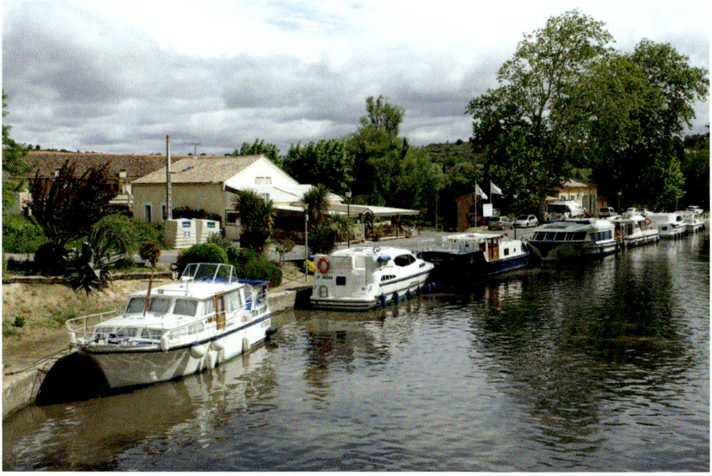

Der Hafen von Poilhes.

Poilhes

Der kleine Ort wurde vor 2000 Jahren gegründet und liegt ebenfalls an der Via Domitia, rund 4,5 Kanalkilometer vom Tunnel Malpas entfernt. Er hat einen Hafen mit Entsorgungsstation und kostenpflichtigen Liegeplätzen. Auch das Wassertanken ist hier nicht kostenlos. Am Kai sind zwei alte Kanonen aufgestellt, deren Herkunft zweifelhaft ist. Außerdem gibt es noch die Reste einer Ulme zu sehen, die angeblich im 17. Jahrhundert gepflanzt wurde. Insgesamt muss man hier nicht anlegen – deutlich mehr zu bieten hat der nächste Hafen, der allerdings ebenfalls kostenpflichtig ist.

Capestang

Sechs Kilometer weiter liegt Capestang. Mit rund 3200 Einwohnern ist es ein typisches Dorf am Kanal. Der Ort liegt an einem Teich, dem er seinen Namen verdankt: »Le Cap d'Éstang« bedeutet »der Kopf des Teiches«.

Sehenswert ist die gotische **Stiftskirche Saint-Étienne** aus dem 13. Jahrhundert. Sie steht auf dem Fundament einer romanischen Kirche. Offenbar wurde Saint-Étienne von denselben Handwerkern erbaut, die auch die Kathedrale von Narbonne gebaut haben, denn es gibt augenscheinliche Ähnlichkeiten zwischen den Bauwerken. Da Capestang der Sitz der Bischöfe von Narbonne war, ist eine Kopie sogar durchaus denkbar. Besonders schön ist der Panoramablick vom Kirchturm. Die Kirche liegt am Boulevard Pasteur.

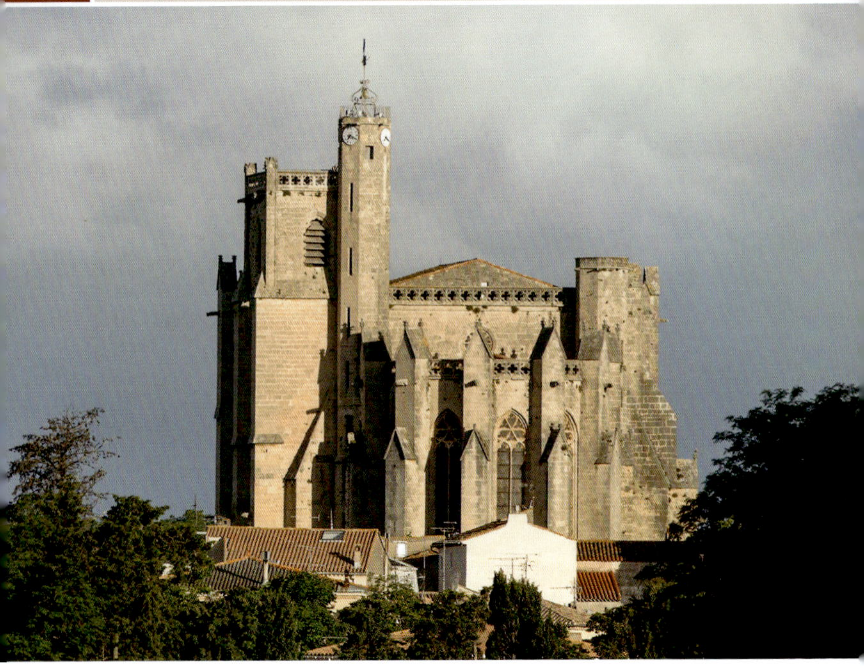

Saint-Étienne ragt deutlich über die Dächer von Capestang.

Einen Besuch lohnt auch das **Schloss** aus dem 14. Jahrhundert. Es ist der ehemalige Palast der Bischöfe von Narbonne. Besonders eindrucksvoll ist die bemalte Zimmerdecke aus dem 15. Jahrhundert. Der Ort hat außerdem zwei eindrucksvolle Brücken zu bieten: die »**Pont de Piétât**« mit ihrer Stahlkonstruktion aus dem 19. Jahrhundert, die zu ihrer Zeit hochmodern war, sowie die »**Pont de Saisse**« aus dem

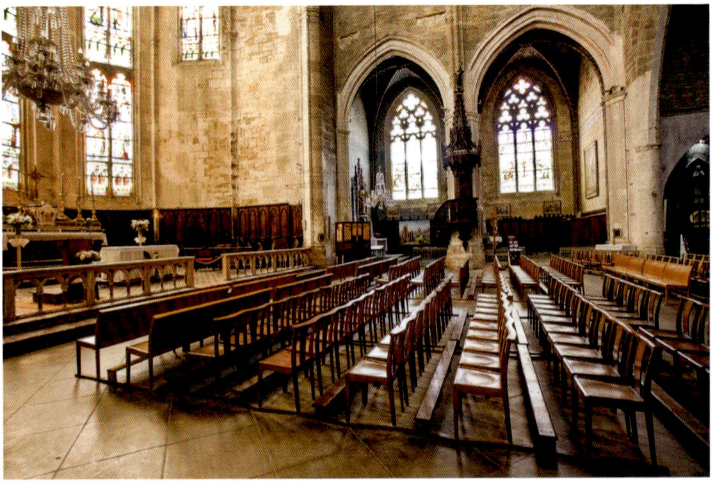

Saint-Étienne von innen.

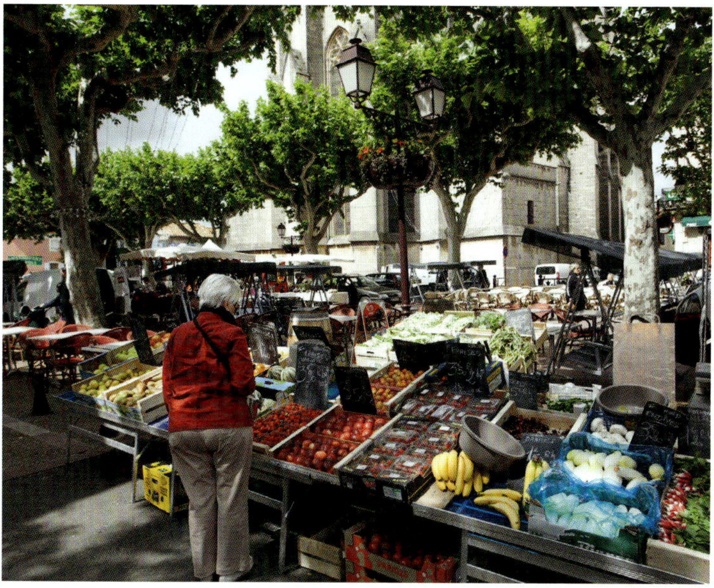

Frisches Obst und Gemüse gibt es auf dem Markt in Capestang.

17. Jahrhundert, eine der niedrigsten Brücken des Kanals. Am besten halten Sie sich bei der Durchfahrt genau in der Mitte.

Markt wird in Capestang jeden Mittwoch- und Sonntagmorgen auf dem Platz Jean Jaurès abgehalten.

Der Ort wird immer wieder für seinen Hafen gelobt, der sämtliche Annehmlichkeiten bietet. Doch die haben ihren Preis:

Übernachten im Hafen von Capestang

Im Büro der Touristeninformation finden Sie auch das Büro der Hafenmeisterei. Man spricht hier mehrere Sprachen.

Für das Anlegen wird pro Nacht abgerechnet. Der Preis, inklusive Wasser und Strom, liegt je nach Größe des Bootes zwischen 16 und 55 Euro.

Weitere Dienstleistungen können gebucht werden: Internet, Dusche und WC sowie Waschmaschine und Trockner. Die Preise bitte vor Ort erfragen oder vorab unter:

Tel: +33 4 67 37 85 29 (drücken Sie 2)
Mail: capitainerie@tourismecanaldumidi.fr

* Stand 2022

Informationen

Office de Tourisme
Quai Elie Amouroux
34310 Capestang
Tel.: +33 4 67 37 85 29
Web: www.tourismecanaldumidi.fr

In den Sommermonaten hat das Büro täglich geöffnet, von 9.30–12.30 Uhr und 14.00–19.00 Uhr.

Argeliers

Bis Sie Argeliers erreichen, schlängelt sich der Canal du Midi außergewöhnlich malerisch über knapp 16 Kilometer in seinem von Platanen gesäumten, engen Bett. Viele der alten Bäume mussten entfernt werden, denn das Platanensterben hat den Kanal schwer getroffen. Doch immerhin wird vorsichtig abgeholzt und aufgeforstet, sodass es zu keinem Kahlschlag kommen wird.

Argeliers hat 1800 Einwohner und liegt nicht direkt am Kanal, der hier übrigens einen deutlichen Knick macht. Sie haben immerhin 36 Kilometer zurückgelegt und können sich nach einem langen Reisetag hier einen Schlafplatz suchen. Es gibt in Argeliers keinen Hafen, aber einen Kai. Hier wird gern angelegt, sodass Sie wahrscheinlich nicht die Einzigen sein werden. Direkt an der Brücke Pont Vieux finden Sie ein Restaurant, in dem man den Tag ausklingen lassen kann, wenn man zu müde ist, um selbst zu kochen. Das Frühstück bekommen Sie am Morgen im Ort.

Der nächste Hafen, Port La Robine, ist vier Kilometer entfernt und häufig sehr voll. Es ist ein Privathafen und er liegt hinter der Abzweigung zum Canal de la Robine. **Vorsicht!** An der Abzweigung herrscht eingeschränkte Sicht!

Ausflug nach Narbonne

Die Stadt liegt zwischen dem Canal du Midi und dem Mittelmeer. Mit dem Hausboot erreicht man sie über den 32 Kilometer langen Canal de la Robine, der ebenfalls zum Weltkulturerbe der UNESCO zählt. Bereits in römischer Zeit gab es einen Kanal, der die Stadt Narbonne mit dem Mittelmeer verband. Er wurde durch den Fluss Aude gespeist. Im 14. Jahrhundert änderte die Aude ihren Lauf und der antike

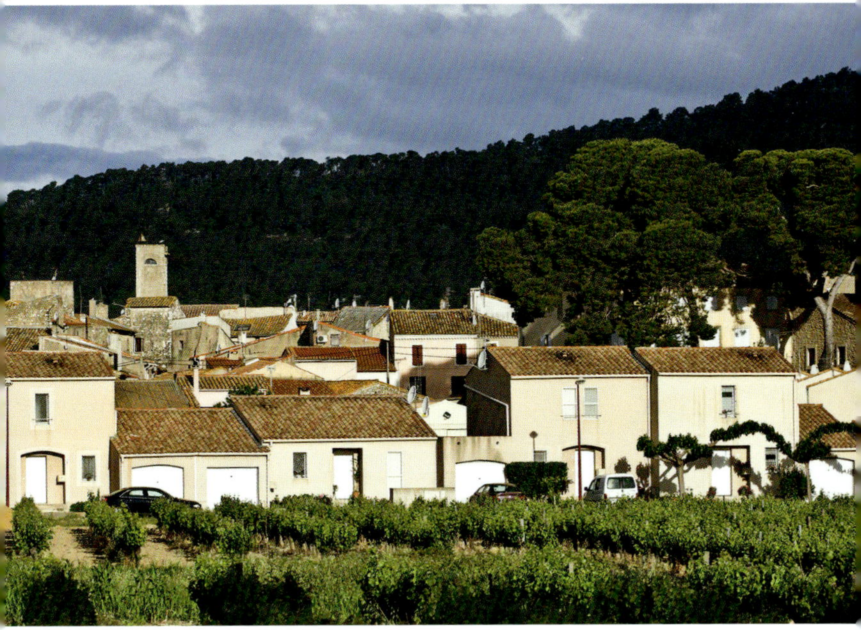

Argeliers.

Kanal trocknete aus. Erst 1787, rund 100 Jahre nach Eröffnung des Canal du Midi, wurde der Canal de la Robine ausgebaut und mit dem Canal du Midi verbunden. Er entwickelte sich schnell zur Pulsader von Narbonne und bescherte der Stadt einen neuen Aufschwung.

Von der Anlegestelle bei Argeliers im Canal du Midi sind es bis zur Einfahrt in den Canal de Jonction knapp vier Kilometer. Er zweigt bei Kilometer 168,7 ab und führt zum Canal de la Robine, der uns nach Narbonne bringt. Vorsicht bei der Einfahrt, die Sicht ist eingeschränkt!

Nach 300 Metern gelangen Sie zur Schleuse Cesse, 700 Meter weiter zur nächsten, Truilhas, nach 600 Metern folgt Empare und nach 700 Meter Argeliers. Nach weiteren 700 Metern erreichen Sie die Schleuse Saint-Cry und danach das Örtchen Sallèles-d'Aude. 300 Meter später ist schon die Schleuse Sallèles da, die Schleuse Gailhousty folgt nach 800 Metern. Direkt danach endet der Verbindungskanal und Sie fahren 600 Meter auf dem Fluss Aude, bevor Sie den Canal de la Robine erreichen. Hier wird gleich wieder geschleust (Moussoulens). Vier Kilometer kann man danach ungestört fahren, bevor man bei der Schleuse Raonel ankommt. Nach weiteren vier Kilometer folgt die Schleuse Gua und einen Kilometer weiter die Schleuse Narbonne. Bis zu den Kais sind es nun nur noch wenige Hundert Meter. An den innerstädtischen Kais können Freizeitboote das ganze Jahr über anlegen. Auf 2500 Metern haben Sie die Auswahl zwischen dem **Quai**

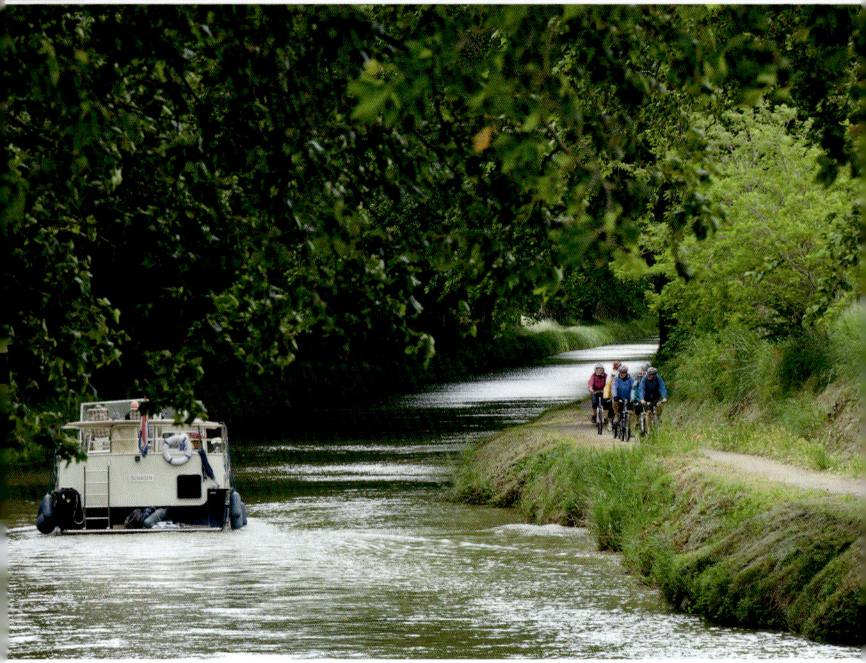

Auf dem Canal de la Robine.

d'Alsace, dem **Quai de l'Escoute** und dem **Quai Vallière** für längere Aufenthalte. Am **Quai des Barques,** auch als Quai Central bekannt, ist nur kurzes Anlegen erlaubt. Er befindet sich direkt in der Mitte der Stadt. Am Cours Mirabeau, auf der rechten Kanalseite, wird donnerstags (ganztägig) und am Sonntagmorgen ein Markt abgehalten.

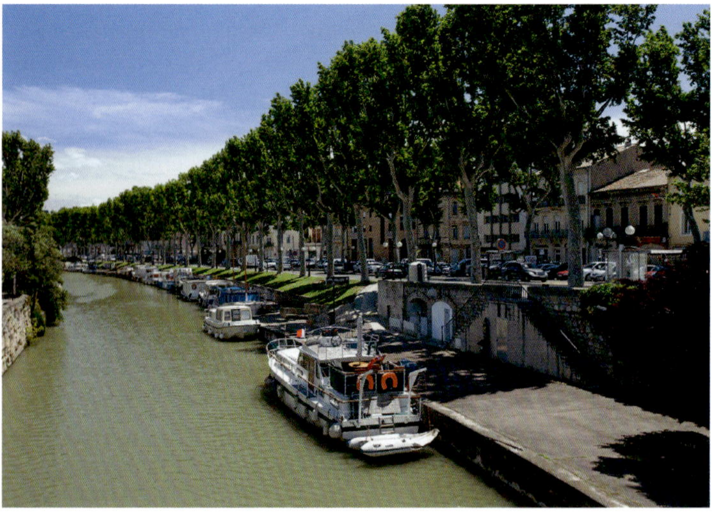

Mehr als ein Boot findet im Sommer den Weg ins schöne Narbonne.

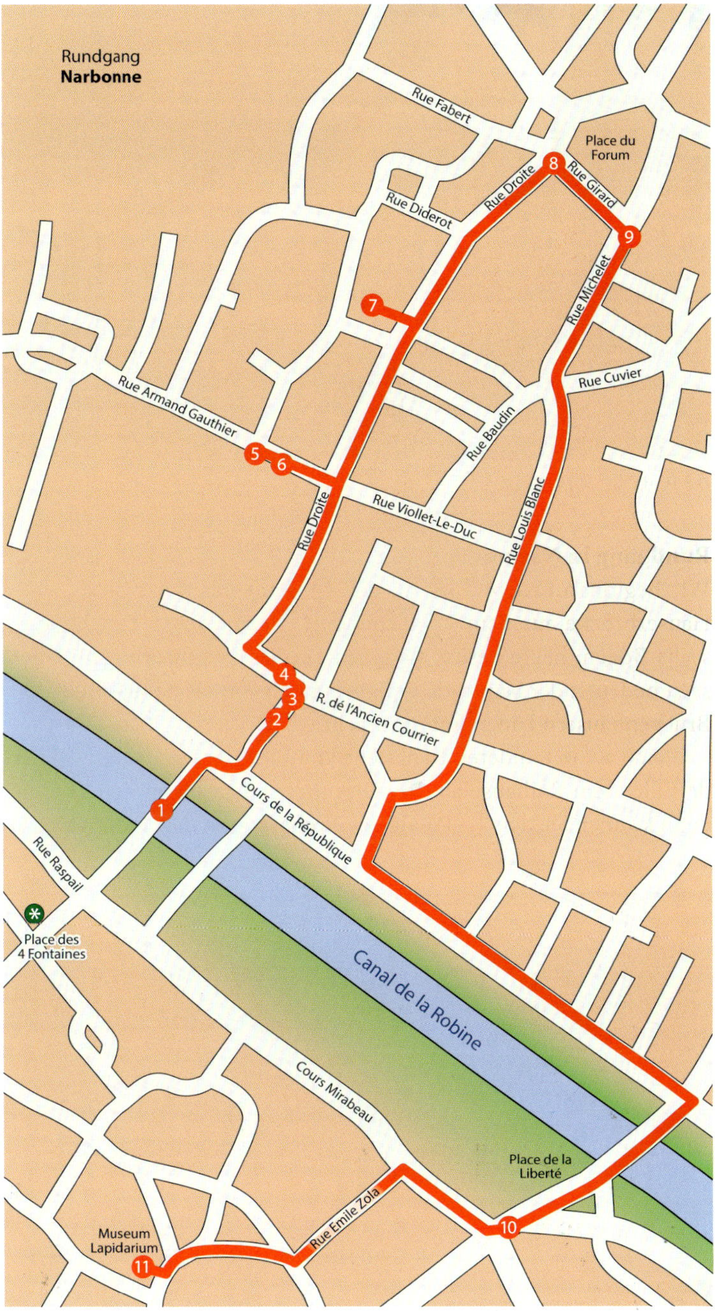
Rundgang
Narbonne
Rue Fabert
Place du Forum
Rue Girard
Rue Droite
Rue Diderot
Rue Michelet
Rue Cuvier
Rue Armand Gauthier
Rue Baudin
Rue Viollet-Le-Duc
Rue Louis Blanc
Rue Droite
R. dé l'Ancien Courrier
Cours de la République
Rue Raspail
Place des 4 Fontaines
Canal de la Robine
Cours Mirabeau
Place de la Liberté
Rue Emile Zola
Museum Lapidarium
1
2
3
4
5
6
7
8
9
10
11

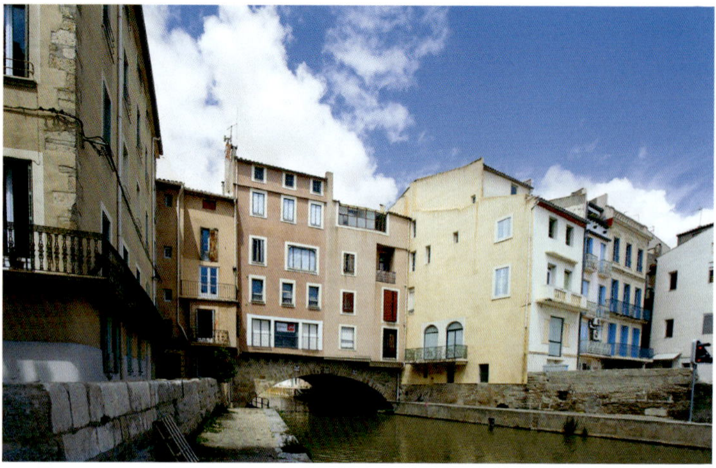

Die Pont des Marchands.

Rundgang in Narbonne

Wir beginnen unsere Tour an der ❶ **Pont des Marchands**, einer Häuserbrücke aus dem 1. Jahrhundert. In römischer Zeit hatte sie sechs Bögen, heute besitzt sie einen einzigen Segmentbogen. Übersetzt bedeutet der Name »Krämerbrücke«, denn bis heute sind in den Brückenhäusern Läden untergebracht.

Gleich auf der anderen Kanalseite kommen wir am Place de l'Hôtel de Ville, dem Rathausplatz, an. Orientieren Sie sich an den Türmen, dann können Sie den ❷ **Palais des Archevêques**, den alten Bischofs-

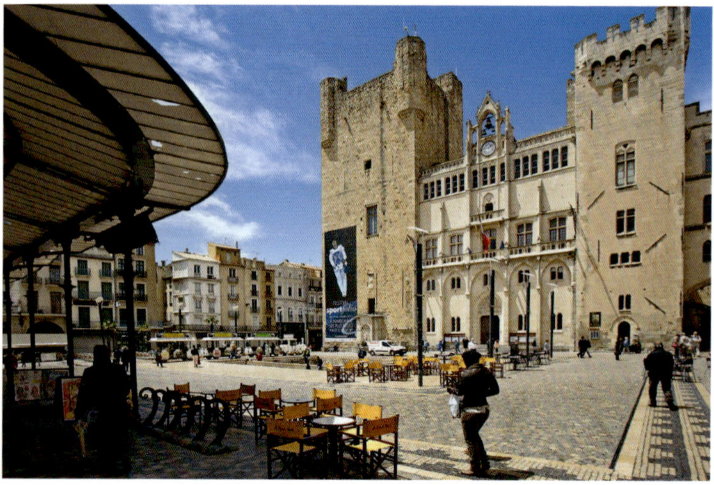

Der Rathausplatz von Narbonne.

palast, nicht verfehlen. Insgesamt besitzt er drei quadratische Türme aus dem 13. und 14. Jahrhundert. Nach Avignon war Narbonne der wichtigste Bischofssitz Frankreichs. Der Gebäudekomplex wirkt sehr verschachtelt, denn über die Jahrhunderte kamen immer wieder Anbauten hinzu, so wie im 19. Jahrhundert das neugotische Rathaus. Außerdem gibt es die Säle der Konsuln, Innenhöfe, die Synodiensäle und die Säulenhalle zu sehen. Heute beherbergt der Gebäudekomplex auch das Archäologische, das Kunst- und das Historische Museum. Letzteres genießt einen guten Ruf. Bemerkenswert ist vor allem die außergewöhnliche Sammlung von Wandmalereien, die direkt in der Stadt gefunden wurden.

Direkt vor dem Rathaus kann ein Teil der 3 **Via Domitia** besichtigt werden, eine Römerstraße, die im 2. Jahrhundert v. Chr. angelegt wurde und Italien mit Spanien verband. Sie wurde erst 1997 freigelegt.

Nächste Station ist der 4 **Donjon Gilles Aycelin**, der Bergfried des Palastes, der sich auf dessen linker Seite, im Südosten des Ensembles, erhebt. Die Turmanlage wurde von Erzbischof Gilles Aycelin zwischen 1290 und 1311 erbaut. Sie hat einen quadratischen Grundriss und erhebt sich über vier Stockwerke bis zur oberen Terrasse. Die Höhe beträgt 41 Meter; von oben hat man einen herrlichen Panoramablick über die Stadt und die Küste, bis hin zu den Pyrenäen im Hinterland.

Schräg hinter dem Bischofspalast erhebt sich die gotische 5 **Kathedrale Saint-Just-et-Saint-Pasteur** aus dem 13. Jahrhundert. Die **Passage de l'Ancre**, der »Durchgang des Ankers«, verbindet den Place de l'Hotel de Ville und den Kreuzgang der Kathedrale. Der Bau der

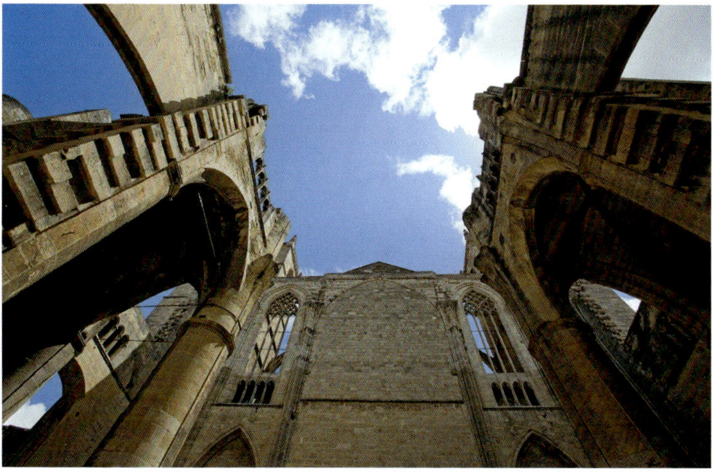

In bzw. um die Kathedrale Saint-Just-et-Saint-Pasteur lohnt sich der Blick nach oben.

Kathedrale wurde von Papst Klemens IV. unterstützt, der vor seiner Wahl zum Papst Bischof von Narbonne gewesen war. Die Kirche wurde im Stil der großen nordfranzösischen Kathedralen gebaut; zunächst entstand der Chor, mit 41 Meter Höhe der zweithöchste in ganz Südfrankreich. 1332 war er fertiggestellt, doch Langhaus und Querhaus fehlen bis heute. Für ihren Bau hätte die Stadtmauer geschliffen werden müssen, und dieses Unterfangen empfand man im Mittelalter als zu gefährlich. Im 18. Jahrhundert wurde noch einmal versucht, die fehlenden Teile zu bauen, doch es blieb bei dem Versuch. Der Chor ist mit Kapellen, bunten Glasfenstern und einem gotischen Altar, in einer Kapelle hinter dem Hauptaltar, ausgestattet. Gegenüber befinden sich die mächtige Orgelempore und das Chorgestühl aus dem 18. Jahrhundert.

Außerhalb der Kirche liegt die ❻ **Chapelle de l'Annonciade** aus dem 15. Jahrhundert, der ehemalige Kapitelsaal. In einem Raum über der Kapelle befindet sich die Schatzkammer. Sie kann auf Anfrage beim Portier besichtigt werden. Der Domschatz enthält ausgemalte Manuskripte und sakrale Goldschmiedearbeiten, darunter einen Abendmahlskelch von 1561 sowie einen flämischen Wandteppich aus dem späten 15. Jahrhundert, aus Gold- und Seidenfäden gewebt. Er stellt die Schöpfungsgeschichte dar. Die Schatzkammer verfügt über eine außergewöhnliche Akustik. Werfen Sie auch einen Blick in den **Erzbischofsgarten** und genießen Sie die wunderbare Ruhe.

Wir biegen auf der Rue Armand Gauthier nach links in die Rue Droite ab, die uns nach einem weiteren Linksabbieger zum ❼ **Horreum Romain**, dem römischen Lagerhaus, führt. Die unterirdische Anlage stammt aus dem 1. Jahrhundert v. Chr. und besteht aus Gängen und einer Reihe von kleinen Räumen. Diese Galerien befanden sich ursprünglich unter einem heute nicht mehr vorhandenen Gebäude, das als öffentliches Warenlager gedient haben könnte.

Weiter auf der Rue Droite kommen wir zum ❽ **Place du Forum**. Er wurde früher Place Bistan genannt und im Jahre 2004 renoviert. Einst wurde hier Markt abgehalten. Der Platz wurde in römischer Zeit im Norden von einem großen Tempel dominiert, von dem aber nur noch verstreute Bruchstücke vorhanden sind. Heute befindet sich im Zentrum des Platzes eine Kopie des Brunnens, der hier bis zum 17. Jahrhundert stand.

Über die Rue Girard geht es zur ❾ **Église Saint-Sébastian**, einer spätgotischen Kirche aus dem 15. Jahrhundert. An ihrer Stelle soll das Geburtshaus des heiligen Sebastian gestanden haben, dem Schutzheiligen gegen die Pest. Sebastian war ein römischer Soldat, der sich öffentlich zum Christentum bekannte und auf Geheiß des Kaisers

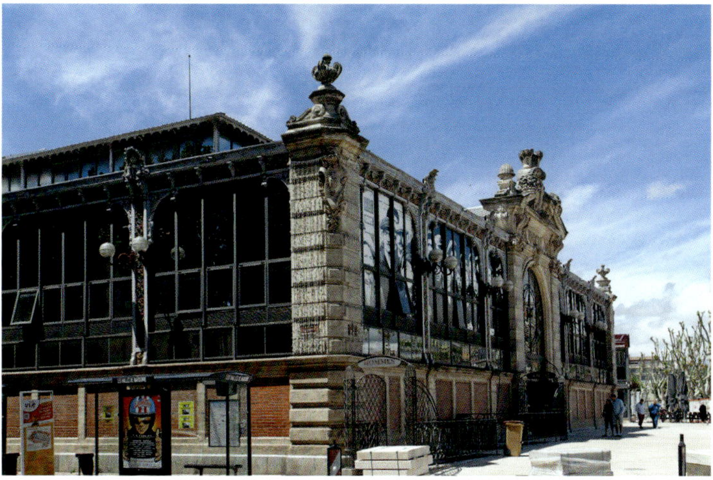

Die Markthallen von Narbonne sind sehenswert, von außen ...

Diokletian um 288 erschlagen wurde. Im 17. Jahrhundert fügte man der Kirche ein Kloster und einen Kreuzgang hinzu. Ein Bildnis des Heiligen ist im Tympanon über dem Eingang zu sehen.

Auf dem Weg zurück zum Canal de la Robine, über die Rue Louis Blanc, genießen wir die Atmosphäre und gelangen zum Cours de la République, wo wir uns nach links wenden. Wir nehmen die Brücke »Pont de la Liberté« und finden an der Place de la Liberté ⑩ **Les Halles**, die alten Markthallen von Narbonne. Sie sind bereits über 100 Jahre alt und in ganz Südfrankreich berühmt. Sie sind jeden Vormittag

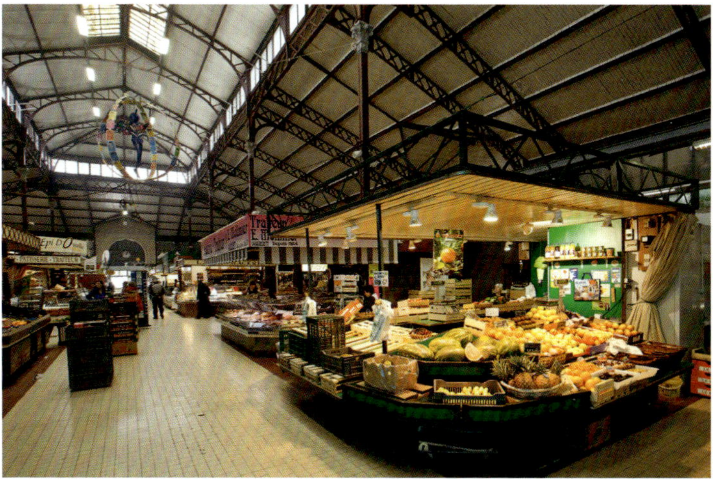

... wie von innen.

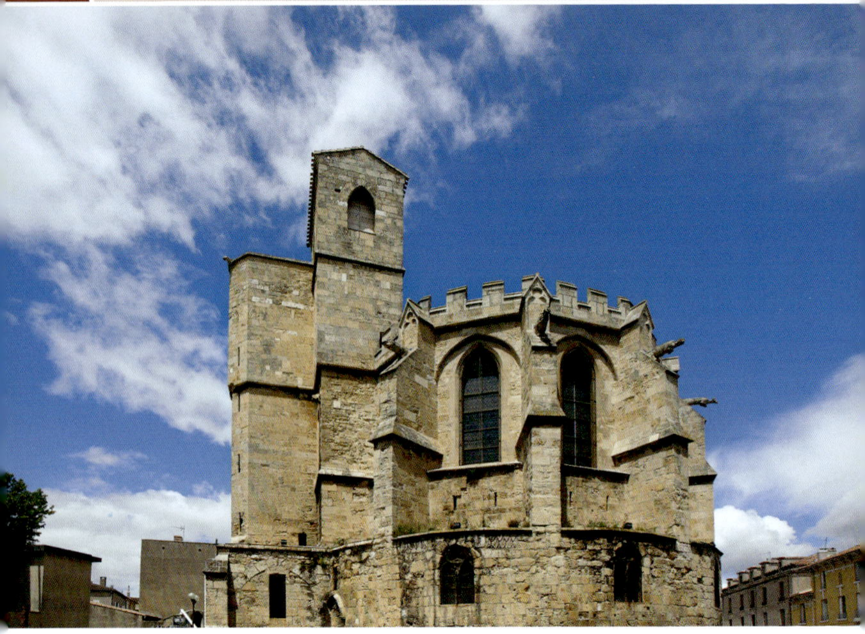

Das Museum Lapidarium befindet sich in einer ehemaligen Kirche.

von 7.00–13.00 Uhr geöffnet. Mehr als 70 verschiedene Arten von Ständen gibt es hier: Bäcker, Konditoren, Metzger, Fischhändler, Obst- und Gemüsehändler, Geflügelhändler, Feinkostverkäufer und sogar Weinhändler. Natürlich finden sich auch jede Menge Bars, Restaurants und Cafés.

Ebenfalls auf dieser Seite des Canal du Midi findet sich das ⓫ **Museum Lapidarium** (Das Museum ist vorübergehend geschlossen, Stand August 2022.). In einer ehemaligen Kirche sind 1300 steinerne Teile von ehemaligen Monumenten der Stadt ausgestellt. Die Überreste stammen aus gallischer und römischer Zeit und wurden zusammengetragen, nachdem die Stadtmauern von Narbonne geschliffen worden waren. Inzwischen konnten anhand der Steine ehemalige Monumente rekonstruiert werden. Im Lapidarium führt eine spektakuläre audiovisuelle Show durch die Epochen der Geschichte, von der Römerzeit bis zur Renaissance.

Wer vor oder nach dem Rundgang einen Imbiss nehmen möchte, findet am ✻ **Place des 4 Fontaines**, zwischen Rue Hector Berlioz und Rue Cabirol, Nähe Krämerbrücke auf der rechten Kanalseite, einige Angebote. Der Platz mit den »vier Mündern« hat seinen Namen von dem Brunnen in seiner Mitte. Er war einst zentraler Platz des Viertels. Ein wenig weiter, in der Rue Hector Berlioz, findet man **La Maison des Inquants**, die alte Tuchbörse mit einer wunderschönen Fassade aus dem 14. Jahrhundert.

Informationen

Für die Besichtigung ihrer Sehenswürdigkeiten bietet die Stadt Narbonne den **Pass Monuments et Musées** für 10 Euro pro Person (6 Euro ermäßigt) an. Der Pass gilt für die vier Museen, den Bergfried Gilles Aycelin, die Schatzkammer der Kathedrale und das Geburtshaus von Charles Trenet. Der Museumspass ist ein Jahr lang gültig.

Office de Tourisme de la Côte du Midi
31 Rue Jean Jaurès (neben Place de l'Hôtel de Ville)
11100 Narbonne
Tel.: +33 4 68 481 481
Mail: über die Website
Web: www.cotedumidi.com

Das Büro ist von April bis Juni Mo–Sa von 9.00–13.00 Uhr und 14.00–18.00 Uhr geöffnet, So von 9.00–12.30 Uhr. Im Juli und August täglich von 9.00–19.00 Uhr, im September täglich von 9.00–13.00 Uhr und 14.00–18.00 Uhr, von Oktober bis März von Mo–Sa 10.00–13.00 Uhr und 14.00–17.00 Uhr.

Öffnungszeiten Museen und Sehenswürdigkeiten
Zumindest in den Sommermonaten Juli und August haben fast alle Monumente und Museen täglich von 9.00–18.00 Uhr geöffnet. Einige, wie das Geburtshaus von Charles Trenet, pflegen ihre eigenen Besuchszeiten und schließen über Mittag. Bis 12.00 Uhr und ab 14.00 Uhr sollte es jedoch keine Probleme geben.

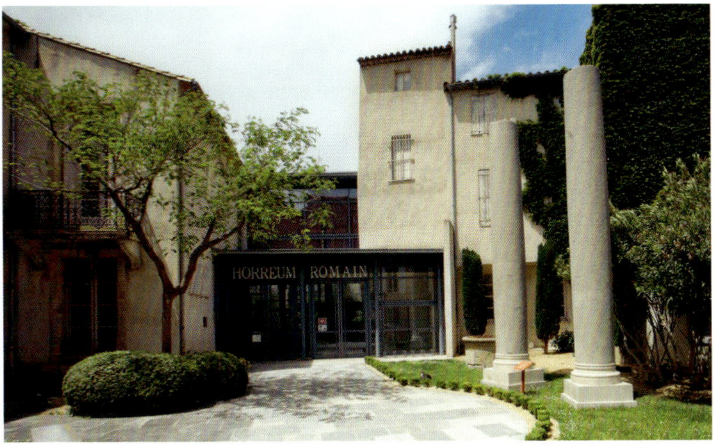

Zugang zum Römischen Horreum – ein in den Boden eingelassener Kornspeicher.

5. Etappe

Von Argeliers bis Homps

Entspannung pur

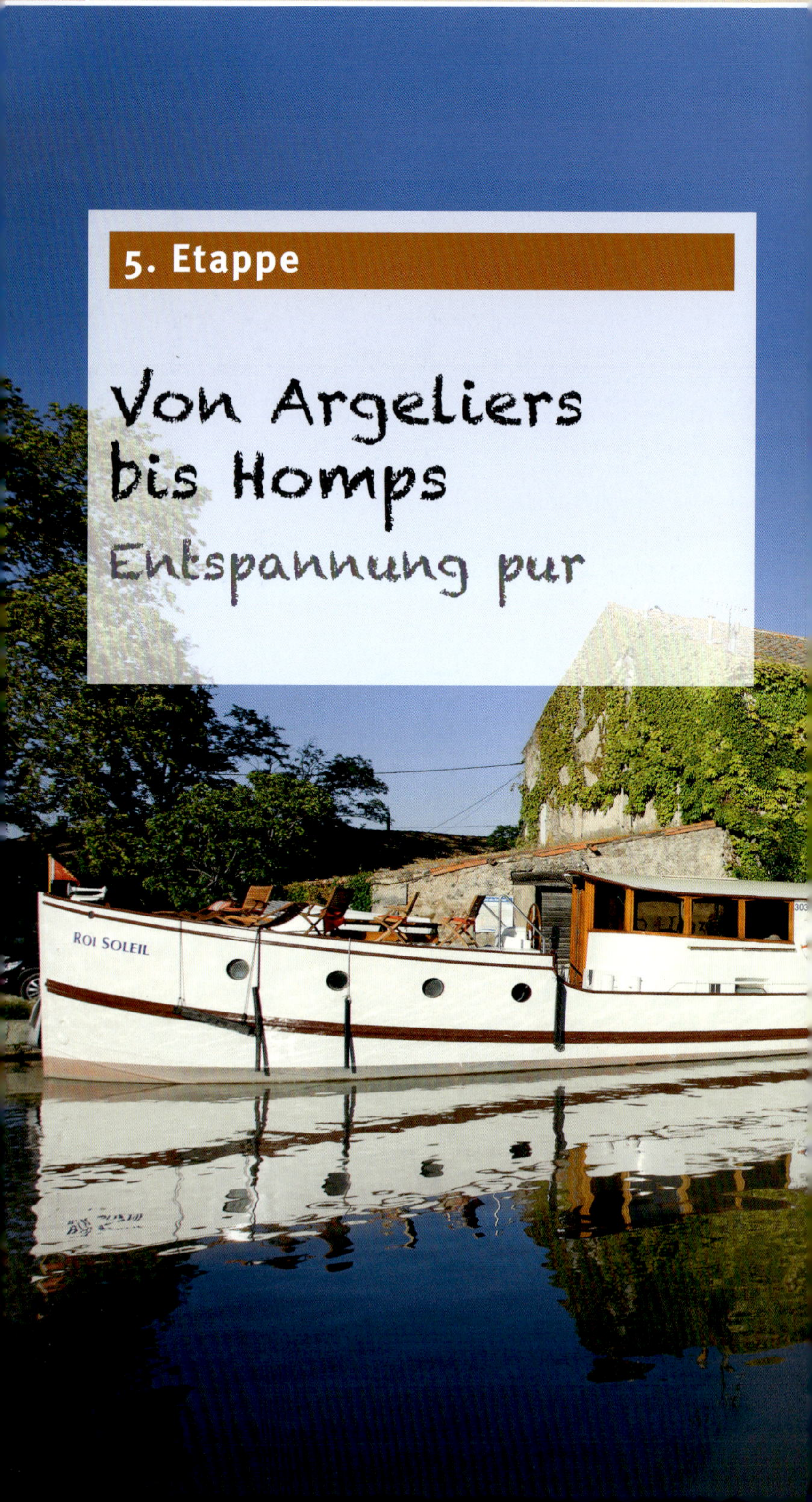

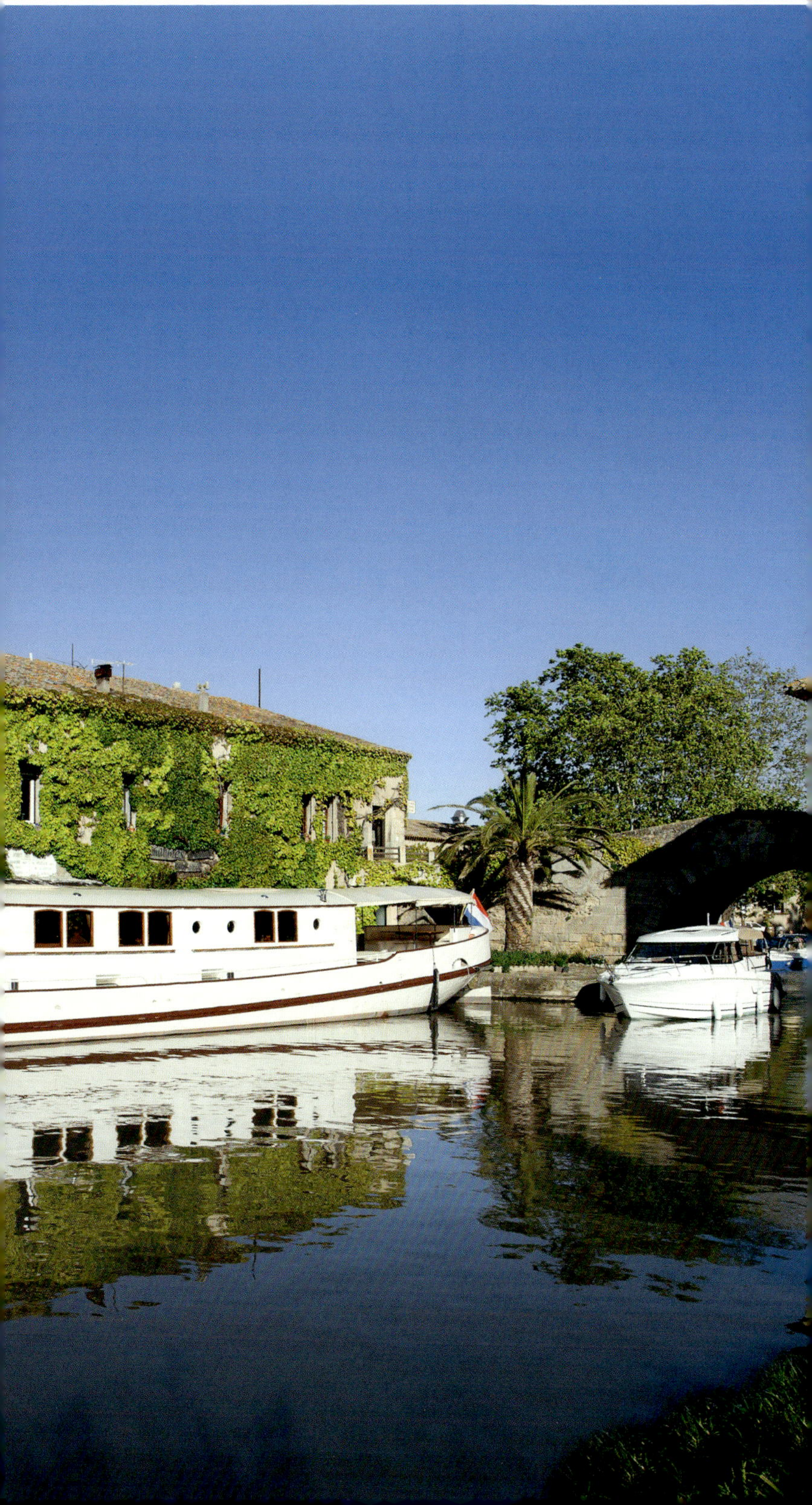

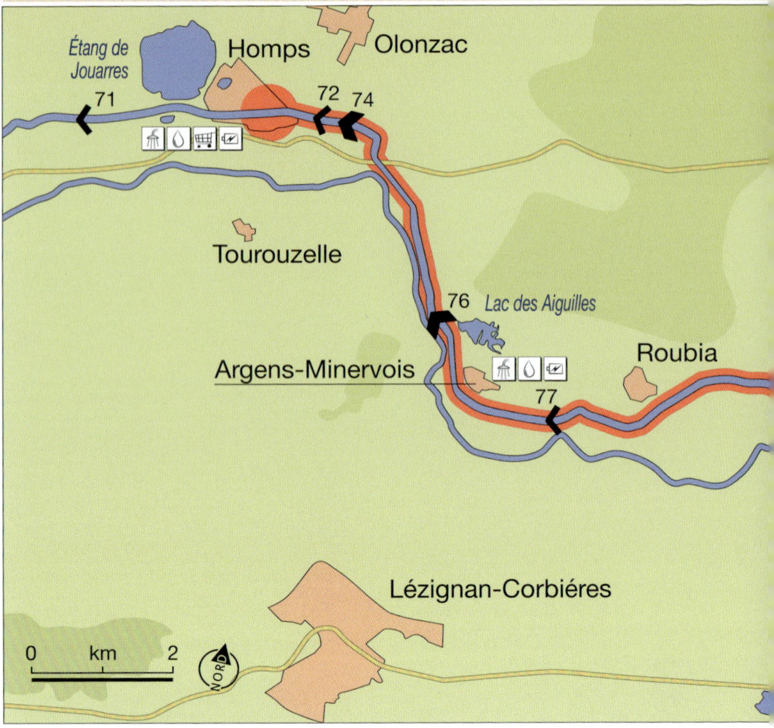

Startpunkt:	Argeliers
Ziel:	Homps
Strecke:	27 km
Schleusen:	2 Schleusen und 2 zweistufige Schleusentreppen
Fahrtzeit ohne Schleusen:	4 Stunden
Zwischenstopps:	Le Somail

Vom Liegeplatz Argeliers geht es zur Abzweigung zum Canal de la Robine. Danach fahren Sie am Hafen Port la Robine vorbei und weiter nach Le Somail. Bis zur Schleuse Argens (77) sind es gut 13 Kilometer. Nach der Schleuse folgt der Hafen »Port Occitanie« und danach Argens-Minervois. Dahinter liegt die zweistufige Schleusentreppe Pechlaurier (76), nach knapp drei Kilometern folgt die ebenfalls zweistufige Schleusentreppe Ognon (74) und nach 700 Metern die Schleuse Homps (72). Anlegen können Sie im Kanalbecken von Homps.

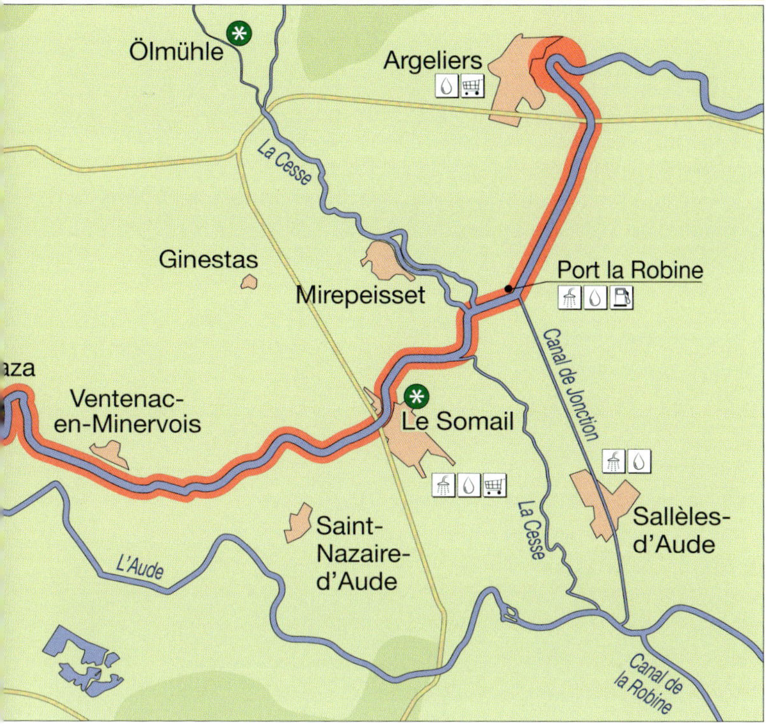

Mirepeisset

Nach dem Ablegen in Argeliers geht es über vier gemütliche Kilometer zur Kreuzung mit dem Canal du Jonction bei km 168,7. Fahren Sie vorsichtig und langsam, die Sicht ist eingeschränkt! Danach durchfahren Sie den Privathafen Port la Robine, mit Zapfsäulen für Treibstoff und Wasser. Nach Port la Robine wird es so eng, dass große Schiffe im Einbahnverkehr fahren müssen.

Etwa 1,5 Kilometer landeinwärts, am Fluss La Cesse, liegt der kleine, aber feine Ort Mirepeisset. Er erlebt ein immenses Wachstum; im Jahr 2000 lebten hier gerade einmal 450 Menschen, heute sind es rund 800. Es gibt einige Ferienwohnungen und -häuser sowie ein Campingdorf, das viele Möglichkeiten für Kinder und Jugendliche bietet. Und natürlich gibt es Wein in Hülle und Fülle.

Sehenswert sind die romanische Kirche und die Stadtmauer. Wer sich nach etwas Bewegung sehnt, kann das reichhaltige Sportangebot nutzen: Tennis, Reiten, Wandern, Mountainbiking und Parasailing werden angeboten. Restaurants und Bars sind vorhanden.

Informationen

Office de Tourisme
Zuständig für Mirepeisset ist das Touristenzentrum in Capestang (siehe Seite 100). Doch auch im Rathaus kümmert man sich um Gäste:

Mairie
Place de la République
11120 Mirepeisset
Tel.: +33 4 68 46 1330

Ausflugstipp

Ölmühle Osyssea Oliver (Loulibo)

Die einzige Kooperative für Oliven und deren Verarbeitung im gesamten Gebiet finden Sie in Bize-Minervois, nur zwei Kilometer nördlich von Mirepeisset. Es gibt einen Lehrpfad, eine Windmühle wird besichtigt, die Produkte – neue und traditionelle – aus Olivenöl werden vorgestellt und können im Laden erstanden werden. Schließlich wird das wertvolle Öl auch verkostet.

Eine Führung ist obligatorisch. Sie kostet für Erwachsene 6 Euro, für Kinder 4 Euro und es werden zwei verschiedene Familienkarten angeboten. Die Kooperative ist im Juli und August täglich von 11.00–15.00 Uhr und 16.00–18.00 Uhr geöffnet. Im Juni und September täglich von 11.00–15.00 Uhr und 16.00–17.00 Uhr. Die Führungen dauern 1,5 Stunden.

Loulibo
4 Hameau de Cabezac
11120 Bize-Minervois
Te.: +33 4 68 41 88 84
Mail: contact@loulibo.com
Web: www.loulibo.com, www.odyssea.eu

Essen und Trinken
L´Escale du Somail
65 Allée de la Glacière
11120 Saint-Nazaire-d'Aude
Tel.: +33 4 68 42 22 61
Web: www.restaurant-lescale-du-somail.business.site

Großes, gemütlich gestaltetes Restaurant mit gutem Essen zu zahlbaren Preisen. Täglich geöffnet von 9.00–14.00 Uhr und 19.00–21.00 Uhr.

Le Somail

Der Ort hat rund 400 Einwohner. Er ist sicher einer der schönsten und romantischsten am Canal du Midi und wird natürlich auch darum von sämtlichen Hausbooten, Hotelschiffen, Ausflugsbooten, Wanderern und Radwanderern besucht. Weltbekannt ist die alte Steinbrücke mit der Kapelle, die von Pierre-Paul Riquet zwischen 1672 und 1693 erbaut wurde. Ebenfalls aus dieser Zeit stammen das Gasthaus (1684) und das Eishaus, ein kleines kreisrundes Gebäude, in dem man Eisblöcke einlagerte – das einzige seiner Art am Canal du Midi.

Diese Gebäude verdanken ihr Entstehen dem Umstand, dass Piquet sich Le Somail als Ort für die Bauleitung wählte, als Hauptquartier sozusagen. Als der Kanal in Betrieb genommen wurde, blieb Le Somail Station für die Postschiffe sowie Kanalhafen für Narbonne. Nachdem der Canal de Jonction, der Zweigkanal zum Canal de la Robine, gebaut war, verlor Le Somail seinen Status. Alle Gebäude aus dieser Zeit stehen unter Denkmalschutz.

Sehr bekannt ist der schwimmende Tante-Emma-Laden von Madame Claudine. Von April bis Oktober betreibt die Pariserin auf einem alten Transportkahn, einer Peniche, wie sie typisch war für den Canal du Midi, einen kleinen Handel mit den wichtigsten täglichen Dingen. Es gibt Brot, Butter, Getränke etc. Natürlich finden Sie in Le Somail zahlreiche Restaurants. Doch unter der großen Zahl der Gäste kann die Qualität leiden. Wer dann lieber warten möchte, bis es wieder ruhiger wird, sei daran erinnert, dass nahezu alle Restaurants und Bistros um 14.00 Uhr bereits wieder schließen.

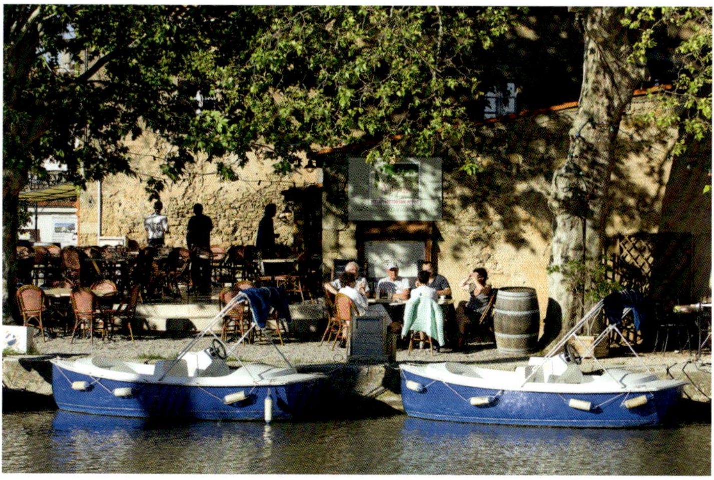

Wer möchte hier nicht anhalten?

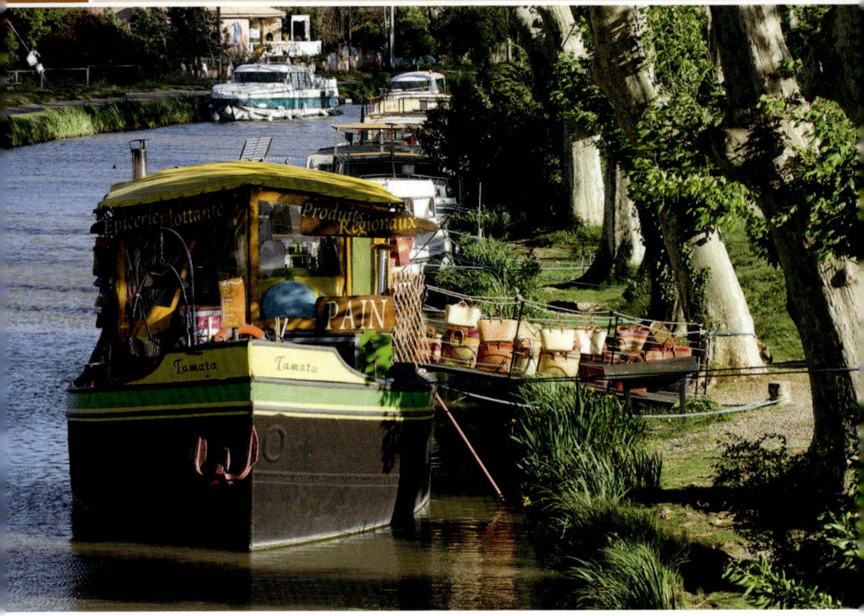

Und wer möchte hier nicht einkaufen?

Informationen

Office de Tourisme
168 Allée de la Glacière
11120 Saint-Nazaire-d'Aude
Tel.: +33 4 68 481 481
Mail: über die Website
Web: www.cotedumidi.com

Das Fremdenverkehrsamt ist zuständig für den gesamten Bereich Minervois, zu dem mehrere Orte zählen. Es ist ganzjährig geöffnet. In den Sommermonaten täglich von 9.00–13.00 Uhr und 14.00–19.00 Uhr.

Durch das Aude-Tal

Von Le Somail bis zur Schleuse Argens (77) geht es gut 13 Kilometer in ruhigem Fahrwasser durch das Tal der Aude. Links und rechts des Kanals reihen sich die kleinen Dörfer aneinander wie Perlen auf der Schnur: Saint-Nazaire-d'Aude, Ventenac-en-Minervois, Paraza und Roubia liegen auf dem Weg zur Schleuse. Die Aude fließt mehr oder minder parallel zum Canal du Midi. Die beiden Wasserstraßen bilden die Grenze zwischen den beiden Weinbaugebieten Minervois im Norden und Corbières im Süden.

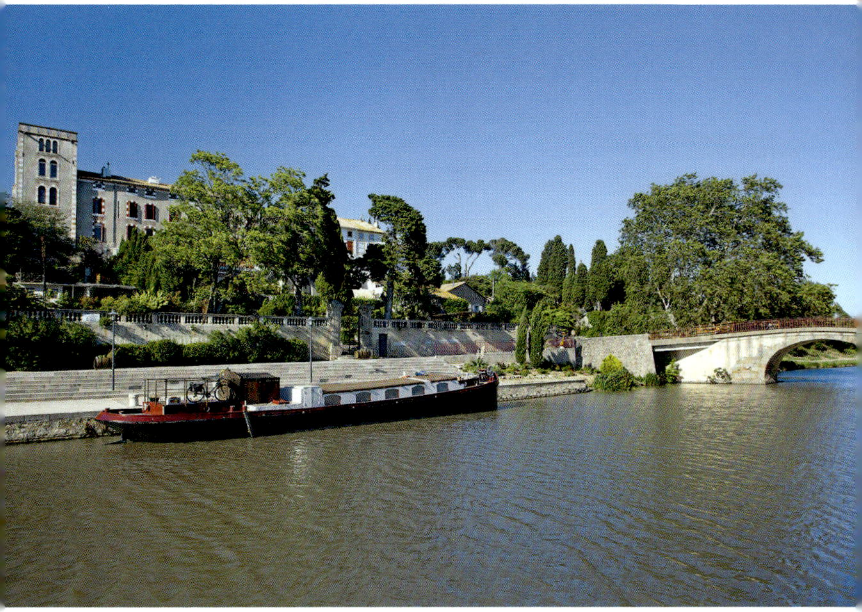

Ventenac-en-Minervois.

Ein Zentrum des Weinhandels ist Lézignan-Corbières, vier Kilometer südlich der Schleuse Argens (77). Nachdem Sie die Schleuse hinter sich gelassen haben, kommen Sie nach einem Kilometer zum Hafen »Port Occitanie« bei Argens-Minervois.

Das Dorf hat 360 Einwohner und ist eigentlich nur bekannt, weil hier der 54 Kilometer lange schleusenfreie Abschnitt des Canal du Midi endet. Es gibt aber jede Menge Restaurants und Cafés. Argens-Minervois liegt am **Lac des Aiguilles**, einem See mit großem Fischreichtum.

Angelsportler finden hier hervorragende Bedingungen. Karpfen, Schwarzbarsch, Stör und Wels werden tonnenweise aus dem See geholt – allerdings streng bewacht und reglementiert. Wer sich für das Angeln im See interessiert, kann sich unter: *www.lac-des-aiguilles.com* anmelden. Informationen gibt es auch vor Ort im Rathaus:

Informationen

Mairie d'Argens Minervois
1 Place Jean Moulin
11200 Argens Minervois
Tel.: +33 4 68 27 06 84
Mail: mairie.argens.minervois@wanadoo.fr

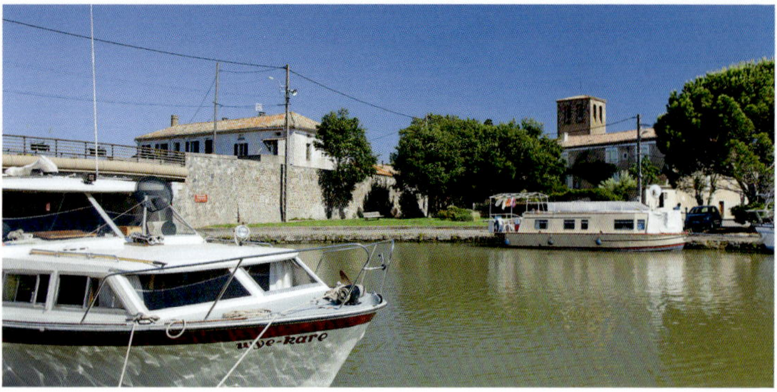

Homps.

Homps

Direkt hinter Argens-Minervois liegt die zweistufige Schleusentreppe Pechlaurier (76). Nach knapp drei Kilometern folgt die ebenfalls zweistufige Schleusentreppe Ognon (74) und nach nochmals 700 Metern die Schleuse Homps (72). Anlegen können Sie im Kanalbecken von Homps. Hier gibt es Strom, Wasser, Duschen, Wi-Fi sowie Bars und Restaurants.

Das Dorf hat rund 660 Einwohner und lebt vor allem vom Wein. Es gibt eine Winzergenossenschaft, die die Erzeugnisse vermarktet. Darum ist der Hafen von Homps mehr als nur ein Anlaufpunkt für Kanaltouristen. Riquet plante ihn als drittgrößten Hafen am Canal du Midi. Inzwischen wurde ein zweites Becken gegraben, in dem sich eine Charterbasis angesiedelt hat. Der Ort liegt am Étang de Jouarres oder Lac de Jouarres, einem 100 Hektar großen See, der einen sehr schönen Strand besitzt. Wassersport, Schwimmen und Spaziergänge durch den Kiefernwald sind bei Urlaubern hier sehr beliebt.

Sehenswert ist in Homps die Brücke über die Aude von 1788 sowie die romanische Kapelle **Saint-Etienne** auf dem Friedhof, nahe dem Kanal. Ihr Portal stammt aus dem 13. oder 14. Jahrhundert, das Bauwerk ist aber älter. In den lauen Sommernächten werden in Homps Märkte abgehalten.

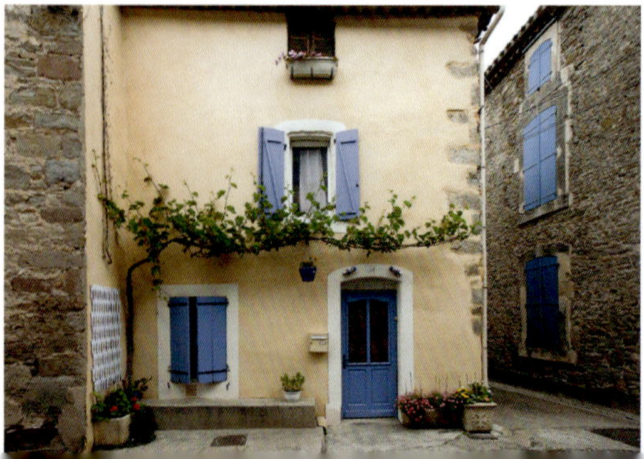

In den Gassen von Homps.

Informationen

Essen und Trinken

Restaurant
La Péniche
19 Quai des Tonneliers
11200 Homps
Tel.: +33 4 68 912 434
Mail: contact@restaurantlapeniche.fr
Web: www.restaurantlapeniche.fr

Beliebtes, liebevoll geführtes Restaurant, in dem von der Pizza (um 15 Euro) über das Tagesgericht (26 Euro) bis hin zum Kindermenü (12 Euro) einfache aber leckere Speisen serviert werden.

Geöffnet Mo und Di 12.00–13.30 Uhr und 18.30–20.30 Uhr, Do 18.30–20.30 Uhr, Fr–So 12.00-13.30 Uhr und 18.30–21.00 Uhr, Mi geschlossen. Reservierung empfohlen.

Weinkooperative

Les Celliers d'Onairac
6 Rue Pierre Betorz
34210 Olonzac
Tel. Laden: +33 4 68 91 42 36
Mail: info@lescelliersdonairac.com
Web: www.lescelliersdonairac.com

Olonzac liegt rund zwei Kilometer nördlich von Homps. Die Weinkooperative »Les Celliers d'Onairac«, der mehr als 300 Erzeuger aus den Gemeinden Beaufort, Oupia und Olonzac angehören, bewirtschaftet ein Areal von über 1000 Hektar. Angebaut werden 15 verschiedene Traubensorten, darunter traditionelle Reben wie Carignan und Grenache, aber auch Pinot Noir und Petit Verdot, für die die Region eher unbekannt ist. Es werden Weiß-, Rosé- und Rotweine gekeltert, die als AOP Minervois, IGP Pays d'Oc und IGP Côtes du Brian vermarktet werden.

Der Weinkeller bietet Weinproben und Verkauf zu folgenden Öffnungszeiten: Im Sommer Di–Sa 9.00–12.00 Uhr und 14.00–18.00 Uhr. So und Mo geschlossen.

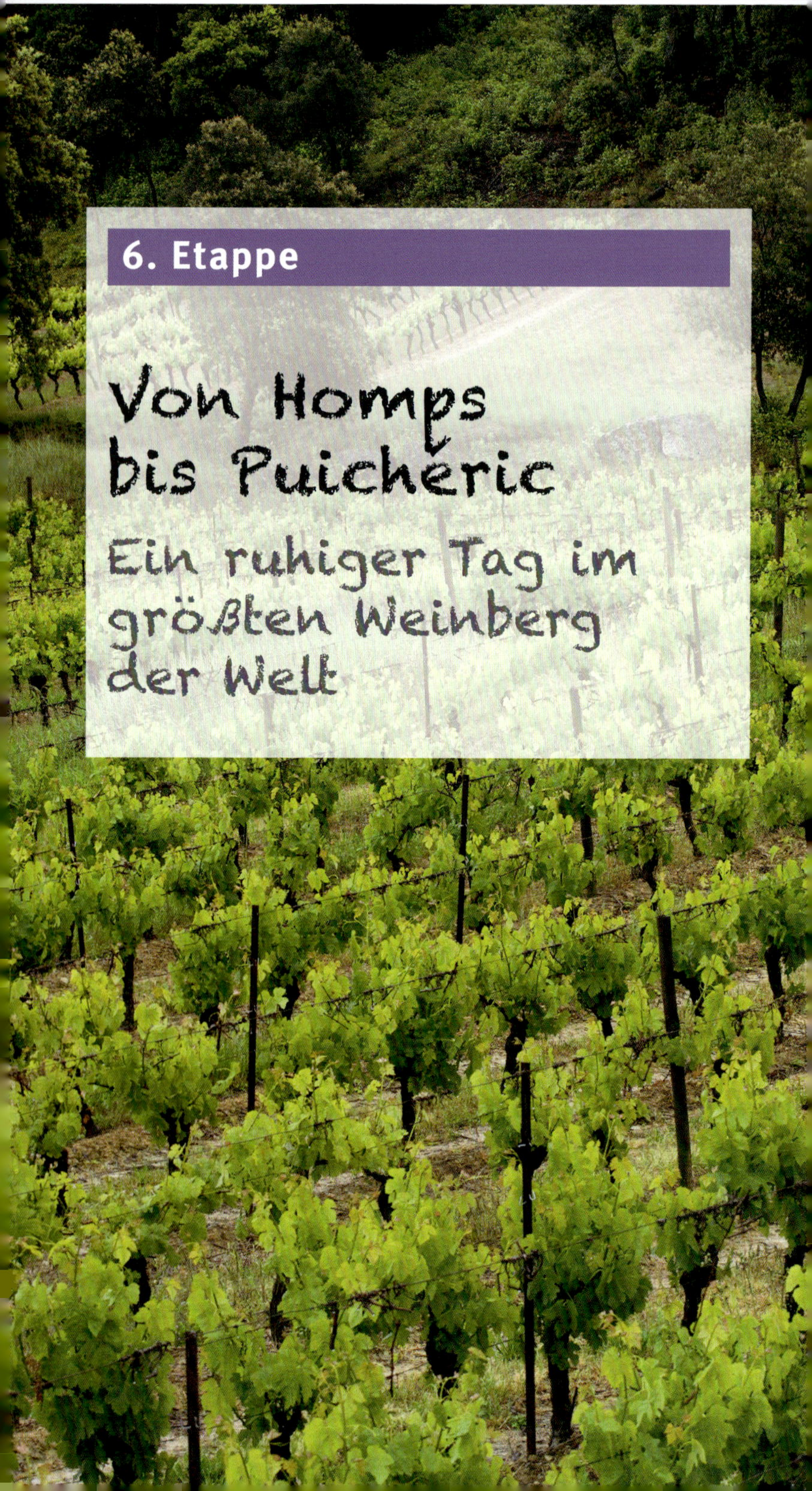

6. Etappe

Von Homps bis Puichéric

Ein ruhiger Tag im größten Weinberg der Welt

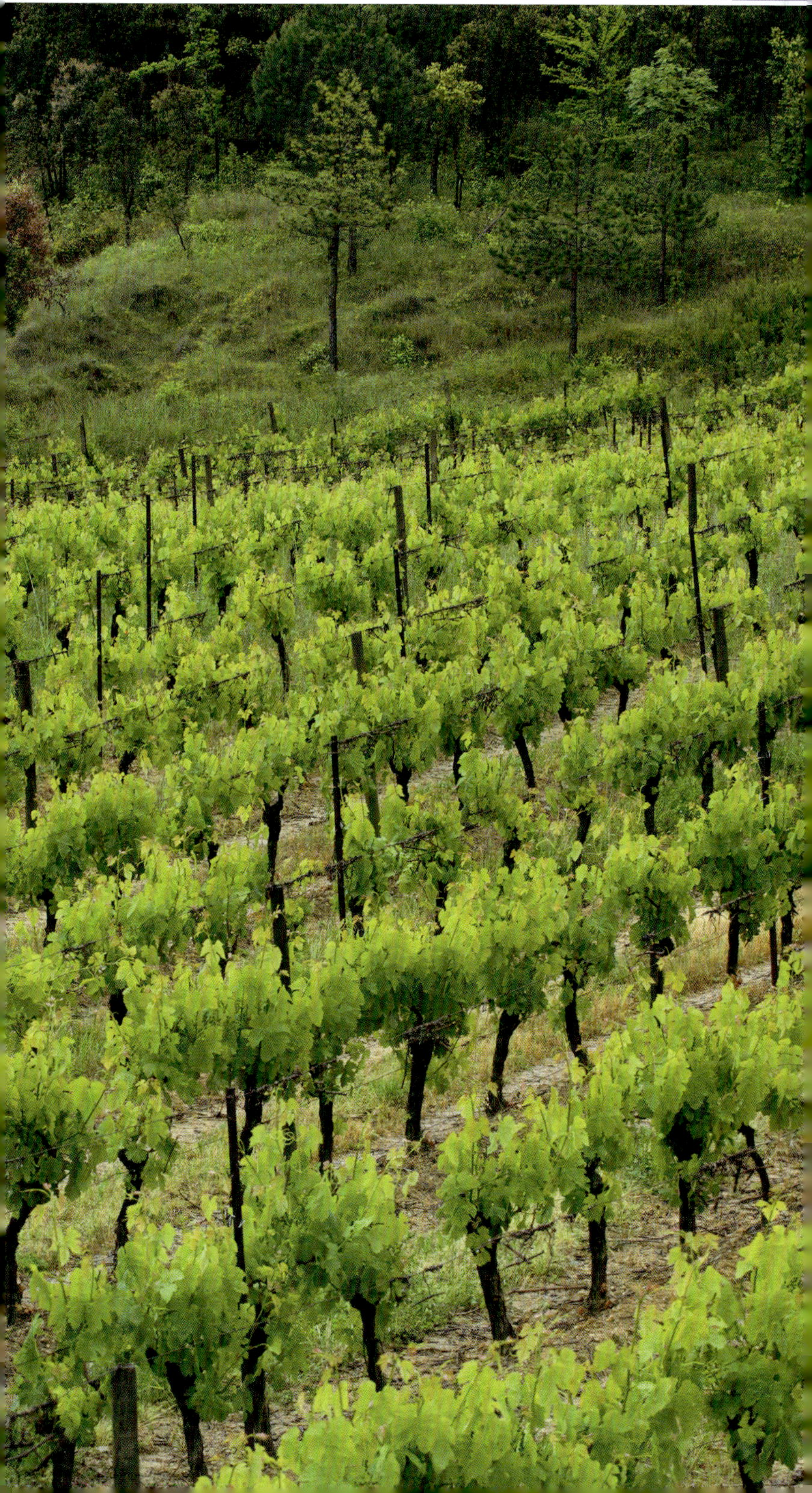

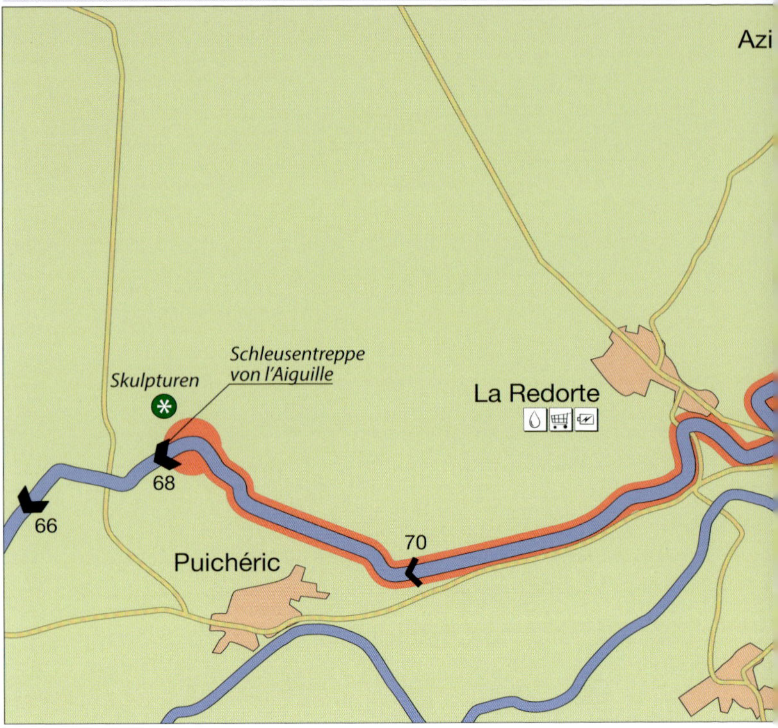

Startpunkt:	Homps
Ziel:	Puichéric oder Trèbes
Strecke:	10,5 km bzw. 26,5 km bis Trèbes
Schleusen:	1 Schleuse und zwei zweistufige Schleusentreppen
Fahrtzeit ohne Schleusen:	1,5 Stunden
Zwischenstopps:	La Redorte mit Azille, Schleusentreppe von l'Aiguille

Vom Hafenbecken Homps fahren Sie knapp drei Kilometer bis zur Schleuse Jouarres (71), der ersten der Etappe. Nach sechs Kilometern kommen Sie zur zweistufigen Schleusentreppe Puichéric (70) und nach weiteren drei Kilometern zur ebenfalls zweistufigen Schleusentreppe von l'Aiguille (68). Hier können Sie ankern.

La Redorte

Zwischen Homps und La Redorte, dem nächsten Dorf mit Hafen, liegen nur sechs Kilometer mit einer Schleuse auf halber Strecke, Jouarres (71). Sie fahren durch eine wunderschöne Landschaft, hügelig,

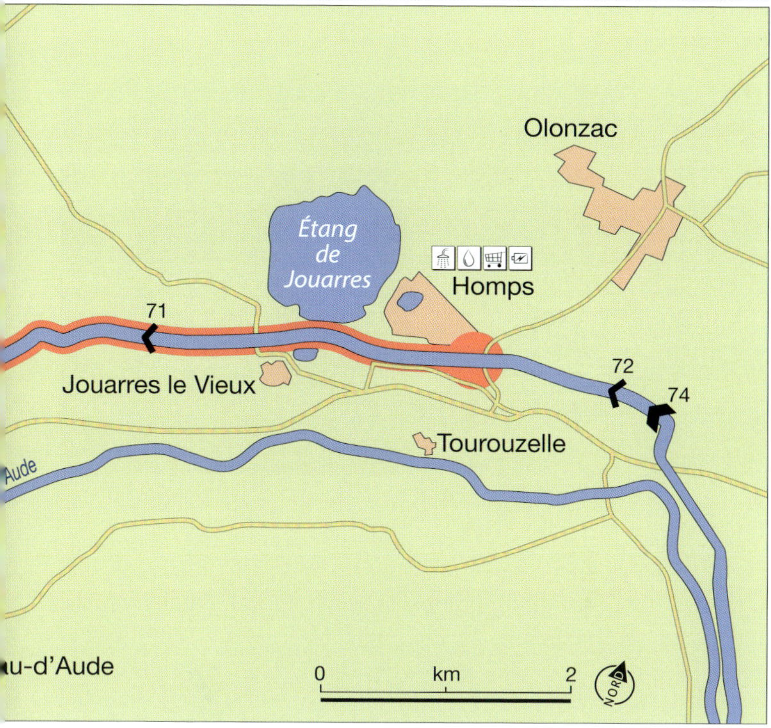

grün und mit Weingärten bepflanzt, so weit das Auge reicht. Die Aude fließt noch immer parallel zum Canal du Midi dahin. Wer am Vortag einen Ausflug nach Narbonne unternommen hat, kann sich auf diesem Abschnitt erholen und die Seele baumeln lassen. Der Hafen von La Redorte bietet Platz für 15 Boote sowie Strom und Wasser.

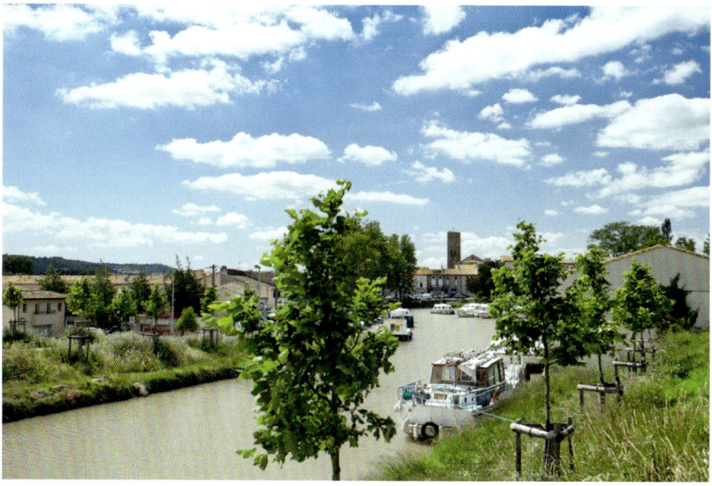

Es wird noch eine Weile dauern, bis der Kanal wieder zur Allee geworden ist.

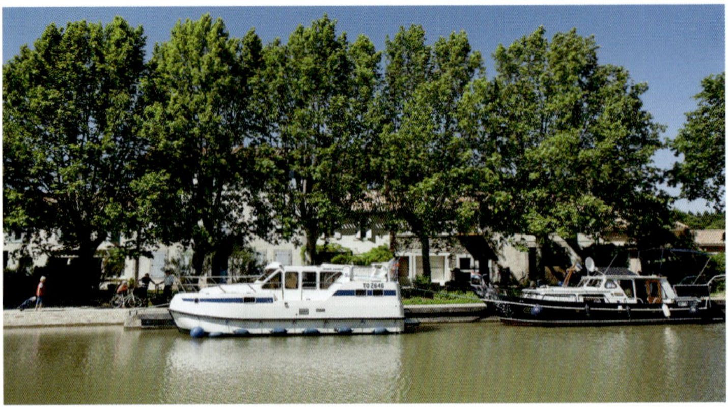

In La Redorte liegt es sich angenehm, es kann aber auch eng werden.

Die 1100 Einwohner leben vom Weinbau und vom Tourismus, den vor allem der Canal du Midi mit sich bringt. Der Ort findet im Jahr 1080 erstmals Erwähnung, im Zusammenhang mit der Familie »Redorta«, den ehemalige Lehnsherren des Dorfes. Dieser Familie gehörte das Dorf bis Anfang des 18. Jahrhunderts.

Aufschwung brachten bereits die Arbeiten am Canal du Midi. Als er schließlich in Betrieb genommen war, profitierten auch die Bauern aus La Redorte. Doch das 18. Jahrhundert, das vielen Anliegern Wohlstand schenkte, brachte auch Hagel und Überschwemmungen. Ernten fielen aus, Hunger drohte. Im Jahre 1730 musste die Diözese eingreifen und den Ort mit 400 Pfund (Livres) unterstützen. La Redorte ist von Wasser umgeben, es liegt gleich an vier Flüssen, sodass Hochwasser auch heute noch eine Bedrohung darstellt. So war La Redorte erst im November 1999 wieder von einer schweren Flut betroffen. Die Hälfte der kommunalen Infrastruktur, Häuser und Wohnungen, der Hafen und auch Weinberge wurden zerstört.

Wohlstand kam mit der Entwicklung des Weinbaus im 19. Jahrhundert nach La Redorte. Das Dorf blühte auf und viele große private Häuser, eine neue Kirche, das Rathaus und die Schule wurden erbaut. Die neueste Errungenschaft ist das »Haus des Hafens«, Maison du Port, das im Juli 2013 eingeweiht wurde. Es dient zur Information für Touristen und für Einheimische, es gibt Ausstellungs- und Versammlungssäle. Sie finden es direkt am Port du Fabrique.

Jedes Jahr am letzten Wochenende im Juli wird das traditionelle **Dorffest** gefeiert, dessen Höhepunkt ein Essen mit 500 Gästen ist. Seit 2006 findet von Juli bis August das **Festival »Les jeudis de la Redorte«** statt, die Donnerstage von Redorte, mit Tanz, Theater, Zirkusvorstellungen, Kino und Musik. Die örtlichen Vereine und Geschäftsleute sorgen für ein buntes, abwechslungsreiches Programm, das jeden Donnerstagabend im Sommer umsonst und draußen stattfindet. Informationen gibt es unter *www.lesjeudisdelaredorte.com.*

In La Redorte finden Sie einen Supermarkt, Metzger, Bäcker, eine Weinkooperative und ein Restaurant. Wenn Sie keine Fahrräder an Bord haben, können Sie sich in La Redorte welche mieten, falls Sie Lust haben, den Nachbarort Azille zu besuchen. Es sind nur gut zwei Kilometer, sodass man auch einen schönen Spaziergang dorthin unternehmen kann.

Informationen

Essen und Trinken
Chez Riquet
11 Port la Fabrique
11700 La Redorte
Tel.: +33 6 95 06 93 21
Mail: epicierducanal@gmail.com

Restaurant/Café direkt am Kanal gelegen, lädt zu regionalen Produkten ein. Täglich geöffnet von 11.00–21.30 Uhr, Di und Mi Ruhetag.

Supermarche »Intermarche«
4 Avenue du Minervois
11700 La Redorte

Geöffnet täglich 8.00–19.30 Uhr, So 9.00–12.30 Uhr.

Anlegen im Hafen Port la Fabrique
Maison du Port (im Sommer Tourismusbüro)
11700 La Redorte
Tel.: +33 4 68 76 34 74 und +33 9 72 32 90 89
Web: www.laredorte.com

Bietet Bootsfahrern verschiedene Dienstleistungen: WC, Duschen, kostenloser WLAN-Bereich und ist im Juli und August täglich geöffnet: 10.00–13.00 Uhr und 14.00–19.00 Uhr.

Die Wasser- und/oder Stromversorgung wird wie folgt berechnet:
- weniger als eine Stunde: 3 Euro
- eine Stunde bis vier Stunden: 5 Euro
- Nacht-/24 Stunden: 10 Euro
- 48-Stunden-Paket: 20 Euro

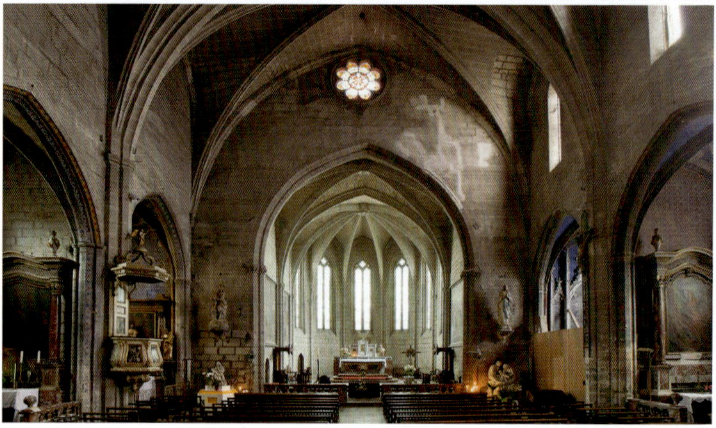

Saint-Julien-et-Sainte-Basilisse.

Azille

Der Ort hat 1200 Einwohner, die hauptsächlich vom Weinanbau leben. Im Mittelalter war Azille jedoch deutlich wichtiger, was durch seine historischen Bauten belegt ist. Die Gemeinde hat sich um die **Kirche Saint-Étienne-de-Tersan de Vaissière** herum entwickelt. Diese stammt aus dem 10. und 11. Jahrhundert und hat einen dreischiffigen Grundriss. Für das Languedoc ist das recht ungewöhnlich. Die drei Apsiden des Chors wurden wahrscheinlich im 12. Jahrhundert erneuert, sie sind eindeutig gotisch.

Ein Beispiel für die südfranzösische Gotik ist die **Kirche Saint-Julien-et-Sainte-Basilisse** aus dem 14. Jahrhundert. Sie besitzt nur ein einziges, breites Schiff und einen mächtigen Kirchturm mit einer Höhe von 36 Metern, den Sie besteigen können. Im Innern der Kirche findet sich eine **Muttergottesstatue** aus dem 14. Jahrhundert, die zu den schönsten Bildhauerarbeiten aus dieser Epoche gezählt wird.

Das Dorf war einst von einer Mauer umgeben, Tore führten hinein, die durch Türme gesichert waren. Die Mauern der mittelalterlichen Befestigungsanlagen wurden in späterer Zeit, wie es häufig gemacht wurde, als Hauswände genutzt. Teile davon sind noch erhalten. Auch von den beiden **Klöstern**, einem Franziskaner- und einem Clarissenkloster, gibt es nur noch Ruinen. Sie wurden während der Französischen Revolution zerstört.

Ende des 19. Jahrhunderts brachte die Eisenbahn Wohlstand in die kleine Stadt und es entstanden bürgerliche Herrenhäuser sowie das Schloss Gallimard. Weinberge wurden angelegt und Olivenbäume angepflanzt. Heute liegt Azille umgeben von einer alten Kulturlandschaft und wartet darauf, entdeckt zu werden.

Die Stadtverwaltung empfiehlt, den Ort auf eigene Faust zu erkunden. Sie können sich in der Touristeninformation einen kleinen Füh-

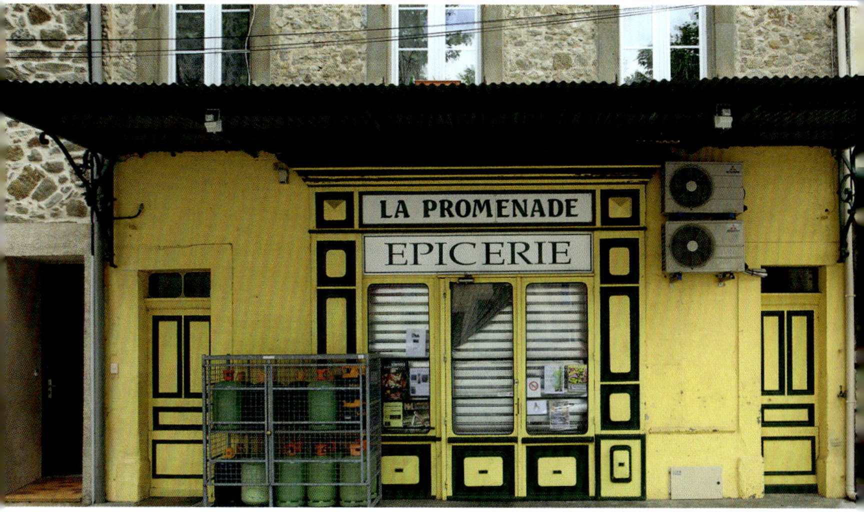

Azille »erbummelt« man sich am besten.

rer holen, der Sie durch das Dorf begleitet. Wegweiser und Informationstafeln an den betreffenden Gebäuden geleiten Sie auf Ihrem Rundweg.

Informationen

Office Tourisme
Azille Accueil
27 Allée Pol Lapeyre
11700 Azille
Tel.: +33 4 68 91 59 61
Mail: mairie-azille@orange.fr
Web: mairie-azille.com

Das Büro ist Di–Sa von 9.00–12.00 Uhr und 14.00–18.00 Uhr geöffnet. So und Mo geschlossen.

Kirchturm von Azille (Tour Clocher)
11700 Azille
Tel.: +33 4 68 91 56 91
Web: www.azille-accueil.fr/

Der Turm hat 142 Stufen, sodass eine gewisse Fitness nötig ist, um ihn zu erklimmen. Von oben haben Sie dann einen Panoramablick, der seinesgleichen sucht. Kinder unter zwölf Jahren dürfen nicht hinauf, Kinder ab zwölf Jahren nur in Begleitung eines Erwachsenen. Der Turm kann samstags ab 10.00 Uhr besichtigt werden. Treffpunkt ist das Touristenbüro, der Eintritt kostet 3 Euro.

Castelnau-d'Aude

Der Ort liegt drei Kilometer südlich von La Redorte; Canal du Midi und L'Aude müssen überquert werden. Castelnau-d'Aude (bitte nicht verwechseln mit Castelnaudary!) hat 465 Einwohner und geht zurück auf eine römische Siedlung. Heute gibt es einige Pensionsbetten und private Ferienunterkünfte sowie ein Weingut.

Vom Port Fabrique in La Redorte geht es weiter auf dem Canal du Midi, bis Sie nach drei Kilometern zur zweistufigen Schleusentreppe Puichéric (70) gelangen. Kurz dahinter liegt der kleine Ort.

Puichéric

Die 1100 Bewohner leben vor allem von Weinanbau und Tourismus. Der Ort liegt an drei Wasserläufen, dem Canal du Midi, der Aude und einem Abflussgraben, dem Rigole de Étang, der in den Fluss mündet. Im Volksmund wird das Dorf darum auch »Venedig des Minervois« genannt.

Puichéric besitzt ein Schloss, das, zusammen mit der Kirche von 1063, mitten im Dorf auf dem Burghügel steht und heute als Hotel dient. Auch Pierre-Paul Riquet hat während der Bauarbeiten am Canal du Midi im Schloss von Puichéric logiert. Dieses Bauwerk aus der Renaissance hatte einen sehr viel älteren Vorgänger, aus dem 6. oder 7. Jahrhundert. Das westgotische Gemäuer wurde aus Steinen des Felsen von Puichéric erbaut, der wohl sofort die Aufmerksamkeit der Westgoten weckte, als sie 412 das Gebiet eroberten.

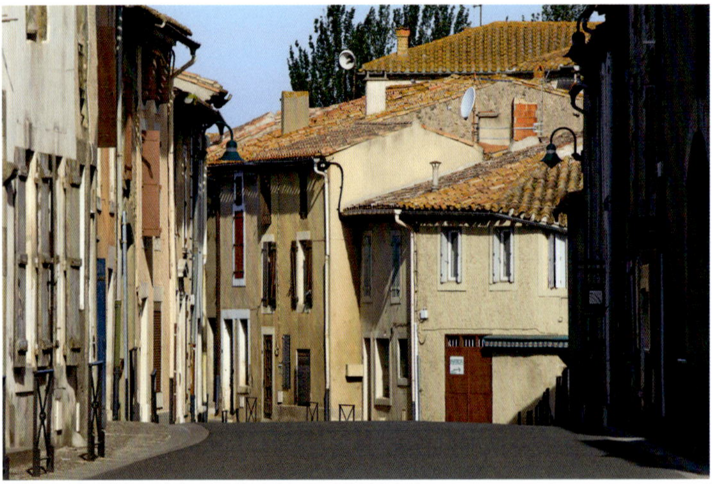

Puichéric.

Doch das eigentliche Highlight von Puichéric ist die ⊛ **Schleuse von l'Aiguille.** Hier hat der Schleusenwärter Joël Barthes zahlreiche Skulpturen aus allen möglichen Materialien geschaffen, hauptsächlich aus Holz, aber auch aus Eisenschrott, Auto- und Fahrradteilen, die um die Schleuse herum aufgestellt sind. Sie zeigen Menschen- und Tierfiguren bei unterschiedlichsten Tätigkeiten und lassen immense Kreativität und sehr viel Humor erkennen. Einige der Figuren bietet der Künstler auch zum Kauf an. Die Schleuse von l'Aiguille (68) ist inzwischen sehr bekannt und zieht Hunderte von Besuchern an. Davon profitiert letztlich auch das Dorf.

An der Schleuse, davor oder dahinter, endet diese Etappe. Wer sich vorgenommen hat, bis Toulouse zu fahren oder es ein wenig eiliger hat, kann die Etappe noch bis ins 16 Kilometer entfernte Trèbes ausweiten.

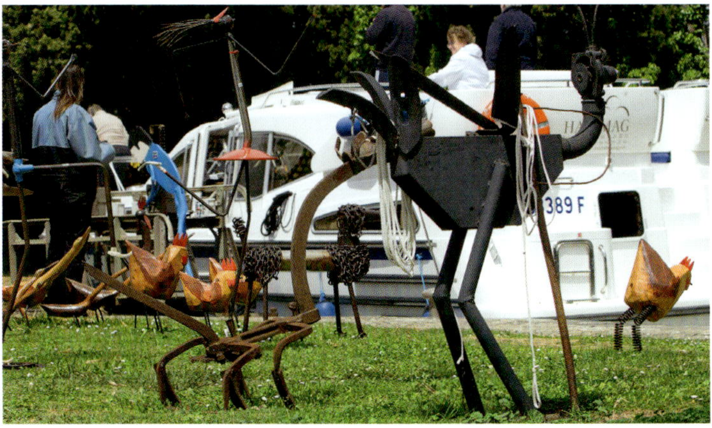

Die Skulpturen an der Schleuse von l'Aiguille sind eine Sehenswürdigkeit für sich.

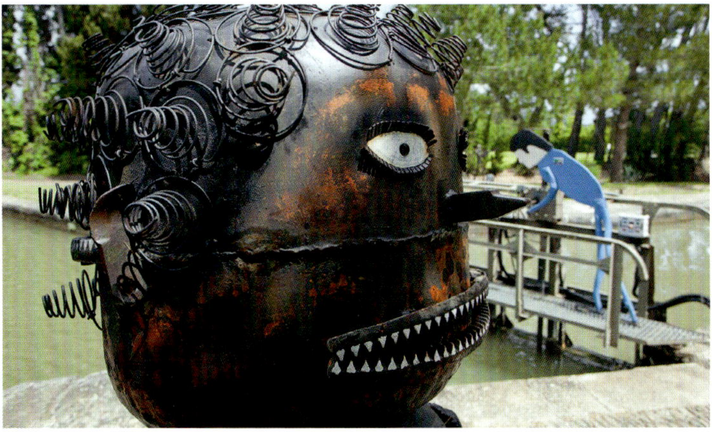

7. Etappe

Von Puichéric nach Carcassonne

Tour ins Mittelalter

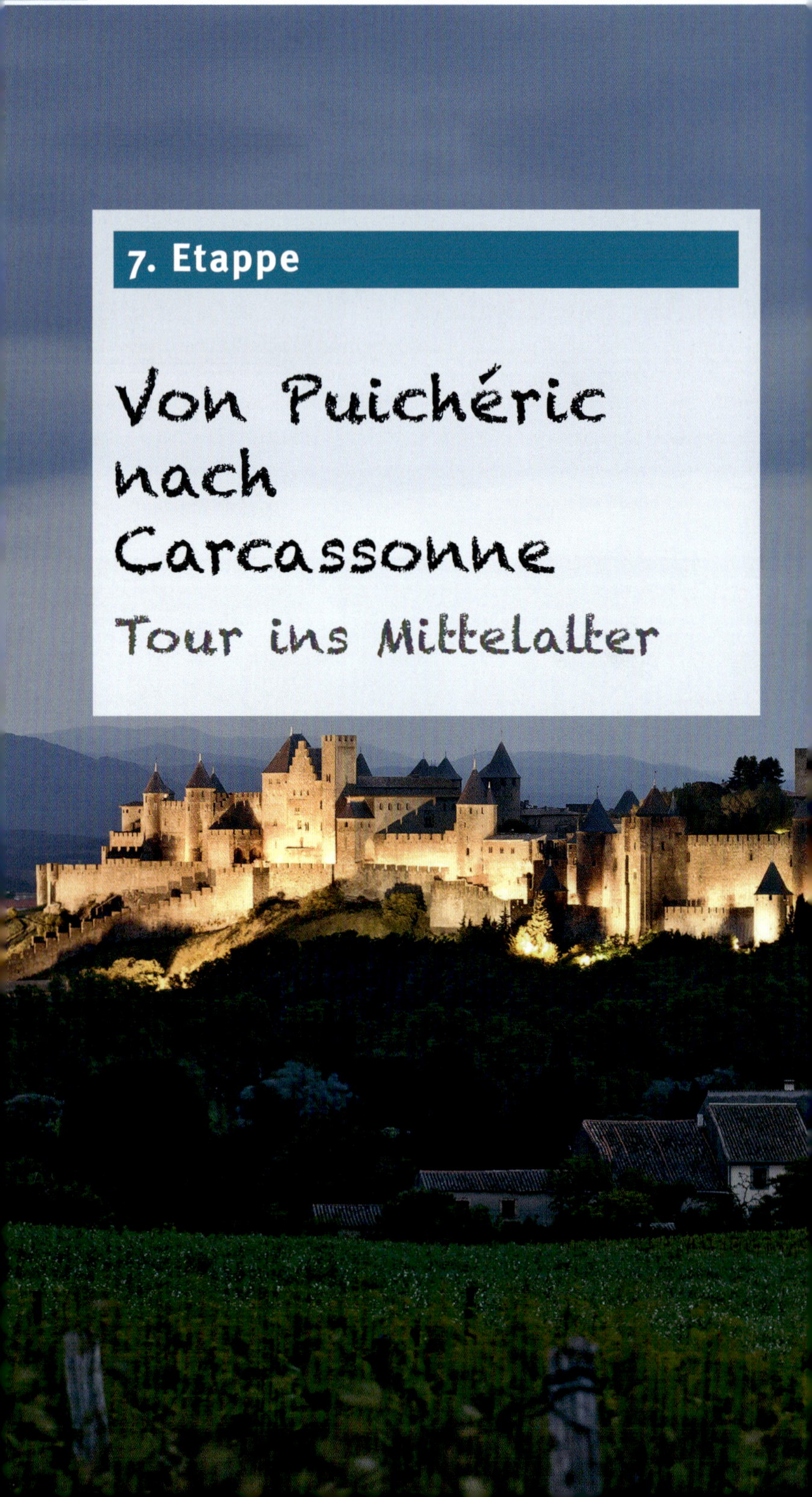

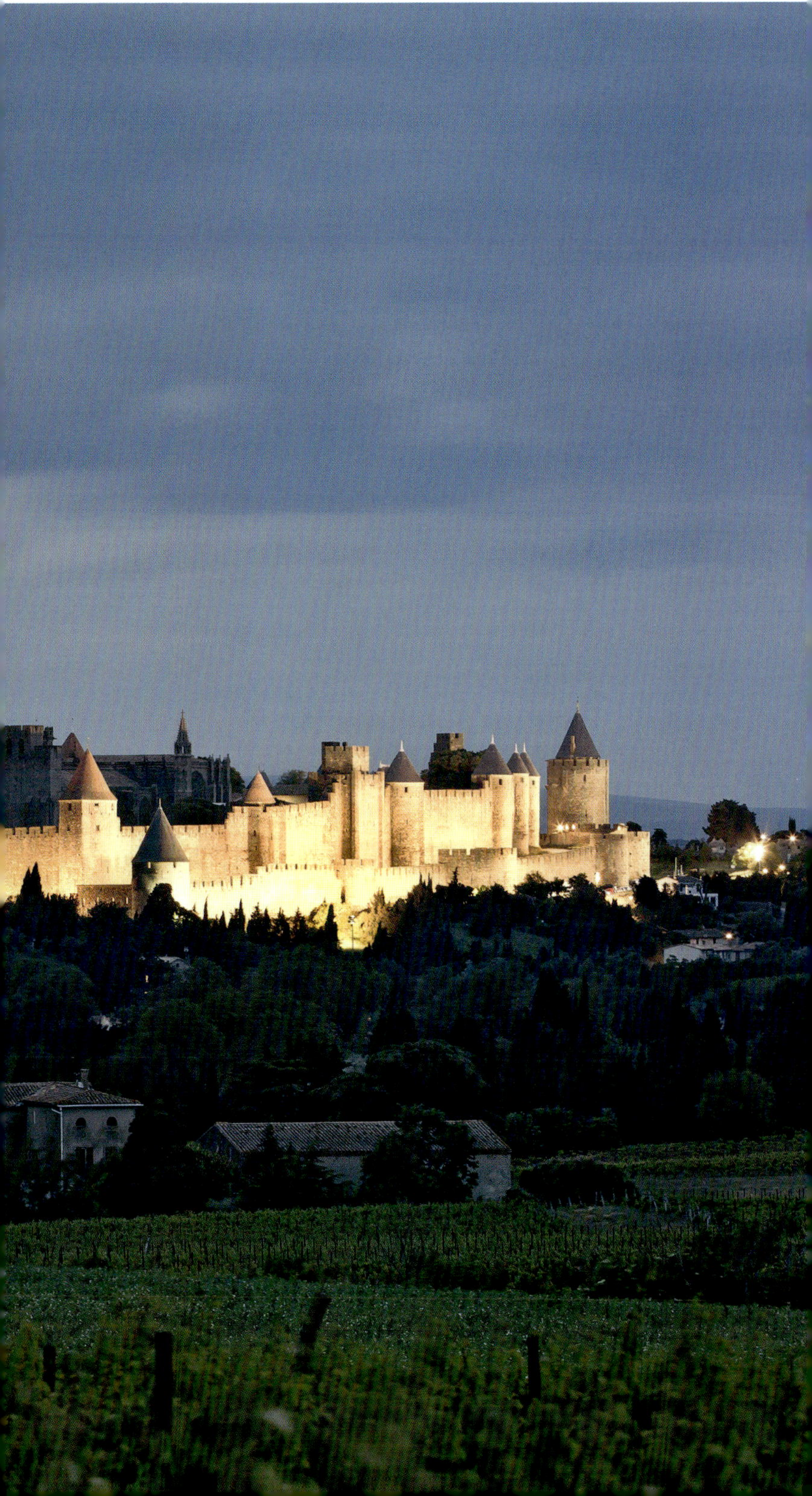

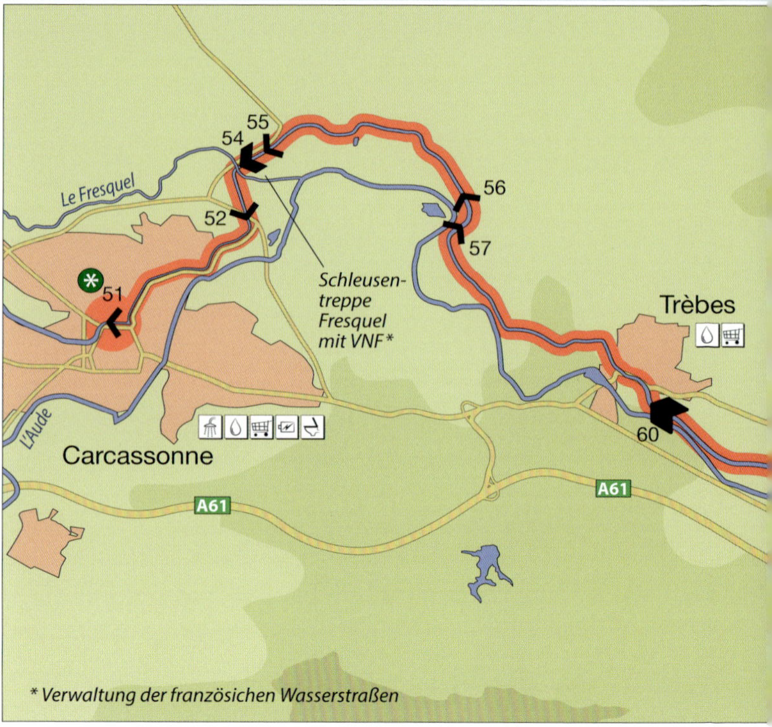

Startpunkt:	Schleuse bei Puichéric
Ziel:	Carcassonne
Strecke:	28 km
Schleusen:	6 Schleusen, 2 zweistufige und 2 dreistufige Schleusentreppen
Fahrtzeit ohne Schleusen:	4 Stunden
Zwischenstopps:	Capendu

Wir starten an der Schleuse von l'Aiguille (68) und kommen schon nach knapp zwei Kilometern zur zweistufigen Schleusentreppe Saint-Martin (66). Nur gut einen Kilometer dahinter liegt die dreistufige Schleusentreppe Fonfile (64) und nach weiteren drei Kilometern, direkt vor Marseillette, geht es durch die Schleuse Marseillette (61). Danach kommt der Canal du Midi auf zehn Kilometern ohne Schleuse aus. In Trèbes geht es dann durch die dreistufige Schleusentreppe (60) und nach 4,5 Kilometern durch die Schleuse Villedubert (57). 800 Meter danach folgt die Schleuse Evêque (56) und nach 3,5 Kilometern Fresquel (55) und die zweistufige Schleusentreppe Fresquel (54). 800 Meter danach wartet die Schleuse Saint-Jean (52) und nach knapp drei Kilometern treffen Sie in Carcassonne direkt vor dem Hafen auf

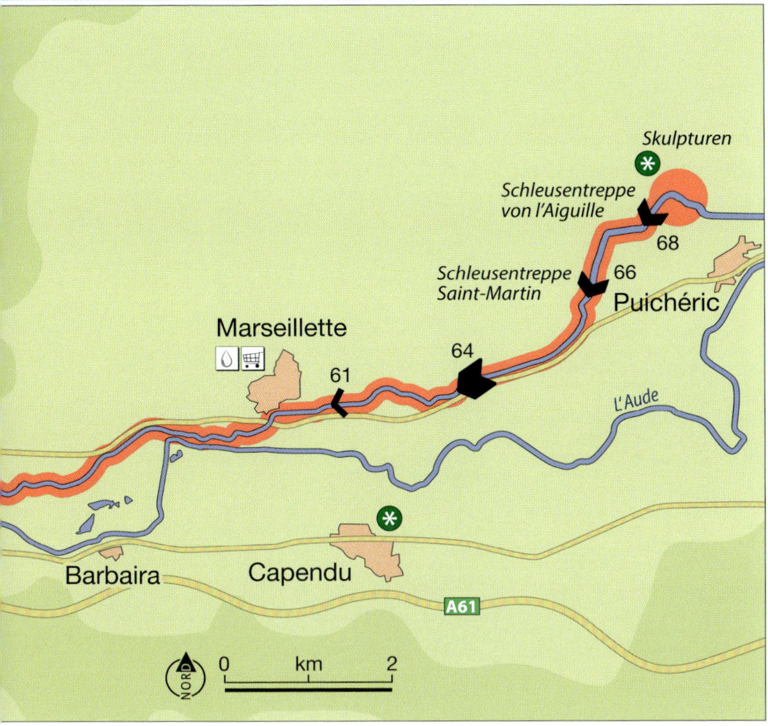

die letzte Schleuse, Carcassonne (51). Die gesamte Etappe hat eine Länge von 28 Kilometern.

Marseillette

Vom Liegeplatz bei der Schleusentreppe von l'Aiguille (68) geht es zur zweistufigen Schleusentreppe Saint-Martin (66), die Sie möglichst früh erreichen sollten, denn der Tag wird lang – und schleusenreich! Allein bevor Sie nach Marseillette kommen, sind noch die dreistufige Schleusentreppe Fonfile (64) und die einfache Schleuse Marseillette (61) zu bewältigen.

Marseillette ist ein kleiner Ort mit 700 Einwohnern, als dessen Highlight ein **Uhrenturm** aus dem 18. Jahrhundert gilt. Das Dorf wirkt eher ärmlich und es wird tatsächlich von den meisten Reisenden links liegen gelassen. Wer Wasser tanken möchte, findet einen Anschluss am großen Parkplatz, direkt am Kanal.

Nur zwei Kilometer entfernt vom Kanal, an der Aude, liegt Capendu, das schon eher einen Besuch lohnt.

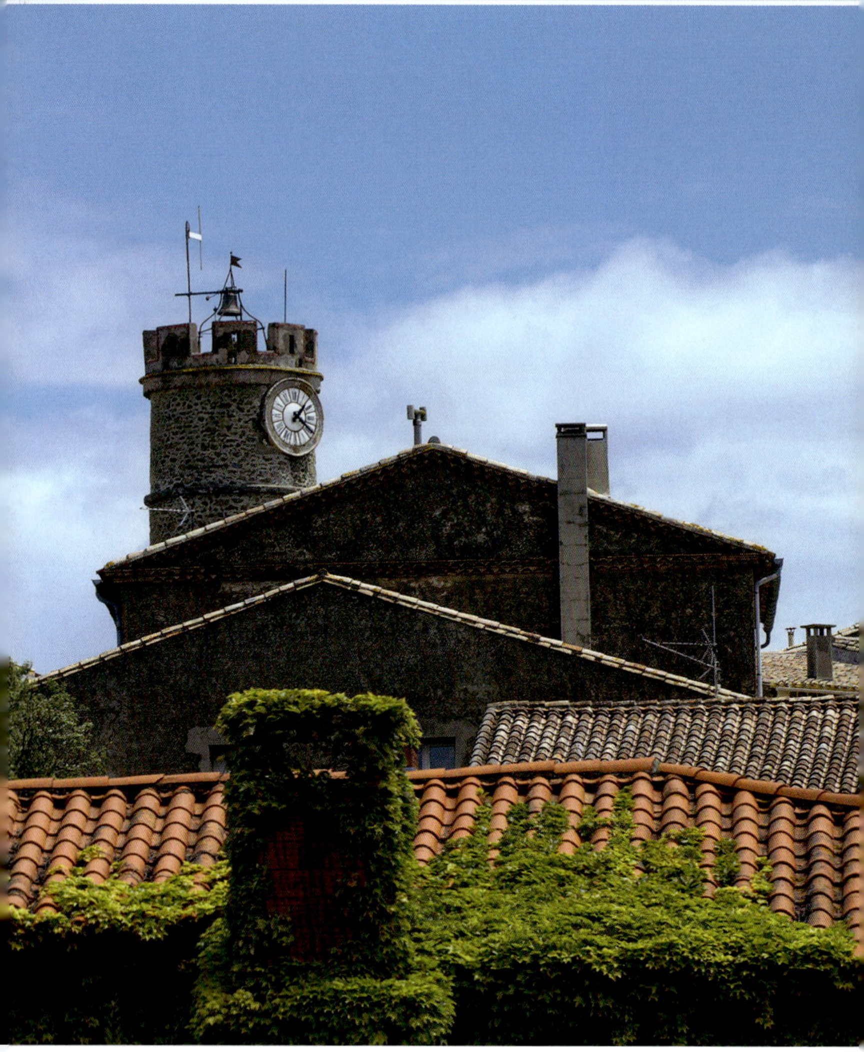

Der Uhrenturm ragt über die Dächer von Marseillette.

Capendu

Im Tal der Aude ragt der Felsen, auf dem das Dorf entstanden ist, aus den umliegenden Feldern. Gekrönt ist er mit einer gotischen Schlossruine und einem Kirchturm, dem man vor 100 Jahren eine Spitze mit Uhr aufgesetzt hat. Damit ist der Ort schon von Weitem zu sehen und macht neugierig.

Obwohl das Gebiet von Capendu bereits im 4. Jahrhundert v. Chr. besiedelt war, geht die Gründung des heutigen Ortes auf das Mittelalter zurück. Erste Erwähnung findet das Dorf 1063. Da die Bauern

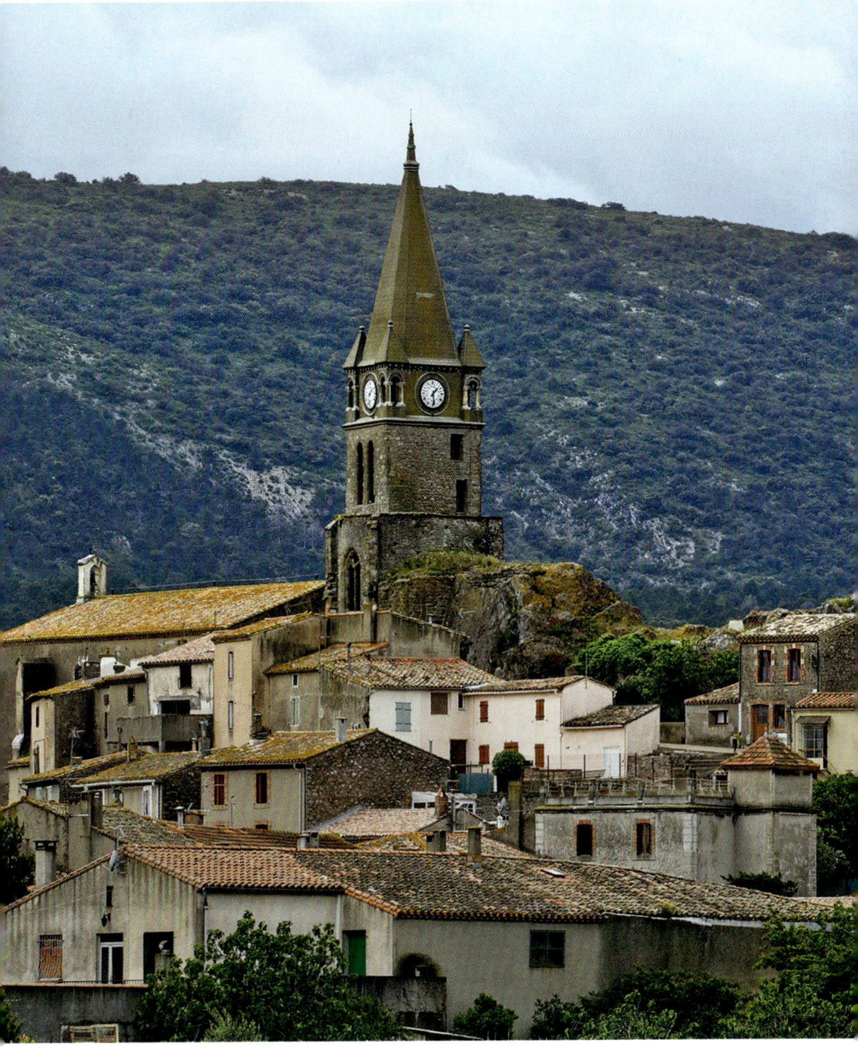

Der Kirchturm von Capendu ist weithin sichtbar.

der Umgebung häufig angegriffen wurden, suchten sie Schutz und siedelten sich ellipsenförmig um das Schloss herum an. Bis ins 17. Jahrhundert hinein wuchsen die Ovale. Der Ortskern mit seinen malerisch engen Gassen ist sehr gut erhalten. In der Dorfmitte finden Sie das Château Capendu, ebenfalls ein historisches Gebäude; auf dem Gelände befindet sich auch der alte Dorfbrunnen, der früher den gesamten Ort versorgte.

Informationen

Office de Tourisme
Mairie et Office de Tourisme de Capendu
16 place de la Mairie
11700 Capendu
Tel.: +33 4 68 79 15 16
Web: mairie-capendu.fr

Geöffnet Mo 9.00–12.00 Uhr und 13.30–18.30 Uhr, Di–Fr 9.00–12.00 Uhr und 13.30–16.00 Uhr.

Alternativ kümmert sich auch die Touristeninformation in Carcassonne um den Ort Capendu:

Office de Tourisme
2 Square Gambetta
11000 Carcassonne
Web: www.grand-carcassonne-tourisme.fr

Nach einem zehn Kilometer langen Kanalabschnitt ohne Schleusen kommen Sie bei Trèbes an der dreistufigen Schleusentreppe (60) an und laufen danach im Ort ein. Es gibt eine Charterbasis und einen Kai mit Wasseranschluss mitten in der Stadt. Auch eine Reihe Restaurants und Einkaufsmöglichkeiten finden Sie hier, sodass sich der Ort hervorragend für die Mittagspause eignet. Schließlich sind die Schleusen dann sowieso geschlossen.

Trèbes

Am Zusammenfluss von Aude und Orbiel entwickelte sich sehr früh ein kleiner Marktflecken, der im Jahre 1110 erstmals erwähnt wurde.

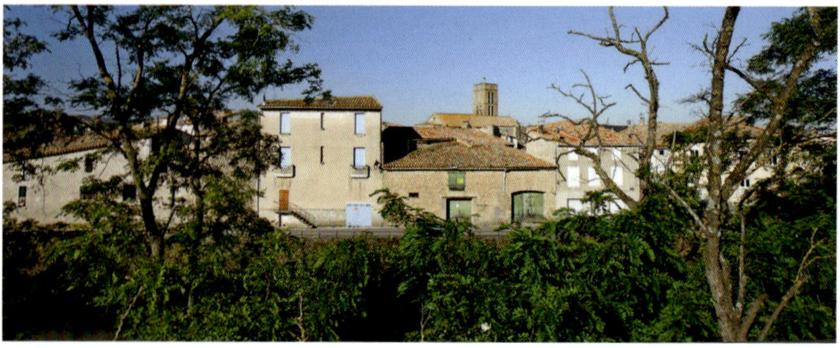

Trèbes.

Im Laufe des Mittelalters wuchs der Ort innerhalb der Stadtmauern nur langsam. Die Menschen lebten von der typischen Landwirtschaft des Mittelmeerraums, Getreide, Oliven, Wein und Schafzucht.

Mit dem Canal du Midi kam Bewegung in das verschlafene Nest, das nun vom Handel und von den Reisenden auf der Wasserstraße profitierte. Der Ort wuchs und sprengte seine Mauern. Vor allem jenseits des Flusses Aude, der hier fast genau entlang des Kanals fließt, entwickelten sich neue Vororte. Im 19. Jahrhundert kam mit der Eisenbahn ein erneuter Entwicklungsschub, und auch die Einführung der Weinrebe als Monokultur ab 1860 trieb die Wirtschaft des Ortes voran. Heute hat Trèbes etwa 5500 Einwohner.

Die gotische **Kirche Saint-Étienne** aus dem 13. Jahrhundert bildet das Zentrum des historischen Ortskerns. Sie ist ein hervorragendes Beispiel für die gotische Architektur des südlichen Frankreichs. Ebenfalls sehenswert ist die Kanalbrücke über den Oriel aus dem 17. Jahrhundert. Sie wurde von Sébastien Vauban erbaut.

Informationen

Office de Tourisme
12 Avenue Pierre Curie
11800 Trèbes
Tel.: +33 4 68 78 89 50
Web: grand-carcassonne-tourisme.fr

Von Mai bis September geöffnet: Mo–Sa 9.30–13.00 Uhr und 14.00–18.00 Uhr.

Essen und Trinken
Le Moulin de Trèbes
2 Rue du Moulin
11800 Trèbes
Tel.: +33 4 68 78 97 57
Web: www.lemoulindetrebes.com

Sehr bekanntes Restaurant an der dreistufigen Schleuse von Trèbes. Terrasse und Grill sind Di–Sa mittags und abends sowie So mittags geöffnet. Mo geschlossen. Preise ab ca. 40 Euro pro Person.

Trattoria Napoli
12 Avenue Pierre Curie
11800 Trèbes
Tel.: +33 4 68 78 83 08

Moderne Küche in einfachem Ambiente. Obere Mittelklasse im Preis, es gibt aber Mittagsgerichte um 20 Euro. Auch im Sommer gutes Essen und angenehmer Service.

La Poissonnerie Moderne
8 Avenue Pierre Curie
11800 Trèbes
Tel.: +33 4 68 78 26 72

Ein sehr bekanntes Fischrestaurant mit guter Küche und dementsprechend viel Betrieb. Wenn Sie sich davon nicht abschrecken lassen, bekommen Sie direkt am Kanal ab ca. 25 Euro ein leckeres Essen. Kinderteller um 10 Euro, täglich geöffnet 12.00–22.30 Uhr.

L'Arganier
1 Rue du 11 Novembre
11800 Trèbes
Tel.: +33 4 68 78 46 82

Das marokkanische Restaurant hat sich einen sehr guten Ruf erkocht. Es liegt nicht direkt am Kanal, doch ein kleiner Spaziergang lohnt sich. Di–So von 12.00–14.30 Uhr und ab 19.00 Uhr geöffnet. Letzte Bestellungen werden um 21.30 Uhr entgegen genommen.

Lou Tres Bes (vormals El Chupito)
10 Avenue Pierre Loti
11800 Trèbes
Tel.: +33 4 68 76 93 09
Ebenfalls ein Restaurant in zweiter Reihe. Hier gibt es regionale Küche. An Werktagen günstiger Mittagstisch.

Les Vignes de Bacchus
10 Avenue Pierre Curie
11800 Trèbes
Tel.: +33 6 73 71 47 66
Mail: pierresentenac@domainedelaroque.com
Web: www.lesvignesdebacchus.com/

Weinhandlung der örtlichen »Domaine de La Roque« mit Bar, in der kleine Speisen angeboten werden. Sie ist direkt am Kanal gelegen und eignet sich für einen ruhigen Nachmittag oder schönen Abend.

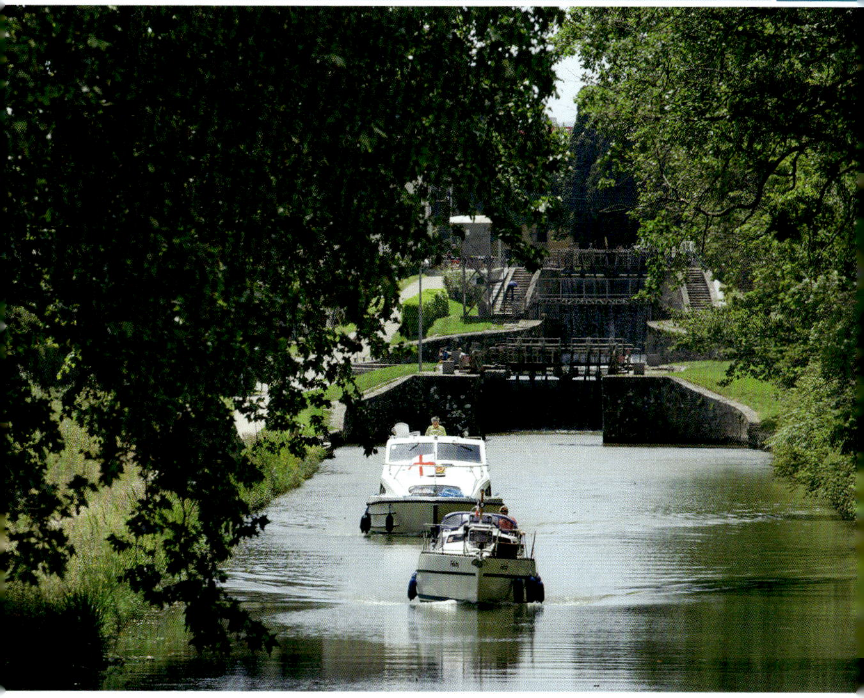

Die Schleuse von Fresquel.

Kurz nach der Innenstadt von Trèbes fahren Sie über die Kanalbrücke von Orbiel, die im 17. Jahrhundert erbaut wurde und heute wieder sehr gut in Schuss ist. Gut drei Kilometer weiter befindet sich die Schleuse Villedubert (57) und 800 Meter weiter die Schleuse Evêque (56). Es folgt ein Abschnitt unter Zypressen. Diese Bäume begleiten Sie noch bis Carcassonne. Vier Kilometer fahren Sie aber zunächst bis zur Schleuse von Fesquel (55). Das Besondere ist, dass Sie durch ein Becken fahren, um zum zweiten Teil der Schleuse zu kommen, der zweistufigen Schleusentreppe von Fresquel (54). Wahrscheinlich war an dieser Stelle einmal eine Verbindung zum Fluss Fresquel geplant, die aber nie gebaut wurde. Hier befindet sich auch die VNF, die Verwaltung der französischen Wasserstraßen. Direkt im Anschluss führt der Weg über die Kanalbrücke von Fresquel und nach 500 Metern durch die Schleuse Saint-Jean (52). Nach 2,5 Kilometern kommen Sie zur letzten Schleuse, in der Innenstadt von Carcassonne (51). Nun sind Sie fast im Hafenbecken angelangt, das 1,5 Kilometer von der Cité, der Altstadt, entfernt ist. Hier gibt es Liegeplätze, Wasser, Strom, Duschen, Entsorgung, einen Reparaturservice, Slipanlage und auf Anfrage einen Kran.

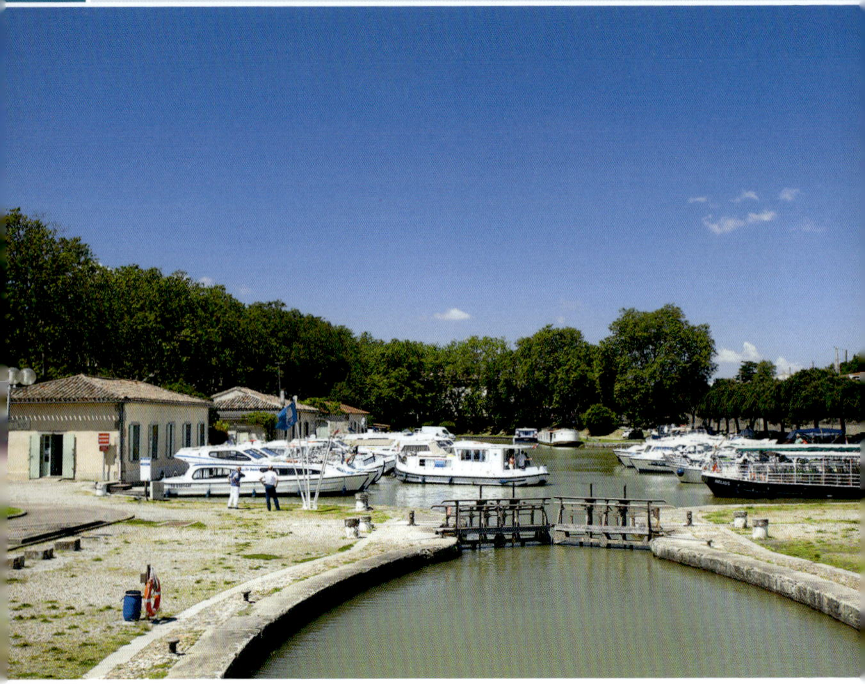

Der Yachthafen von Carcassonne mit der Schleuse im Vordergrund.

✻ Carcassonne

Carcassonne gehört zu den absoluten Highlights am Canal du Midi, und für einen Besuch sollten Sie auf jeden Fall Zeit einplanen!

Im 1. Jahrhundert v. Chr. wurde die Stadt von den Römern gegründet. Im Mittelalter war sie eine Hochburg der Katharer, die 1209 vertrieben wurden. Danach bekam die Inquisition ihren zentralen Sitz in Carcassonne.

Der Canal du Midi führte früher an der Stadt vorbei, doch die Bürger wollten nicht auf den wirtschaftlichen Aufschwung verzichten, den ihre Nachbarn erfahren hatten, und so leiteten sie den Kanal durch ihre Stadt hindurch. Carcassonne ist geteilt in die Altstadt, La Cité, und die Bastide Saint Louis, die seither am Canal du Midi liegt. Verbunden werden die beiden Teile durch die Pont Vieux, die alte Brücke, aus dem 14. Jahrhundert. Sie ist 200 Meter lang und hat acht Bögen. Sie ist eines der Wahrzeichen von Carcassonne. Die gesamte Altstadt wurde zusammen mit ihrer gut erhaltenen Stadtmauer im Jahre 1997 von der UNESCO zum Weltkulturerbe erklärt.

Heute hat Carcassonne rund 47 500 Einwohner und ist damit die zweitgrößte Stadt am Canal du Midi. Der Ort ist weltbekannt und zählt zu den größten Touristenattraktionen Frankreichs. Entsprechend voll wird es im Sommer. Es empfiehlt sich, am Abend der An-

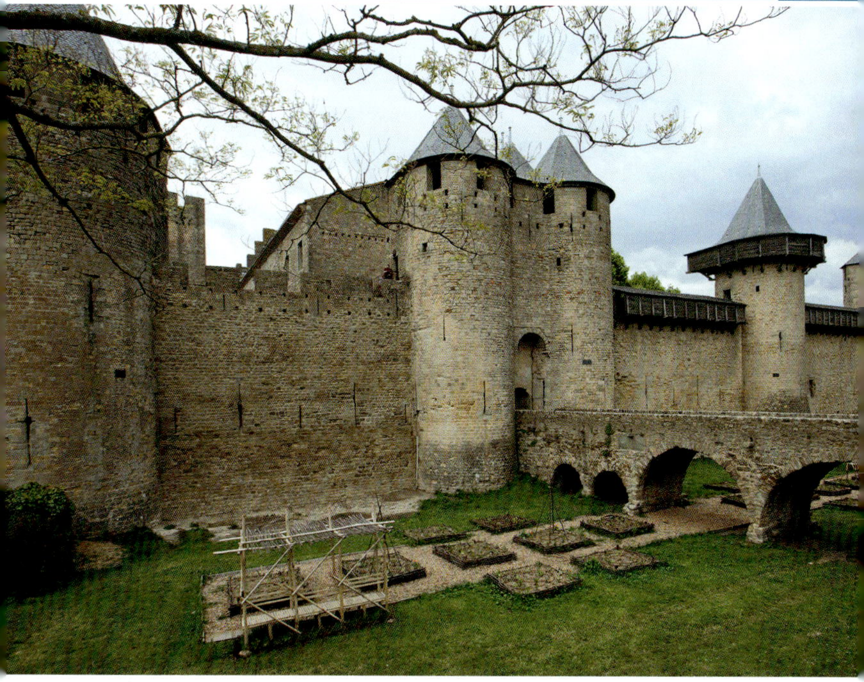

In Carcassonne glaubt man, direkt ins Mittelalter einzutauchen.

kunft einen ausgedehnten Spaziergang über die dann erleuchtete alte Brücke zur Cité zu machen und dort die einzigartige Atmosphäre zu genießen und die Bastide Saint Louis gleich am folgenden Morgen zu besuchen. Spätestens ab 10.00 Uhr wird es sehr voll.

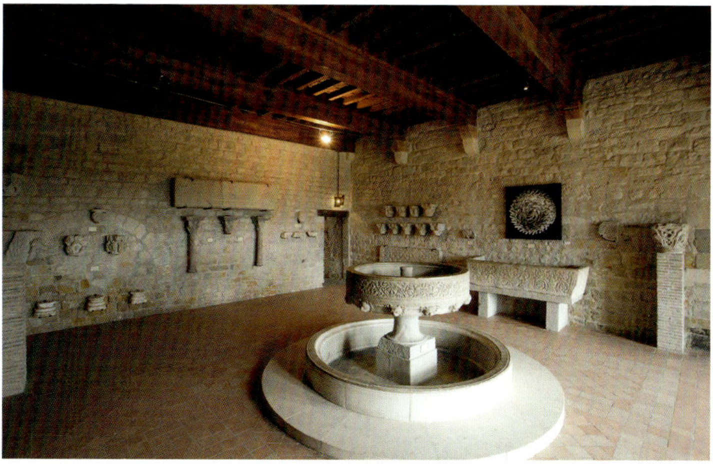

Romanischer Saal in der Zitadelle von Carcassonne.

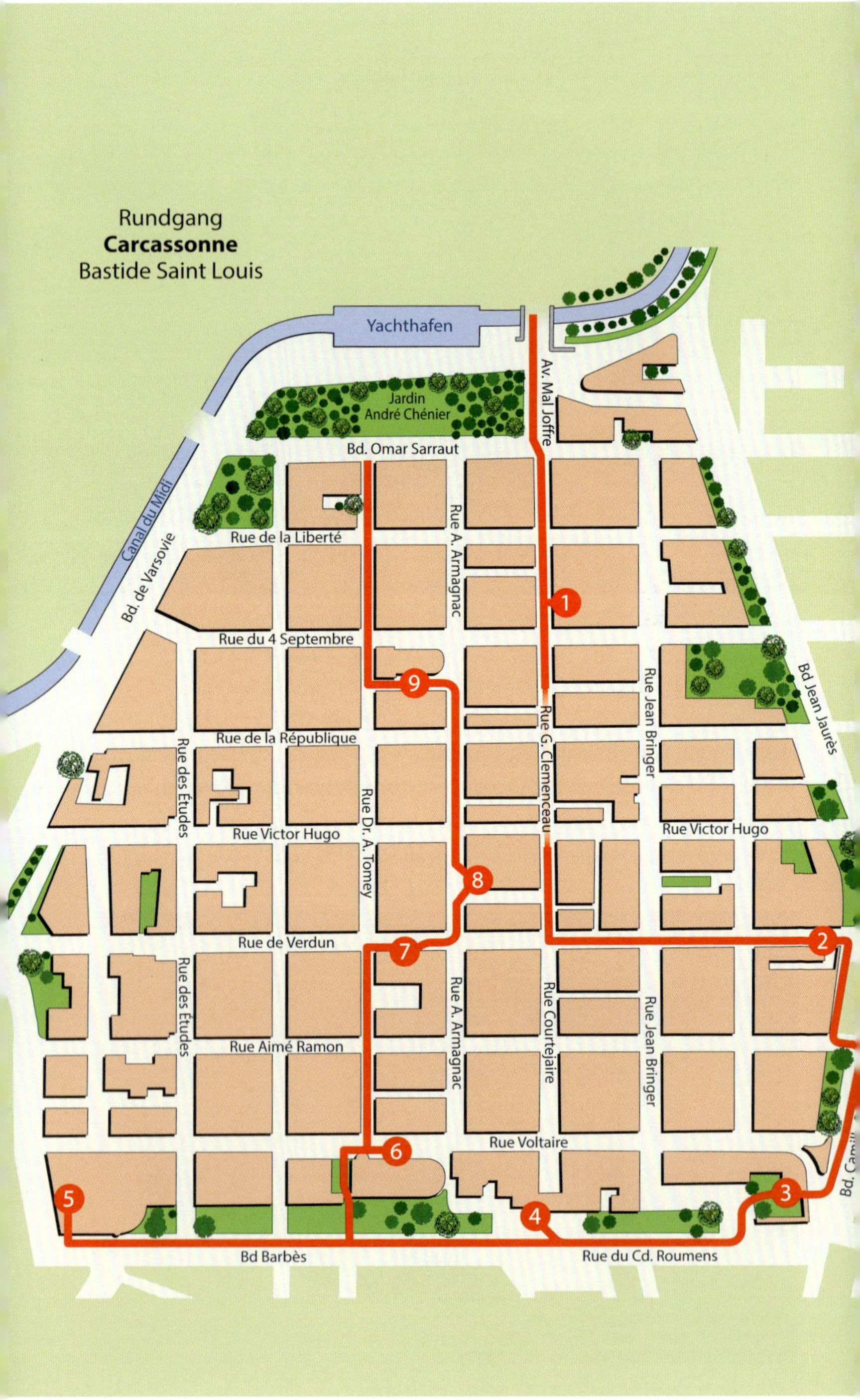
Rundgang
Carcassonne
Bastide Saint Louis
Yachthafen
Jardin André Chénier
Av. Mal Joffre
Bd. Omar Sarraut
Canal du Midi
Bd. de Varsovie
Rue de la Liberté
Rue A. Armagnac
Rue du 4 Septembre
Rue Jean Bringer
Bd Jean Jaurès
Rue de la République
Rue G. Clemenceau
Rue des Études
Rue Dr. A. Tomey
Rue Victor Hugo
Rue Victor Hugo
Rue de Verdun
Rue Courtejaire
Rue Aimé Ramon
Rue Voltaire
Bd Barbès
Rue du Cd. Roumens
1
2
3
4
5
6
7
8
9

Rundgang Carcassonne, Bastide Saint Louis

Wir starten unseren Rundgang vom Yachthafen aus, der nur 100 Meter vom Zentrum der Bastide Saint Louis entfernt liegt.

Die Avenida Mal Joffre geht über in die Rue G. Clemenceau, wo wir an der übernächsten Kreuzung, der Rue du 4 Septembre, zur 1 **Chapelle des Carmes** kommen. Die Kirche aus dem späten 13. Jahrhundert wurde vom Bettelorden der Carmes gegründet und hatte eine nicht unbedeutende Stellung. Sie besitzt ein Schiff, das im gotischen Stil des Languedoc errichtet wurde. Es misst zwölf Meter in der Breite und 17 Meter in der Länge.

Wir gehen weiter bis zur Rue de Verdun und biegen nach links ab. Gleich an der nächsten Ecke befindet sich die Touristeninformation. Schräg gegenüber ist die **Dauerausstellung »Perspectives du patrimoine bâti Bastide Saint-Louis«** über das kulturelle Erbe der Stadt. Unter der Hausnummer 17 befindet sich die Chapelle des Domicaines, im gotischen Languedoc-Stil. Heute wird sie für Ausstellungen genutzt.

Unser nächstes Ziel liegt am Ende der Rue de Verdun, das 2 **Musée des Beaux-Arts**, das Museum der schönen Künste. Es ist im alten Gerichtsgebäude von 1699 untergebracht. Bis 1861 tagte hier das Landgericht, danach zog das Museum ein. Im Museum gibt es Skulpturen, Gemälde und eine geschnitzte Tür von Jean Jacques Melair aus dem 17. Jahrhundert zu sehen.

Wir biegen nach rechts auf den Boulevard Camille Pelletan, den wir bis zum Ende entlanggehen. Hier treffen wir auf die 3 **Bastion Montmorency**, eine der drei erhaltenen Bastionen der Stadt. Bereits im 14. Jahrhundert wurde eine Festungsmauer errichtet, der im 16. Jahrhundert die Bastionen zugefügt wurden. Der heutige Boulevard entspricht dem früheren Festungsgraben.

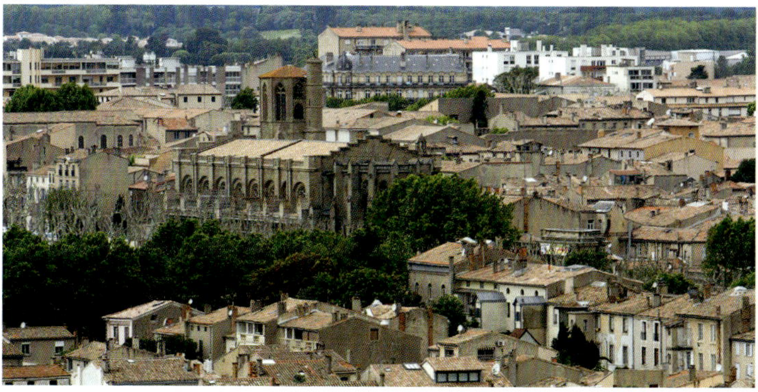

Saint-Michel thront mitten in der Bastide Saint Louis.

Auf unserem Weg den Boulevard du Commandant Roumens entlang treffen wir auf das ❹ **Portail des Jacobins**, einem Stadttor aus dem 18. Jahrhundert. Hier finden sich auch Überreste der Stadtmauer.

Am Ende des Boulevard Barbès besuchen wir die Bastion du Calvaire mit dem ❺ **Jardin du Calvaire.** Im Jahre 1825 bildete sich ein privater Verein unter Leitung des Domherrn Cazaintre, um eine Kapelle und einen Kalvarienberg (Kreuzigungsberg Christi) zu errichten. Im Jardin du Calvaire, der Anfang des 20. Jahrhunderts in den Besitz der Stadt überging, ist der Kreuzweg Christi dargestellt.

Ein Stück weit geht es nun den Weg zurück bis zur ❻ **Cathédrale Saint-Michel** aus dem 13. Jahrhundert. Auch sie entstand im typischen gotischen Stil des Languedoc und hat nur ein Mittelschiff. Bereits im 14. Jahrhundert wurde sie erweitert und 1803 zum Dom ernannt. Mitte des 19. Jahrhunderts fiel sie einem Brand zum Opfer und musste in großem Umfang restauriert werden. Im Inneren gibt es ein sehr schönes Mittelfenster sowie einige Statuen aus dem 14. und 18. Jahrhundert zu sehen. An der Außenseite sind Reste eines Turms der alten Stadtmauer erhalten.

Von hier aus gehen wir die Rue Dr. A. Tomey hinauf. An der Ecke Rue de Verdun erheben sich auf der rechten Seite ❼ **Les Halles**, die Markthallen. Sie wurden 1768 anstelle des kirchlichen Gerichtsgebäudes und der Marienkirche erbaut und umfassten die Waage, die Getreidehalle, Fischstände und Fleischer. In der Mitte des Platzes stand früher der Pranger, an dessen Standort andere Pflastersteine verwendet wurden.

Weiter geht es auf der Rue A. Armagnac zum ❽ **Place Carnot**, dem Marktplatz und beliebten Treffpunkt der Stadt. Der Schatten der alten Bäume lädt ein zum Entspannen; es lässt sich hier wunderschön sitzen und dem Treiben zusehen. Vergessen Sie nicht, einen Blick auf den be-

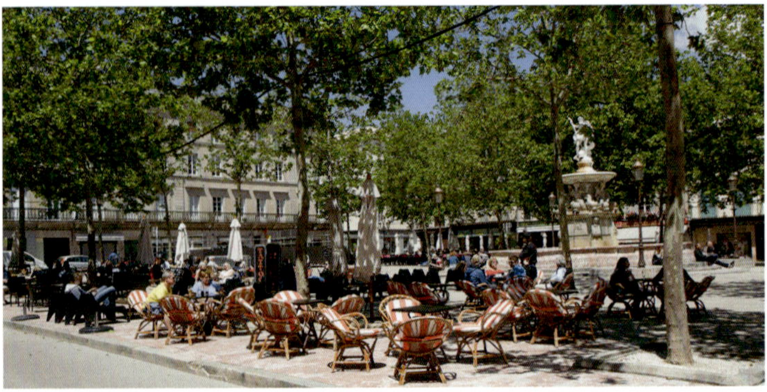

Ideal für eine Pause: der Place Carnot.

rühmten Neptunbrunnen in der Mitte des Platzes zu werfen. Dienstag-, Donnerstag- und Samstagvormittag wird hier jeweils ein Markt abgehalten.

Wir gehen die Rue A. Armagnac weiter hinauf und kommen nach der übernächsten Kreuzung zur 9 **Église Saint-Vincent** aus dem 13. Jahrhundert. Die Kirche gilt als ein Musterbeispiel der gotischen Architektur des Languedoc. Das imposante Schiff hat eine Länge von gut 20 Metern und eine Höhe von 23,5 Metern. Der achteckige Glockenturm bringt es gar auf eine Höhe von 54 Metern. Er besitzt ein Glockenspiel mit 47 Glocken. Im Innern der Kirche gibt es eine Fensterrose und Fenster aus dem 15. Jahrhundert sowie vier Statuen aus dem 14. Jahrhundert zu sehen, die früher in den Nischen des Portals gestanden haben.

Wir biegen in die Rue Dr. A. Tomey ein und kommen an ihrem Ende, dem Jardin André Chénier, wieder zum Hafen. Hier befindet sich auch eine Touristeninformation, von wo aus Bus-Shuttles zur mittelalterlichen Stadt fahren.

Informationen

Office de Tourisme (Bastide)
28 Rue de Verdun
11890 Carcassonne Cédex 9
Tel.: +33 4 68 10 24 30
Web: www.tourisme-carcassonne.fr

Geöffnet Mo–So 9.00–19.00 Uhr.

Tipp der Autorin
Le Petit Train fährt mehrmals täglich am Eingang zur Bastide ab. Die Tour geht um die Festung herum und dann nach unten in die Cité. Man erfährt wirklich interessante Details und erlebt ungeahnte Ein- und Ausblicke. Pro Person 7 Euro.

La Cité

Die Altstadt ist umgeben von zwei **Stadtmauer**-Ringen, die mit zahlreichen Türmen besetzt sind. Ihre Gesamtlänge beträgt drei Kilometer. Die innere Mauer geht auf die Römer zurück, die äußere stammt aus dem 13. Jahrhundert.

In der Cité finden Sie die **Basilika Sainte-Nazaire** aus dem 12. Jahrhundert, die bis 1803 die Kathedrale der Stadt war. Schon im 6. Jahrhundert gab es an derselben Stelle eine Kirche. Die Basilika wurde im

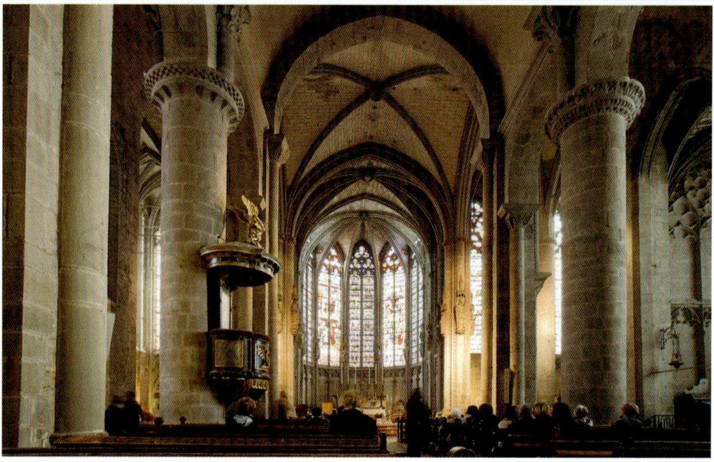

Die Basilika Sainte-Nazaire.

romanischen Stil erbaut und bekam später einen gotischen Chor sowie ein gotisches Querhaus.

An der Westseite der Altstadt liegt das **Château Comtal**, das Schloss des Grafen, ebenfalls aus dem 12. Jahrhundert. Bereits in römischer Zeit stand an dieser Stelle eine Festung. Innerhalb der Burg finden Sie das **Musée Lapidaire,** ein Heimatmuseum, das Funde aus römischer Zeit bis hin zum Mittelalter ausstellt. Darüber hinaus gibt es eine Dokumentation der ersten Restaurierung der Cité durch den Architekten Eugène Emmanuel Viollet-le-Duc und den Archäologen Cros-Mayrevieille in der Mitte des 19. Jahrhunderts. Das Haupttor zur Altstadt ist die **Porte Narbonnaise**, die von zwei mächtigen Türmen flankiert wird. Sie befindet sich in der Nähe des Châteaus und beherbergt heute eine Touristeninformation.

Die Porte Narbonnaise wurde 1280 erbaut und ist durch ihre beiden mächtigen Flankierungstürme schon von Weitem sichtbar. Sie zählt zu den Wahrzeichen von Carcassonne. In der Umgebung finden Sie eine große Anzahl von Restaurants, Bars und Läden mit Kunsthandwerk.

Die Porte Narbonnaise.

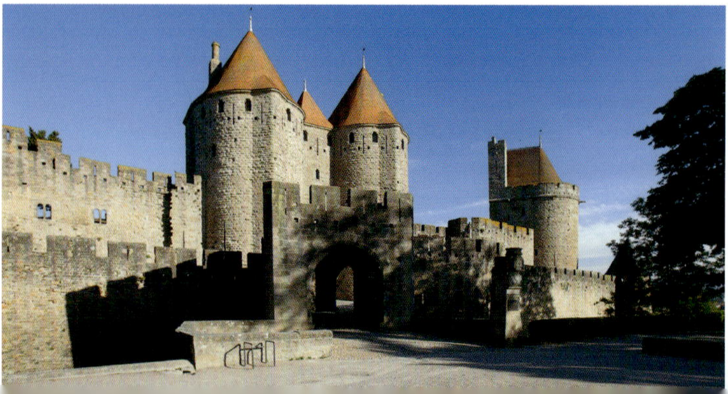

Informationen

Office de Tourisme (La Cité)
Beim Stadttor Porte Narbonnaise
11000 Carcassonne
Tel.: +33 4 68 10 24 36
Web: www.tourisme-carcassonne.fr

Geöffnet Mo–So 9.00–19.00 Uhr.

Anmerkung der Autorin
Es gibt inzwischen zahlreiche Touristeninformationen, Online-Touristenführer und etliche Angebote mehr. Wir haben uns für diese Neuauflage an die bekannten Adressen gehalten.

Basilika Saint-Nazaire
Place Saint Nazaire La Cité
11000 Carcassonne
Tel.: +33 4 68 25 27 65

Ausflugstipp mit Kindern
Australienpark, etwa zwei Kilometer südöstlich der Cité

Kängurus, Wellensittiche, Esel und andere typische Tiere aus Down Under gibt es hier zu sehen. Geführte Mottotouren und Bumerangeinführungen gibt es täglich zu verschiedenen Zeiten. Der Eintritt für Erwachsene und Kinder ab 12 Jahren beträgt 11,50 Euro, für Kinder von vier bis elf Jahren 8,50 Euro. Die Öffnungszeiten variieren, darum sollten Sie sich im Internet oder bei der Touristeninformation vor Ort erkundigen. Für Erwachsene lohnt es sich wahrscheinlich nur, wenn man noch nie ein Känguru gesehen hat.

8. + 9. Etappe

Von Carcassonne über Bram bis Castelnaudary

40 Kilometer ohne Ortschaft

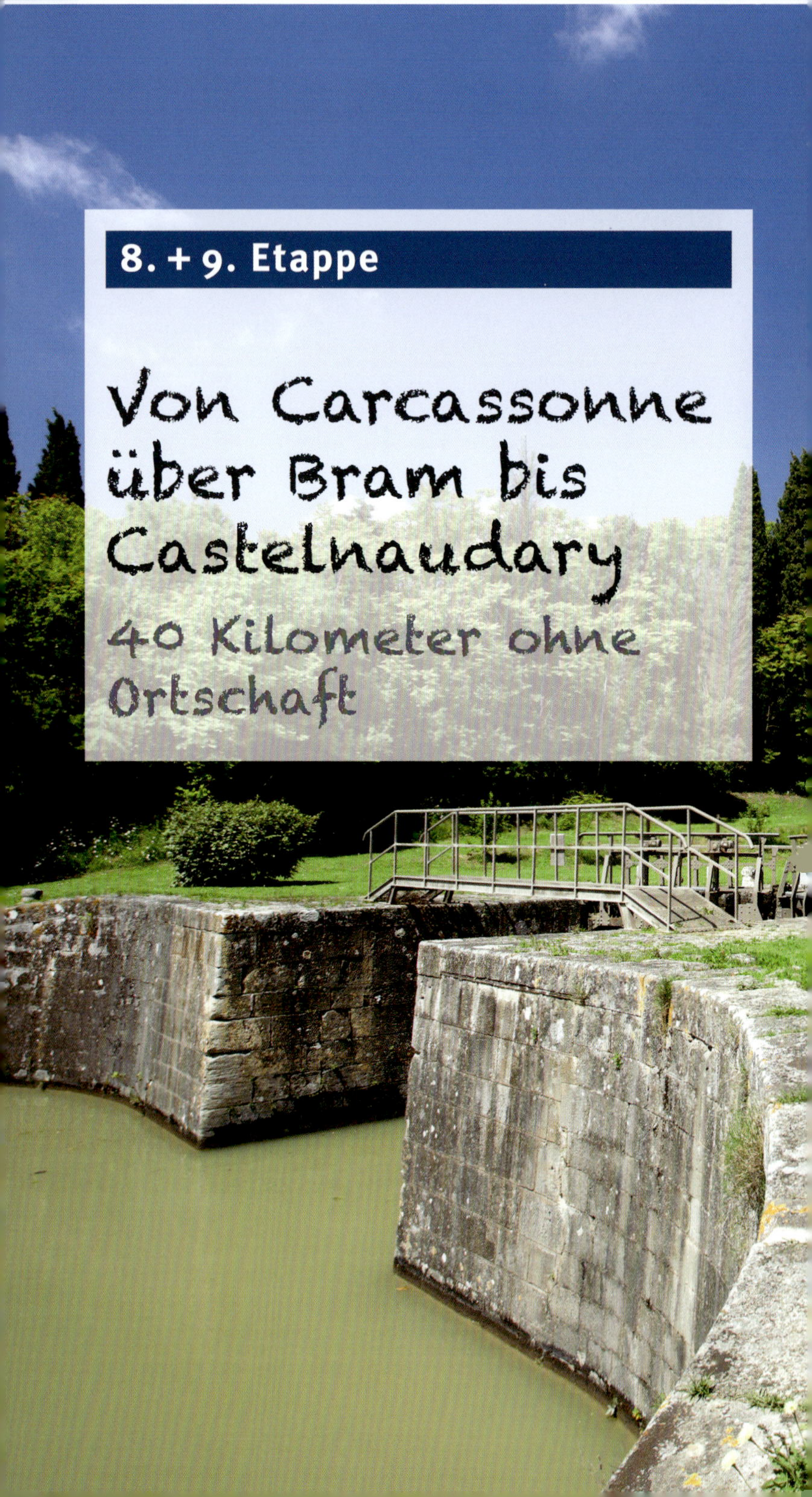

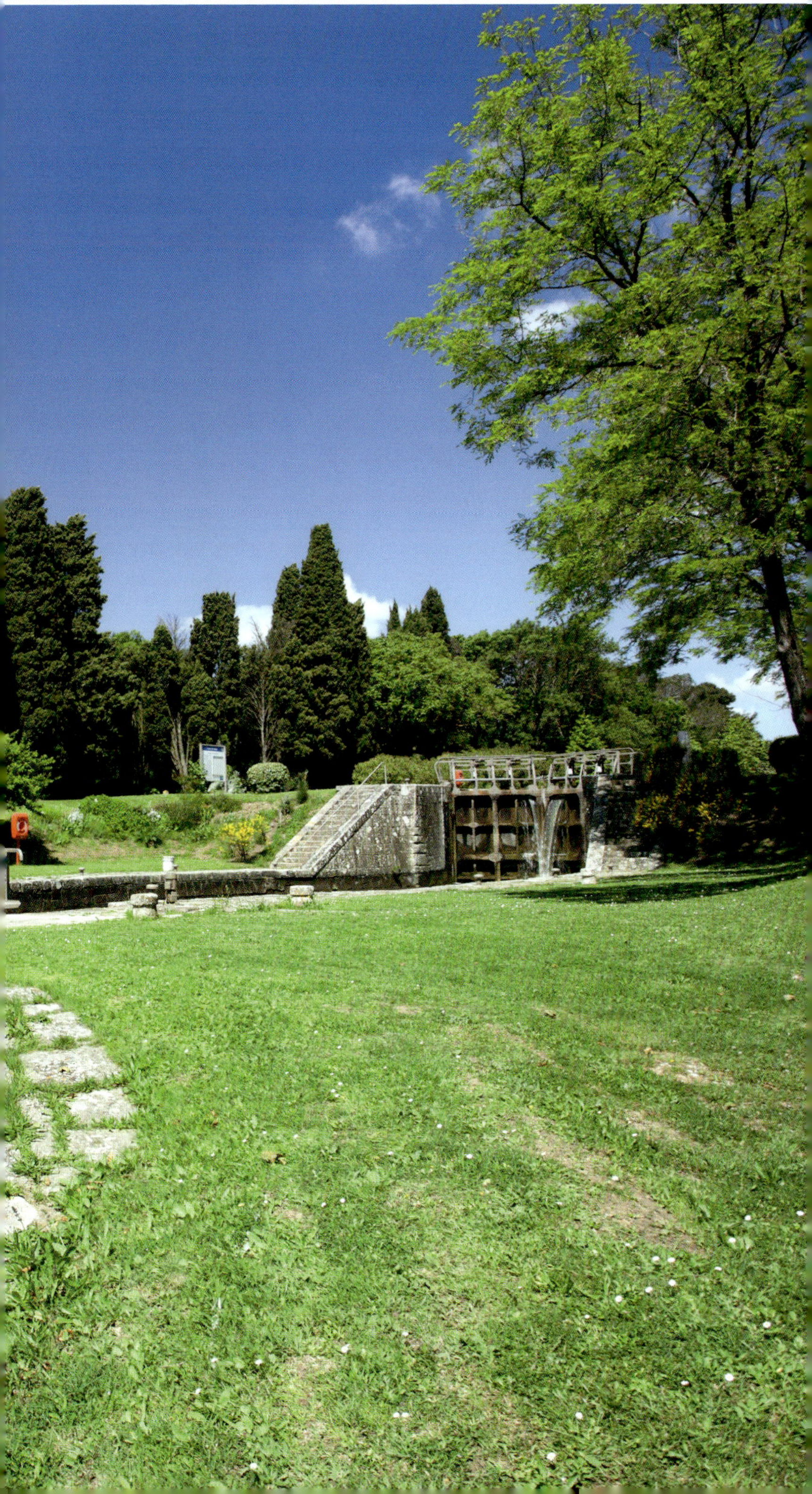

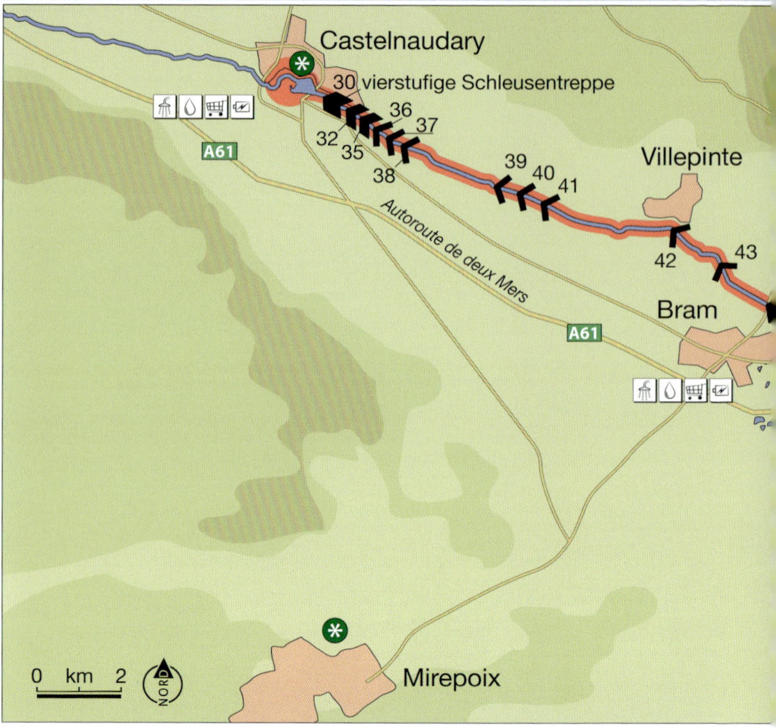

Etappe 8	
Startpunkt:	Carcassonne
Ziel:	Bram
Strecke:	24 km
Schleusen:	5 Schleusen und eine zweistufige Schleusentreppe
Fahrtzeit ohne Schleusen:	3,5 Stunden

Etappe 9	
Startpunkt:	Bram
Ziel:	Castelnaudary
Strecke:	16 km
Schleusen:	8 Schleusen, eine zweistufige, eine dreistufige und eine vierstufige Schleusentreppe
Fahrtzeit ohne Schleusen:	4 Stunden

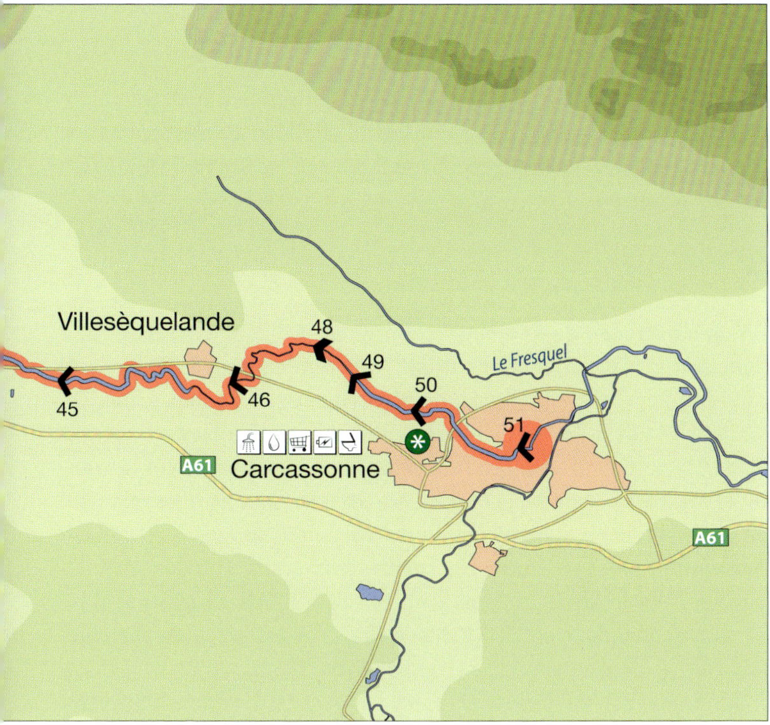

Carcassonne bis Bram

Fünf Kilometer nach dem Hafenbecken von Carcassonne kommen Sie zur Schleuse Ladouce (50) und gut einen Kilometer danach zur Schleuse Herminis (49), der sofort die zweistufige Schleusentreppe Lalande (48) folgt. Nach fünf Kilometern gelangen Sie zur Schleuse Villesèque (46) und nach weiteren acht Kilometern zur Schleuse Béteille (45). Nun folgt ein 5,5 Kilometer langer Abschnitt ohne Schleuse. Sie kommen an Bram vorbei und können bei der nächsten Schleuse, Bram (44), anlegen.

Bram bis Castelnaudary

Auf diesem 16 Kilometer langen Abschnitt müssen 17 Schleusenkammern durchquert werden. Es geht durch einfache Schleusen, aber auch durch verschiedenste Schleusentreppen. Direkt nach der Abfahrt kommen Sie zur Schleuse Sauzens (43), nach gut einem Kilometer folgt die Schleuse Villepinte (42). Nun fahren Sie knapp vier Kilometer bis zur Schleuse Tréboul (41). Ab hier geht es Schlag auf Schlag bis Castelnaudary: Schleuse Crimminelle (40), Peyruque (39), Guerre (38), Saint-Sernin (37), Guilhermin (36), die dreistufige Schleusentreppe Vivier (35), die zweistufige Schleusentreppe Gay (32) und die vierstufige Schleusentreppe Saint-Roch (30). Nach 400 Metern haben Sie es dann aber auch geschafft und kommen im Grand Bassin, dem Hafenbecken, an.

Fernab der Zivilisation

Auf den nächsten 40 Kilometern gibt es tatsächlich keine Stadt und kein Dorf direkt am Canal du Midi. Zwar wurden einige Becken und Kais angelegt, doch für das Frühstücksbaguette muss man schon ein Weilchen laufen. An der Schleuse von Bram gibt es Liegeplätze mit Strom, Wasser und anderen Annehmlichkeiten, darunter ein Restaurant. Von Carcassonne aus beträgt die Strecke rund 25 Kilometer, auf denen sich sechs Schleusenanlagen verteilen, sodass Sie, je nach Saison, mit einer Reisezeit von mindestens sechs Stunden rechnen müssen. Wem es nichts ausmacht, auf dem Kanal zu übernachten, kann eventuell noch ein Stückchen weiterfahren. Doch bedenken Sie, dass die Schleusen um 19.00 Uhr schließen.

Zur ersten Schleuse dieser Etappe, Ladouce (50), kommen Sie etwa 45 Minuten, nachdem Sie den Hafen von Carcassonne verlassen haben. Gut einen Kilometer weiter folgen die Schleuse Herminis (49) und kurz darauf die zweistufige Schleusentreppe Lalande (48). Damit haben Sie den schwierigsten Teil des Tages bereits hinter sich gebracht und können die kommenden fünf Kilometer ohne Schleusen genießen.

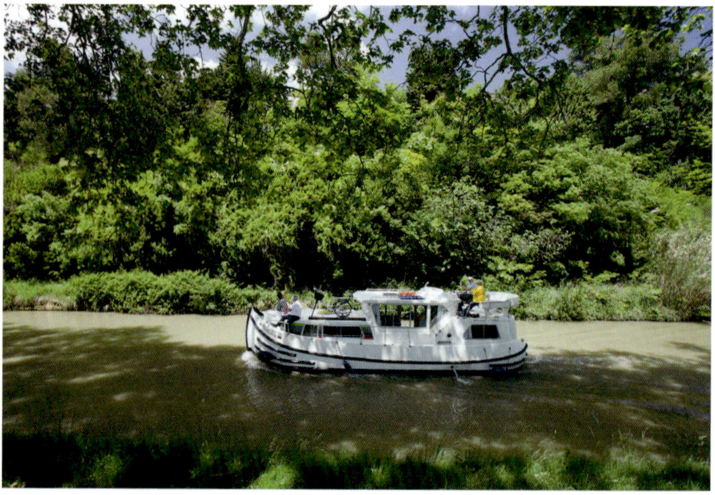

Ein beschaulicher Tag wartet auf dieser Etappe.

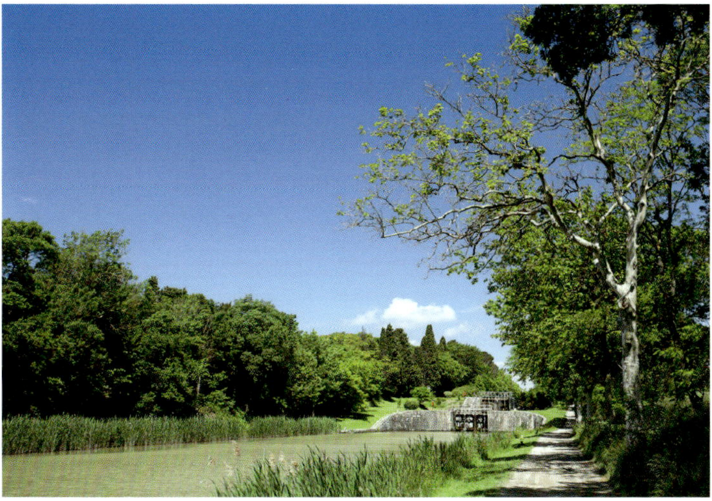

Die Schleusentreppe Lalande.

Kurz vor der Schleuse Villesèque (46) kommen Sie an der Brücke Caux-et-Sauzens vorbei, an der es auch einen Kai gibt. In der Kanalkurve stehen einige Gehöfte. Das Anlegen lohnt hier, wenn Sie Wasser brauchen, denn auf der anderen Straßenseite kann man kostenlos Wasser zapfen. Zwei Kilometer weiter fahren Sie an dem Ort Villesèquelande vorbei, der etwa 600 Meter vom Kanal entfernt liegt. Rund 800 Menschen leben hier, doch es gibt keine Infrastruktur für Bootsreisende.

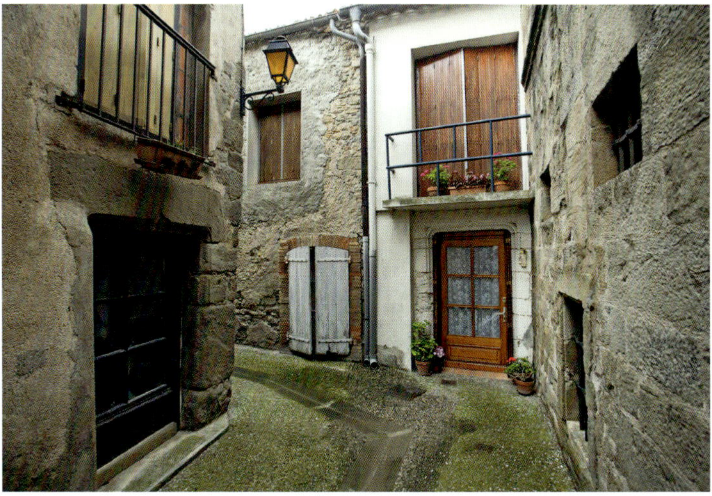

Gässchen in Villesèquelande.

Nach weiteren acht Kilometern gelangen Sie zur Schleuse Béteille (45) und danach geht es noch einmal 5,5 Kilometer schleusenlos weiter bis nach Bram. Im Ort gibt es einen Kai, rund 500 Meter weiter, an der Schleuse Bram (44) eine Charterstation, 40 Liegeplätze, Treibstoff, Wasser, Strom und Duschen, falls nötig einen Reparaturservice, Slipanlage, Kran und ein Restaurant, das einen guten Ruf genießt. Allerdings können Sie auch im Dorf essen, das rund zwei Kilometer entfernt ist.

Bram

Der Ort hat 3300 Einwohner und liegt auf einem Hügel. Entstanden ist er im 12. Jahrhundert, was sein ursprünglich kreisrundes Ortsbild, die sogenannte **Circulade**, beweist. Dabei stehen die Häuser in mehreren aufeinanderfolgenden konzentrischen Kreisen, die um die Kirche (oder ein Schloss) herum gebaut wurden. Es gibt einige Dörfer im Languedoc, die eine Circulade aufweisen. Sie sind im 11. und 12. Jahrhundert entstanden, bevor es die Ansiedlungen mit einer Burg im Zentrum gab. Der Ort hatte nur ein einziges Stadttor und war gut zu verteidigen.

Trotzdem wurde Bram 1210 von den Kreuzrittern eingenommen; es hatte sich den Karthagern angeschlossen. Die meisten Einwohner

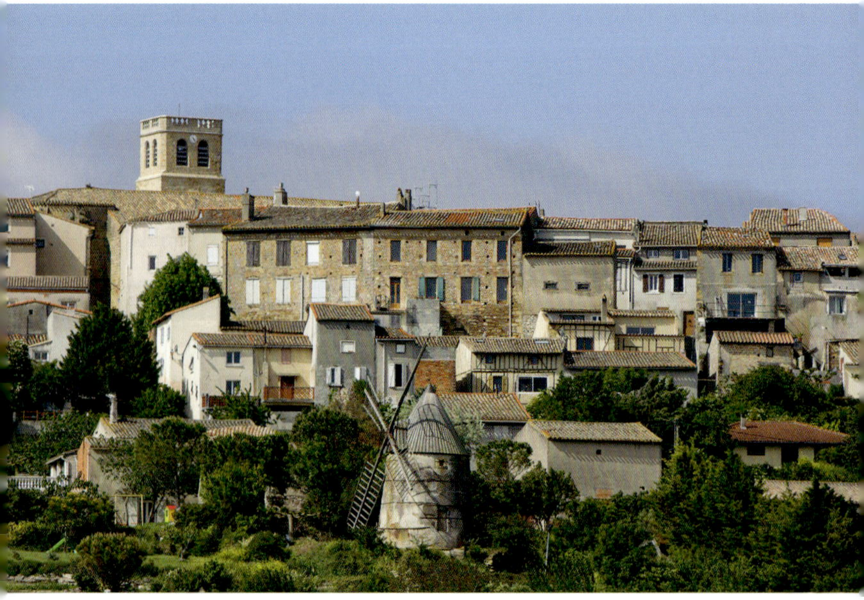

Bram.

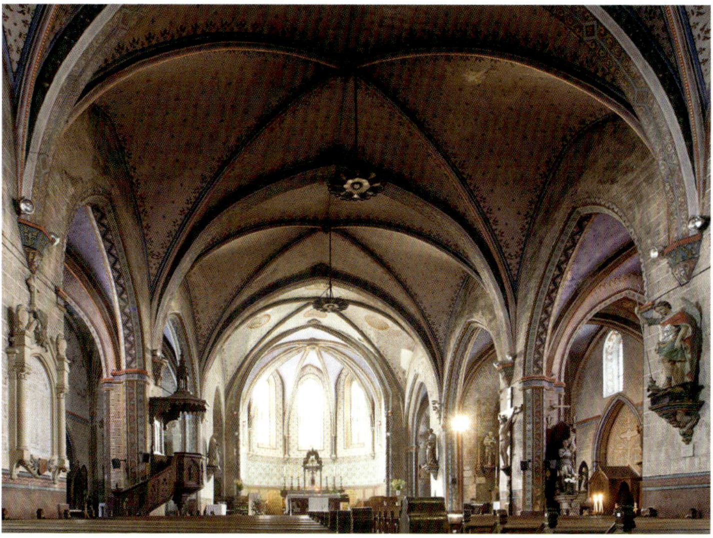

Das Innere von Saint-Julien et Sainte-Basilisse.

widerriefen und blieben unversehrt, doch 100 Menschen wurde das Gesicht verstümmelt.

Der Ort hatte bereits im Mittelalter mehr als 1000 Einwohner und zählte zu den größeren Städten. Die Menschen lebten vom Anbau und der Verarbeitung von Färberwaid, einer Pflanze, die zur Herstellung von blauem Farbstoff verwendet wurde. Ab dem 18. Jahrhundert wurde der Färberwaid jedoch durch Indigo aus Amerika ersetzt und die Bauern mussten wieder auf Getreide und Schafzucht umstellen.

Die einschiffige gotische **Kirche Saint-Julien et Sainte-Basilisse** aus dem frühen 13. Jahrhundert steht noch immer im Zentrum von Bram. Apsis und Turm stammen aus dem späten 13. Jahrhundert, das Langhaus in großen Teilen aus dem 14. Jahrhundert. Im 19. Jahrhundert wurde angebaut und die Kirche bekam eine neue Fassade. An der Kreuzung der Straßen Rue de Richelieu und Celle des Jardiniers steht die Kapelle **Chapelle de l'Assomption** aus der zweiten Hälfte des 19. Jahrhunderts im neoklassizistischen Stil. An der Rue Éponyme finden Sie die Kapelle **Chapelle Notre-Dame-de-Miséricorde** aus der gleichen Epoche, aber im neogotischen Stil. Sie hat einen Tympanon, eine Schmuckfläche unter dem Giebel, der mit einer Fensterrosette ausgefüllt ist.

Das **Museum Eburomagus** zeigt eine Vielzahl von Funden aus der Antike und dem Mittelalter. Eburomagus war der Name der römischen Siedlung, die sich einst an der Stelle des heutigen Bram befand.

Informationen

Museum

Les Essarts, Espaces Arts et Cultures
Avenue Georges Clemenceau
11150 Bram
Tel.: +33 4 68 24 40 66

Kleines, aber feines Kunstmuseum, das Mi–So von 14.00–18.00 Uhr geöffnet hat.

Eburomagus, Archäologisches Museum
2 Avenue du Razès á Bram
11150 Bram
Tel.: +33 4 68 78 91 19
Mail: contact@eburomagus.com
Web: www.eburomagus.com

Das Museum ist von Di–Sa 14.00-18.00 Uhr geöffnet, mittwochs auch vormittags, von 10.00–12.00 Uhr.

Essen und Trinken

Restaurant L'Ile aux Oiseaux
Port Bram
11150 Bram
Tel.: +33 4 68 24 53 66

Direkt am Hafen gelegen. Man bekommt hier Fisch, Meeresfrüchte, Käse der Region und Fondues für etwa 30 Euro pro Person.

Les Snackeurs
59 Avenue Général de Gaulle
11150 Bram
Tel.: +33 4 68 78 98 95
Web: les-snackeurs.eatbu.com

Hier gibt es Buns und Burger in Hülle und Fülle. Geöffnet Mo–Sa von 10.00–22.00 Uhr und So 19.00–22.00 Uhr.

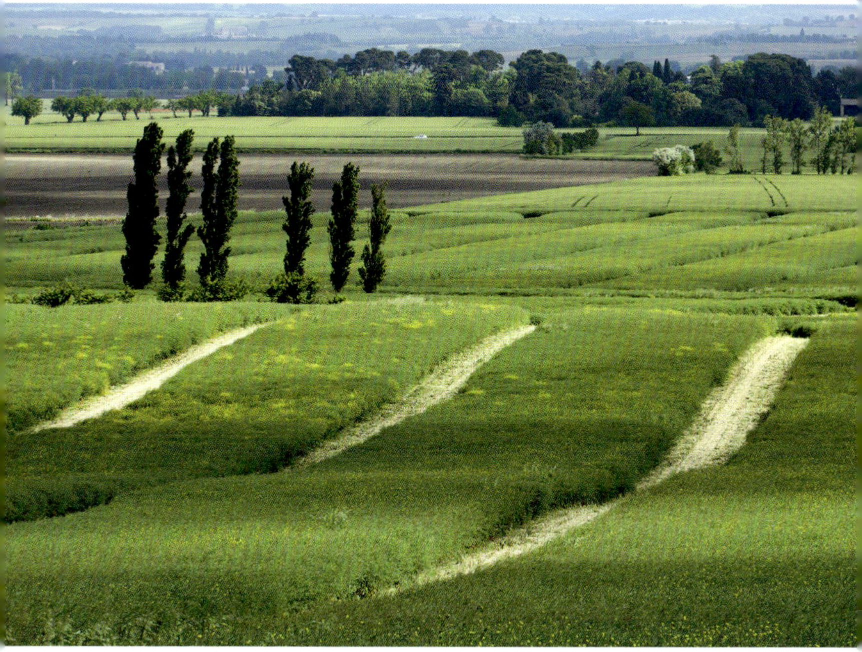

Die Landschaft um Bram ist zauberhaft und lädt zu einer Radtour nach Mirepoix geradezu ein.

Mirepoix

Etwa 25 Kilometer südlich von Bram, am Fuße der Burg Terride, liegt das malerische Städtchen Mirepoix. Das Dorf scheint auf dem Reißbrett entstanden zu sein, denn sein Straßennetz ist quadratisch. Hier stehen zwei- und dreigeschossige Fachwerkhäuser auf hölzernen Arkaden, die Couverts genannt werden. Dies betrifft nicht nur die eine oder andere Straße, sondern die komplette Innenstadt. Am zentralen Platz, der Place Général Leclerc, gibt es jede Menge Cafés. Hier steht auch das imposante Rathaus, zu erkennen an seinem gelben Anstrich und den unzähligen Holzbalken an der Fassade. Als schönstes Haus am Platze gilt das »Haus der Konsulen«, in dem heute ein Hotel mit Brasserie untergebracht ist. Es trägt die Hausnummer 6. Montags und donnerstags findet auf dem Platz der Markt statt. Im Juli wird das Mittelalterfest **Les Médiévales** gefeiert. Informationen finden Sie unter *www.tourisme-mirepoix.com*.

Die ehemalige Kathedrale von Mirepoix, die **Kirche St-Maurice**, war früher Bischofssitz. Sie wurde ab 1343 erbaut und erst 150 Jahre später, 1506, eingeweiht. Ihr Kreuzrippengewölbe stammt aus dem Jahre 1865. Das Langhaus ist mit 31,6 Metern das breiteste gotische Kirchenschiff, das jemals in Frankreich gebaut wurde. Die Kirche steht gleich hinter dem Platz Maréchal Leclerc.

Informationen

Office de Tourisme
Place Maréchal Leclerc
09500 Mirepoix
Tel.: +33 5 61 68 83 76
Mail: contact@tourisme-mirepoix.com
Web: www.tourisme-mirepoix.com

Bram bis Castelnaudary

Vom Liegeplatz an der Schleuse Bram kommen Sie nach gut drei Kilometern und zwei Schleusen an der Ortschaft Villepinte vorbei. Das Dorf hat 1300 Einwohner und liegt gut einen Kilometer vom Kanal entfernt. Mit dem Fahrrad ist es also kein Problem, sich sein Frühstück zu besorgen. Außer einem Kirchturm, der in der Geschichte des Ortes mehrmals zerstört wurde, gibt es jedoch nicht viel zu sehen.

Informationen

Essen und Trinken
Restaurant Aux Deux Acacias
23 RN 6113
11150 Villepinte
Tel.: +33 4 68 94 24 67

Täglich geöffnet. Hier gibt es regionale Küche zwischen 15 und 30 Euro pro Person.

Die Schleuse Guerre.

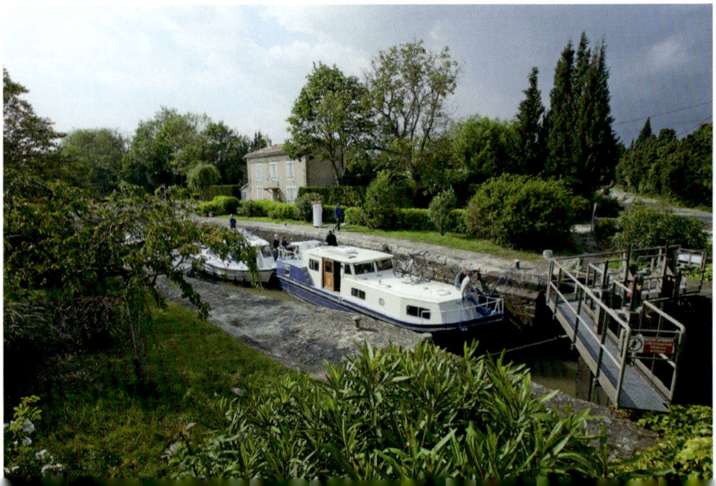

Knapp 1,5 Kilometer hinter Villepinte kommen Sie zur Schleuse Tréboul, einem recht hübschen Platz, von dem aus man weit ins Land hineinsehen kann. Die Landschaft ist auch tatsächlich sehenswert, denn nördlich des Canal du Midi liegt das Schwarze Gebirge, Montagne Noir, dessen Bäche das Wasser für den Kanal liefern.

Bis zum Etappenziel sind es nun nur noch 11 Kilometer, doch die haben es in sich. Acht Schleusen, darunter einige mit Mehrfachkammern, müssen Sie noch hinter sich bringen, um die rund 40 Meter Höhenunterschied zu Castelnaudary zu überwinden. Ratsam ist es, die Mittagspause vor einer Schleuse zu verbringen, dann verlieren Sie keine Zeit. Vor allem in der Hochsaison warten die Schleusenwärter, bis sie vier bis fünf Boote beisammen haben. Per Telefon wird dann von Schleuse zu Schleuse gemeldet, wie viele Boote unterwegs sind. Es ist also gut möglich, dass Sie erwartet werden. Falls Sie eine längere Pause planen, informieren Sie bitte Ihren Schleusenwärter.

Castelnaudary

Nachdem Sie die Schleusentreppe von Saint-Roch erklommen haben, fahren Sie in das große Becken von Castelnaudary ein, von wo aus Sie einen grandiosen Blick auf die Stadt haben. Es ist der größte Hafen am Kanal; er wurde im Jahre 1681 eingeweiht.

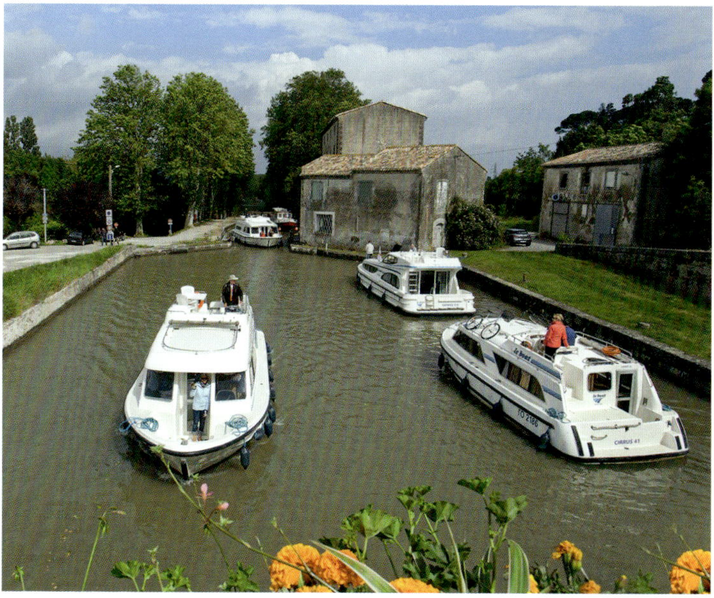

An der Schleuse Saint-Roch.

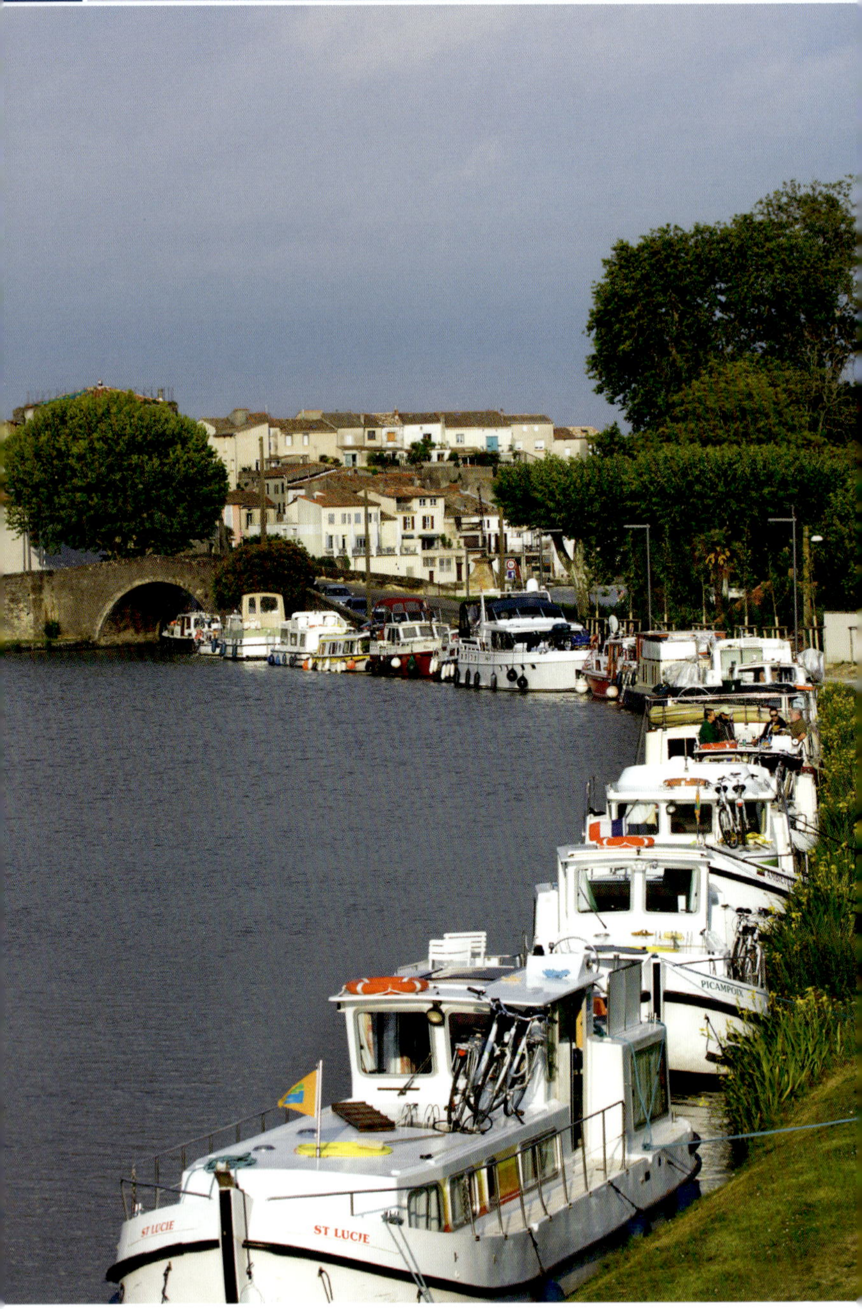

Castelnaudary.

Die zentrale Lage und der große Hafen machten Castelnaudary zum wichtigsten Handelszentrum am Canal du Midi. Heute ist es dagegen ein Mekka des Segelsports. Tagsüber sind zahlreiche Segelschüler auf dem Bassin unterwegs. In seiner Mitte wurde eine Insel angelegt, die als Windbrecher fungiert. Falls Sie auf dem Weg exerzierende Soldaten gesehen haben, so gehörten diese zur Fremdenlegion und absolvieren in Castelnaudary ihre Ausbildung.

Der Ortsname wird 1103 erstmals erwähnt und 1110 auch die dazugehörige Burg. Die Siedlung wurde um die Burg herum gebaut und wuchs recht schnell. Im 12. Jahrhundert war Castelnaudary einer der wichtigsten Orte der Katharer und wurde im Zuge der Kreuzzüge 1229 zerstört. Danach wurde die Stadt wieder aufgebaut, und bis zum 14. Jahrhundert errichtete man eine Stadtmauer, die die Vororte mit einfasste. 1366, während des Hundertjährigen Krieges, wurde die Stadt erneut zerstört.

Castelnaudary bestand trotz all dieser Schicksalsschläge fort. Der Canal du Midi brachte großen Reichtum und am Ende des 17. Jahrhunderts hatte die Stadt bereits über 5000 Einwohner. Neben dem Handel wurde eine Werft betrieben und auch die Hotellerie hatte sich schnell zu einem wirtschaftlichen Faktor entwickelt. In den zahlreichen Mühlen in und um Castelnaudary wurden große Mengen Korn gemahlen, es gab viele Töpfereien und Ziegeleien.

Die Stadt hat heute rund 12 000 Einwohner, von denen viele im Tourismus tätig sind. 120 000 Besucher kommen jährlich in die Stadt. In der Hauptstadt des Cassoulet, dem bekanntesten Gericht der Region, laufen täglich 170 000 Dosen Eintopf vom Band. Damit ist dieser Wirtschaftszweig neben dem Tourismus der wichtigste.

Exkurs

Cassoulet ist ein Eintopf, der seinen Namen der Tonschale verdankt, in der er zubereitet wird. Er besteht aus weißen Bohnen, Speck, gepökeltem Schweinefleisch und Würstchen. Es können auch Lamm, Gans oder Ente hinzugegeben werden. Möhren, Sellerie und Tomaten sowie Weißwein dürfen nicht fehlen. Gewürzt wird mit Salz, Pfeffer, Lorbeer, Knoblauch, Zwiebeln und Thymian.

Bohnen und Fleisch werden gekocht und dann im Backofen über mehrere Stunden fertig gegart. Die beim Backen entstehende Kruste wird immer wieder untergerührt. Ein gutes Cassoulet sollte traditionsgemäß sieben Krusten haben.

Wer möchte, kann das Gericht in einfacher Form auch selbst zubereiten. Das geht sogar in der Kombüse:

Zutaten für sechs Personen

- 1 Gemüsezwiebel
- 3 Möhren
- 3 Stangen Staudensellerie
- 2 kleine Dosen weiße Bohnen
- 200 g durchwachsener Speck am Stück
- 1 kg Kasseler Nacken ohne Knochen
- 4–8 El Olivenöl
- 1 große Dose geschälte Tomaten
- 10 Stiele Thymian
- 100 ml Weißwein
- Pfeffer
- 1 Knoblauchzehe
- 100 g Semmelbrösel
- 2 EL weiche Butter
- Salz

Zubereitung

Zwiebel würfeln, Möhren schälen und in Scheiben schneiden, Staudensellerie putzen und in Scheiben schneiden. Bohnen abgießen und gut abtropfen lassen. Speck in 0,5 cm dicke Stücke schneiden. Kasseler Nacken 3 cm groß würfeln.

4 EL Olivenöl in einem Bräter erhitzen. Speck und Kasseler darin rundherum anbraten, Zwiebeln und Gemüse zugeben und mitbraten. Tomaten, Bohnen und 5 Stiele Thymian zugeben und alles mit Weißwein auffüllen. Mit Pfeffer würzen. Im heißen Ofen bei 200 Grad auf dem Rost auf der mittleren Schiene 45 min schmoren (keine Umluft).

Knoblauch und die Blättchen vom übrigen Thymian hacken, mit Semmelbröseln und Butter mischen. Cassoulet abschmecken und eventuell nachwürzen. Brösel darauf verteilen und 10 min goldbraun überbacken. Nach Belieben mit etwas Olivenöl beträufelt servieren.

Die ehemalige **Stiftskirche Saint-Michel** stammt aus dem 14. Jahrhundert. Sie wurde anstelle der zerstörten Vorgängerin errichtet. Sie besitzt sowohl ein gotisches als auch ein Renaissance-Portal und mehrere Fensterrosen. Ihr Glockenturm ist 56 Meter hoch und hat einen Straßendurchlass.

Anstelle der zerstörten Burg wurde am Ende des 16. Jahrhunderts das Gerichtsgebäude **Le Presidial** erbaut. Es zählt zu den imposantesten Gebäuden der Stadt. Heute ist hier ein Museum untergebracht.

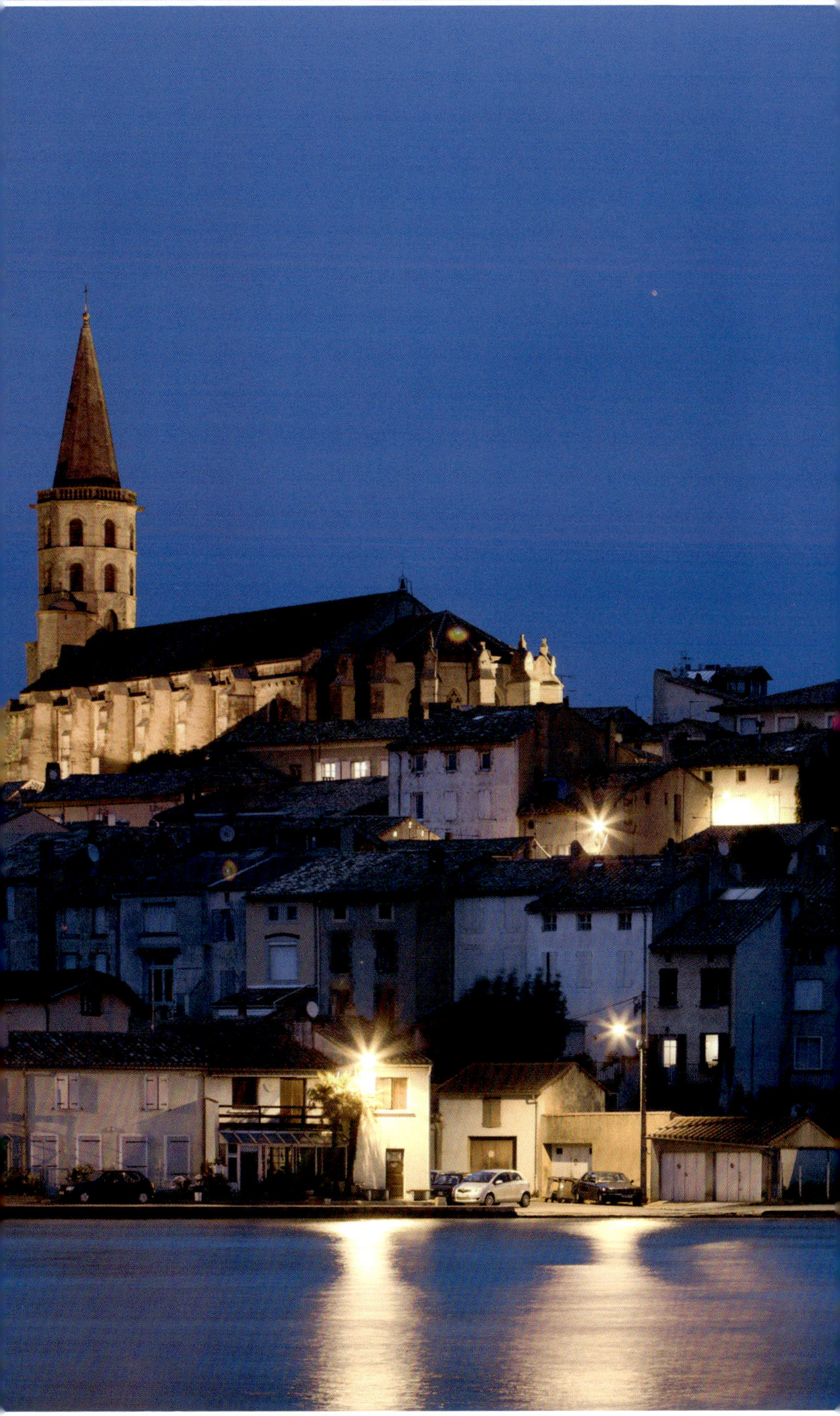

Saint-Michel ragt nachts unter eindrucksvoller Beleuchtung in den Himmel.

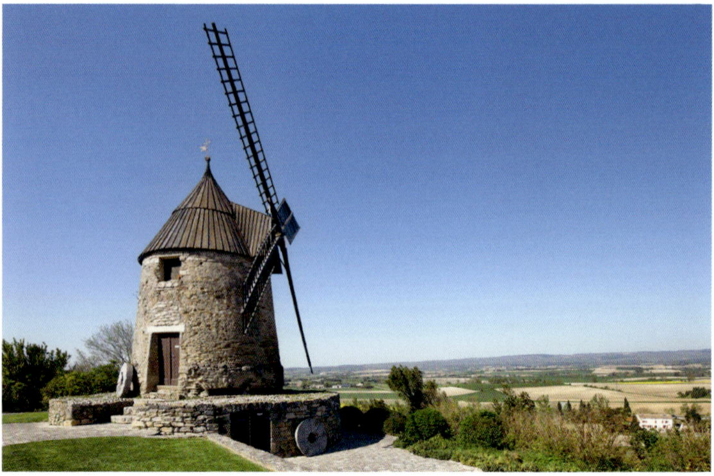

Moulin de Cugarel.

Die Mühle **Moulin de Cugarel** stammt aus dem 17. Jahrhundert und wurde bereits 1962 restauriert. Sie steht auf dem Pech-Hügel, einer Anhöhe bei der Stadt, von wo aus sich ein sehr schöner Blick über die Ebene bietet.

Informationen

Office de Tourisme
Place de la République
11400 Castelnaudary
Tel.: +33 4 68 23 05 73
Mail: über die Website
Web: www.castelnaudary-tourisme.com

Das Büro ist im Sommer täglich geöffnet von 9.30–13.00 Uhr und 14.00–18.30 Uhr.

Museum
Musée du Lauragais
Rampe du Présidial
11491 Castelnaudary
Tel.: +33 4 68 23 00 42

Das Heimatmuseum genießt einen sehr guten Ruf. Es ist ganzjährig geöffnet Di–So 14.30–18.00 Uhr, Mo geschlossen. Der Eintrittspreis beträgt 3 Euro für Erwachsene, reduziert 2 Euro.

Essen und Trinken

Restaurant Maison du Cassoulet
24 Cours de la République
11400 Castelnaudary
Tel.: +33 4 68 23 27 23
Mail: über die Website
Web: www.maisonducassoulet.com

Das Restaurant gehört zu einer Kette, die traditionelle französische Küche anbieten. Tagesgerichte gibt es ab 11,50 Euro, Cassoulet für etwa 20 Euro. Das Restaurant ist täglich geöffnet von 12.00–14.00 Uhr und 19.30–21.30 Uhr. Tipp: Hier gibt es hausgemachte Cassoulet auch in Dosen.

Ausflugstipp Töpferei

Poterie Not Frère
1851 Route de Labastide
11400 Mas-Saintes-Puelles
Tel.: +33 4 68 23 17 01

Eine der letzten Töpfereien der Umgebung. Sie liegt drei Kilometer von Castelnaudary entfernt und kann von Mo–Fr von 8.00–12.00 Uhr und 14.00–18.00 Uhr besucht werden. Im April, Mai und Juni von Mo–Sa von 8.00–12.00 Uhr und 14.30–18.00 Uhr sowie So von 14.30–18.00 Uhr. Betriebsferien im August. Hier gibt es traditionelle Töpferwaren, natürlich auch die Casserol zur Zubereitung der Cassoulet.

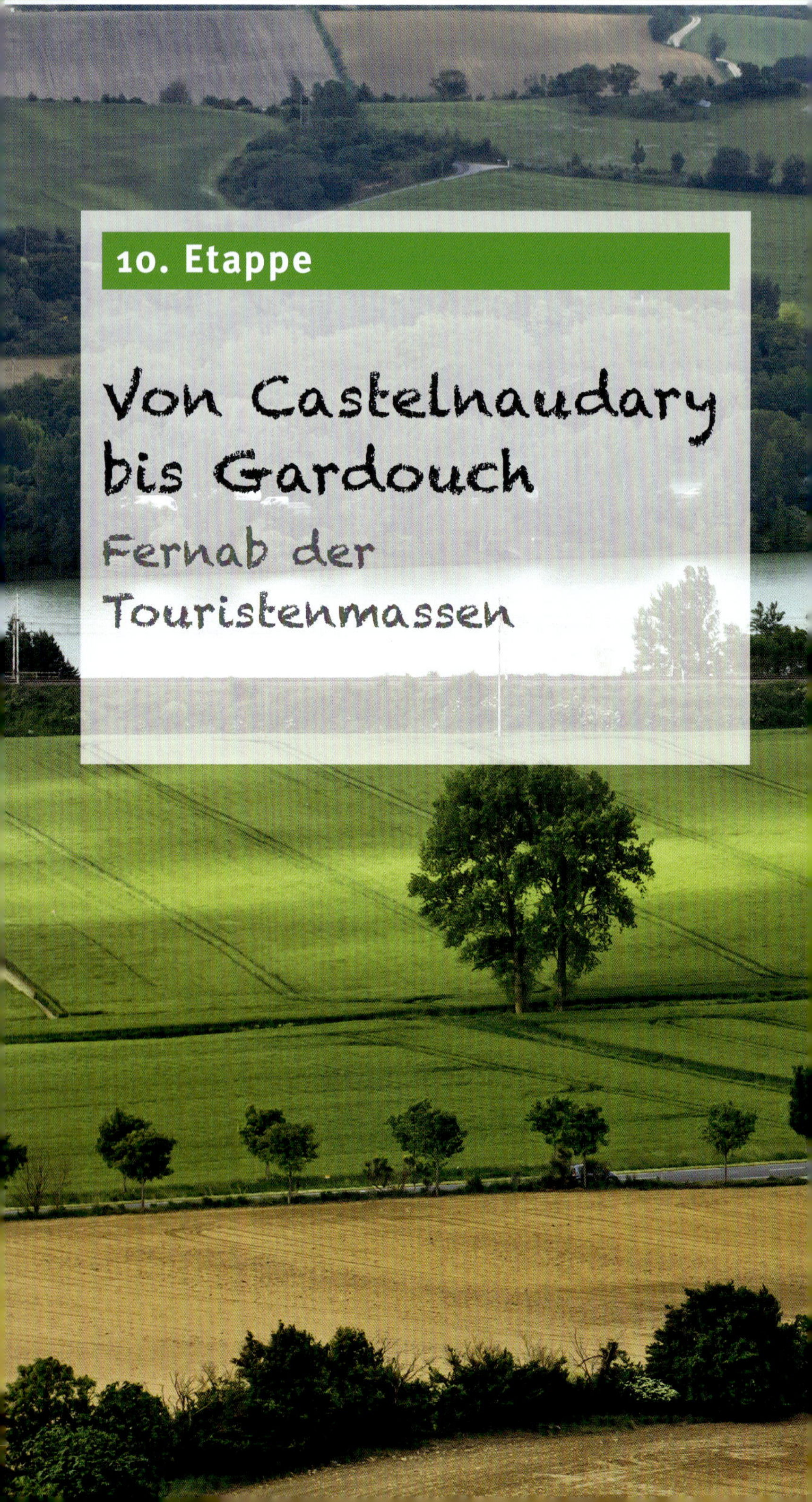

10. Etappe

Von Castelnaudary bis Gardouch

Fernab der Touristenmassen

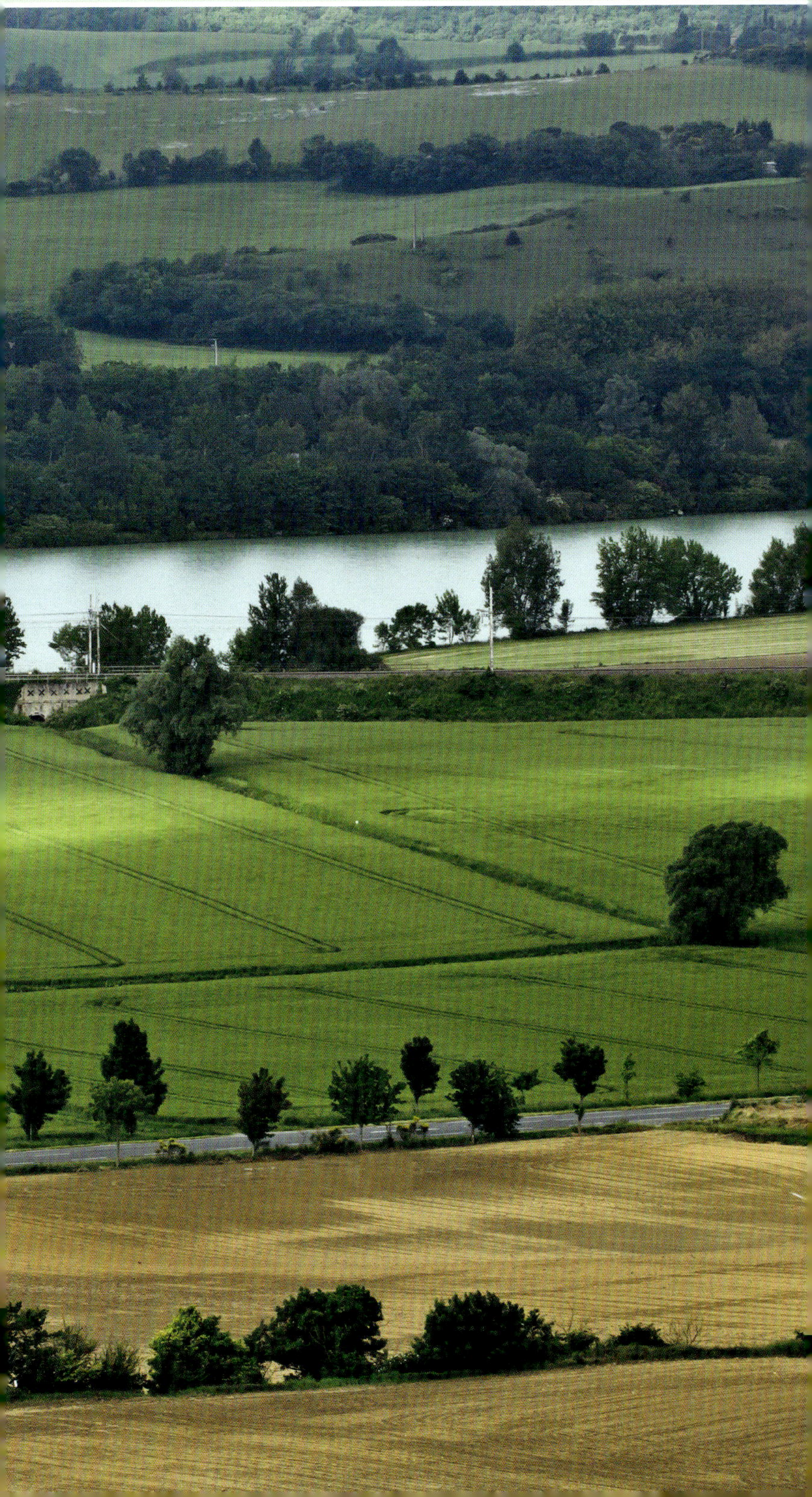

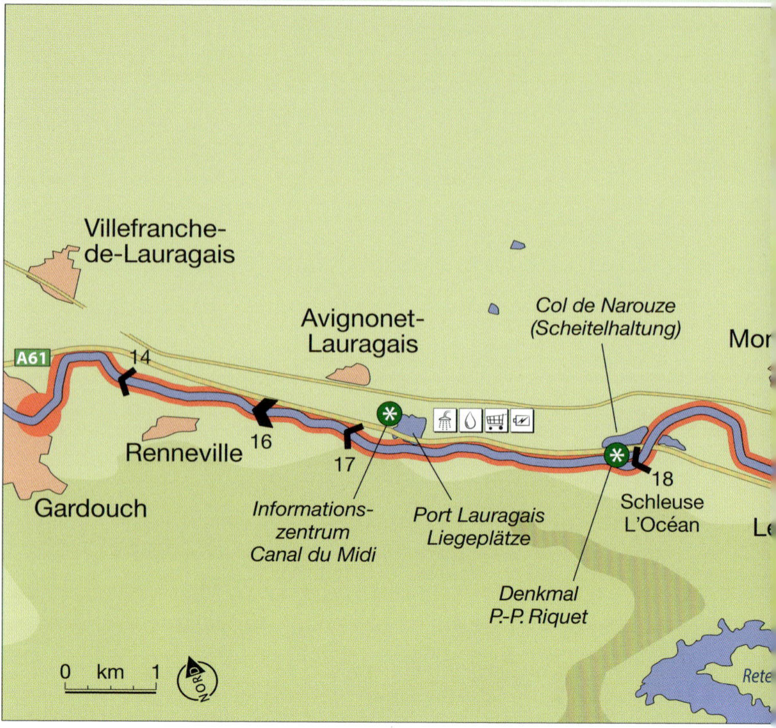

Startpunkt:	Castelnaudary
Ziel:	Gardouch
Strecke:	24 km
Schleusen:	6 Schleusen, 2 zweistufige und eine dreistufige Schleusentreppe
Fahrtzeit ohne Schleusen:	3,5 Stunden
Zwischenstopps:	Schleuse L'Océan mit dem Denkmal für Pierre-Paul Riquet, Port Lauragais mit Informationszentrum zum Canal du Midi, Revel

Vom Grand Bassin in Castelnaudary aus fahren Sie vier Kilometer weit bis zur ersten Schleuse der Etappe, Laplanque (26). 800 Meter weiter folgt die Schleuse Domergue (25) und nach einem Kilometer die dreistufige Schleusentreppe Laurens (24). Wiederum nach einem Kilometer kommen Sie zur zweistufigen Schleusentreppe Roc (21) und nach 900 Metern zur Schleuse Méditerranée (19). Nach fünf Kilometern treffen Sie auf die Schleuse L'Océan (18), nach weiteren vier Kilometern folgt die Schleuse Emborrel (17). Nur 600 Meter danach fahren Sie in die zweistufige Schleusentreppe Encassan (16) ein und 900 Me-

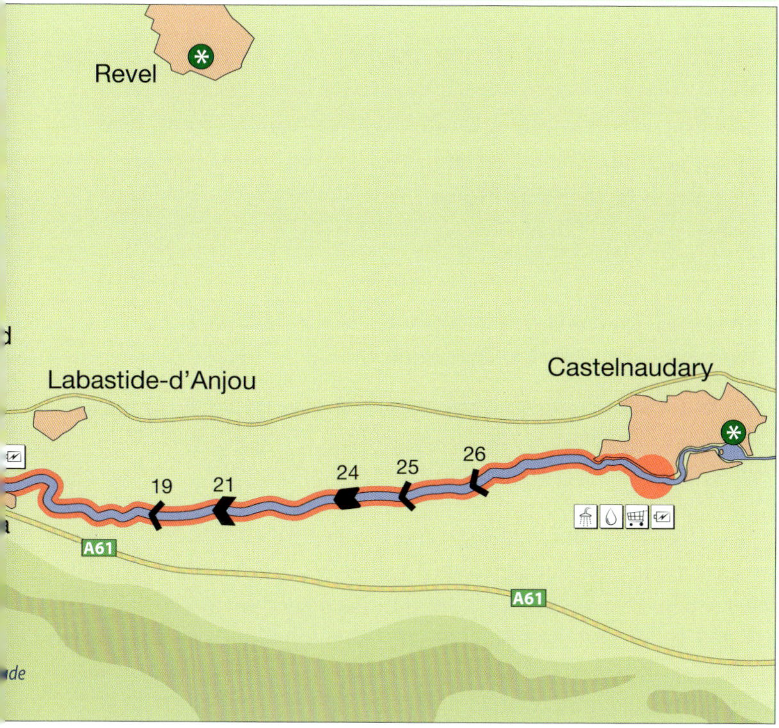

ter danach kommen Sie zur letzten Schleuse auf dieser Etappe, Renneville (14).

Der Start in ruhigere Gewässer

Ab Castelnaudary Richtung Toulouse gibt es nicht mehr sehr viele Hausbootreisende. Die meisten drehen im Grand Bassin um und fahren zurück. Das bedeutet, man kommt auch in der Hochsaison zügiger voran. Allerdings müssen diverse Schleusen überwunden werden. Sie sind nun kurz vor der Scheitelhaltung (Col de Narouze), dem höchstgelegenen Abschnitt des Kanals, das heißt, es geht noch einige Meter weit hinauf. Zunächst fahren Sie vier Kilometer bis zur Schleuse Laplanque (26). 800 Meter weiter folgt die Schleuse Domergue (25) und nach einem Kilometer die dreistufige Schleusentreppe Laurens (24). Wiederum nach einem Kilometer kommen Sie zur zweistufigen Schleusentreppe Roc (21) und nach 900 Metern zur Schleuse Méditerranée (19). Hier beginnt die Scheitelhaltung.

Am südlichen Ufer liegt die kleine Ortschaft Le Ségala mit einem kleinen Hafen und einer Charterbasis. Es gibt hier Strom, Wasser und acht Liegeplätze. Früher einmal war der Hafen als Umschlagplatz für Getreide bekannt, heute legen hier hauptsächlich Yachten an.

Informationen

Essen und Trinken

Restaurant Le Relais de Riquet
12 Esplanade du Canal
11320 Labastide d'Anjou
Tel.: +33 4 68 60 16 87
Mail: über die Website
Web: www.restaurantlerelaisderiquet.fr

Ein kleines Landrestaurant mit heimischer Küche, das am Montag und Dienstag allerdings geschlossen ist.

Am nördlichen Ufer liegt das 1000-Seelen-Dorf Labastide-d'Anjou, weniger als einen Kilometer vom Kanal entfernt. Ein ruhiger Ort, der noch einige alte Bausubstanz besitzt. Nach zwei Kilometern haben Sie das Ende (bzw. den Anfang) der Scheitelhaltung, die Schleuse Océan (18), erreicht. Durch den Betrieb der Schleusen und weil Wasser nach unten fließt, fehlt an der höchsten Stelle immer etwas Wasser. Bei modernen Kanälen wird dies durch Pumpen aufgefüllt, bei alten Kanälen muss Wasser aus der Umgebung eingeleitet werden. Das Wasser kommt hier aus dem Schwarzen Gebirge, wird im Staudamm Saint Ferréol bei RévVille gesammelt und weiter in den Kanal geleitet.

Oberhalb der Schleuse befindet sich unter alten Bäumen ein Liegeplatz. Von hier aus kann man die gesamte Anlage wunderbar überblicken und es ist auch nicht weit zu dem Obelisken mit der Gedenktafel für Pierre-Paul Riquet ✻. Folgen Sie dem Chemin de l'Obélisque.

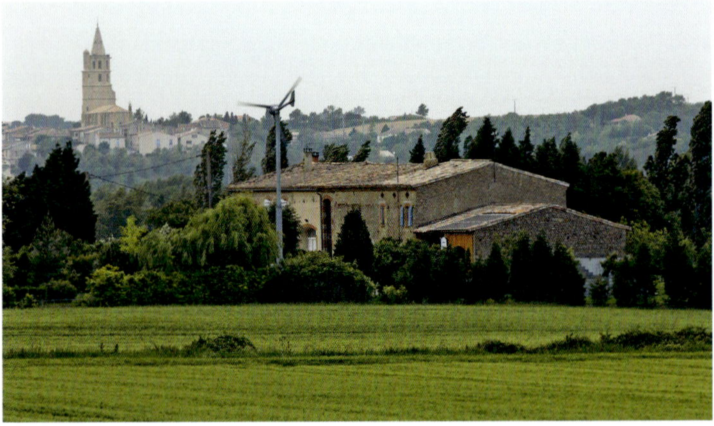

Labastide-d'Anjou.

Ausflug nach Revel

Die Stadt liegt etwa 12 Kilometer nördlich von Labastide-d'Anjou. Der Ort wurde 1342 von König Philipp VI. als Festung gegründet, denn immer wieder wurden die Bauern Opfer von Raubüberfällen. Einige Dörfer wurden eingemeindet und innerhalb weniger Jahre hatte der Ort 3000 Einwohner. Die Hälfte fiel jedoch der Pest zum Opfer.

Im 15. und 16. Jahrhundert blühte die Wirtschaft durch den Anbau und die Verarbeitung von Färberwaid auf. Wie die meisten Orte der Region wurde auch Revel mehrmals erobert und hatte unterschiedliche Herren. Wegen der Religionskriege flohen viele wohlhabende Einwohner und der Ort verarmte. Seit Mitte des 19. Jahrhunderts ist Revel bekannt für seine Möbelindustrie. Heute hat die Stadt 10 000 Einwohner.

Der Ortskern ist noch erhalten, die Straßen sind rechtwinklig angelegt und gehen von der alten Markthalle im Zentrum aus. Die Halle besitzt einen Glockenturm und ist das Wahrzeichen der Stadt. Jeden Samstagvormittag findet hier ein **Markt** statt, der zu den schönsten in ganz Frankreich gezählt wird.

Zu Revel gehört der **Lac Saint Ferréol**, den Riquet als Sammelbecken für das Wasser aus dem Schwarzen Gebirge anlegen ließ. Er war damals der größte Stausee der Welt und ist heute ein sehr beliebter Freizeit- und Urlaubsort. Am See und in der Stadt gibt es viele touristische Angebote.

Informationen

Bureau d'Information Touristique de Revel
Place Philippe VI de Valois
31250 Revel
Tel.: +33 5 34 66 67 68
Mail: über die Website
Web: www.auxsourcesducanaldumidi.com

Mo–Sa geöffnet, während der Saison auch am So.

Zum Etappenziel Gardouch

Nur etwa 1,5 Kilometer nach der Schleuse L'Océan (18) kommen Sie zum Hafen Port Lauragais. Hier gibt es zwölf Liegeplätze, Strom, Wasser, eine Slipanlage und ein Restaurant.

Im Hafen finden Sie auch das **Informationszentrum,** das auf einer künstlich angelegten Halbinsel liegt. Hier erfahren Sie alles über den

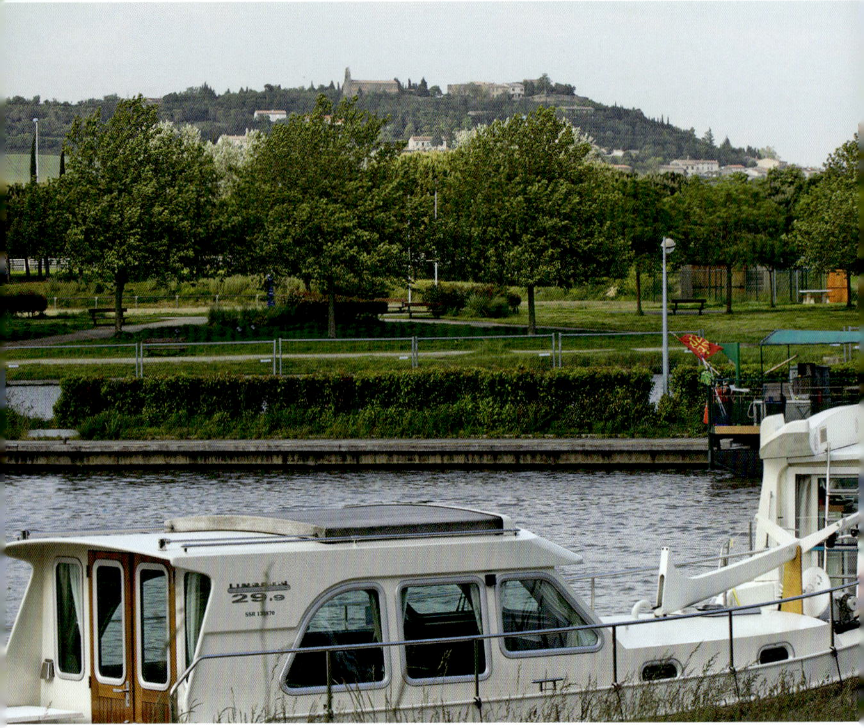

Port Lauragais.

Canal du Midi und seinen Erbauer, aber auch wie sich das Leben am und mit dem Kanal durch die Jahrhunderte gestaltet hat. Zum Komplex gehören eine Autobahnraststätte, ein Hotel und ein Rugby-Museum.

Auf dem Kanal fahren Sie weitere 2,5 Kilometer bis zur Schleuse Emborrel (17). 1500 Meter davon entfernt liegt das Dorf Avignonet-Lauragais. Hier leben 1400 Menschen, sodass alles Notwendige für den täglichen Bedarf erhältlich ist. Die Ortschaften im Einzugsgebiet von Toulouse sind sehr beliebt, da die Wohnungen deutlich günstiger zu haben sind als in der Großstadt.

Es geht nach nur 600 Metern in die zweistufige Schleusentreppe Encassan (16) und 900 Meter danach kommen Sie zur letzten Schleuse dieser Etappe, Renneville (14). Der Ort liegt 400 Meter vom Kanal entfernt, es gibt keine Restaurants. Sie können hier anlegen oder aber Sie fahren noch vier Kilometer weiter zum Kai von Gardouch, wo Sie anlegen können. Hier gibt es Wasser, Strom und Entsorgungseinrichtungen. Der Ort liegt 600 Meter vom Kai, es gibt zwei Restaurants. Villefranche-de-Lauragais finden Sie auf der anderen Kanalseite, etwa zwei Kilometer im Landesinnern.

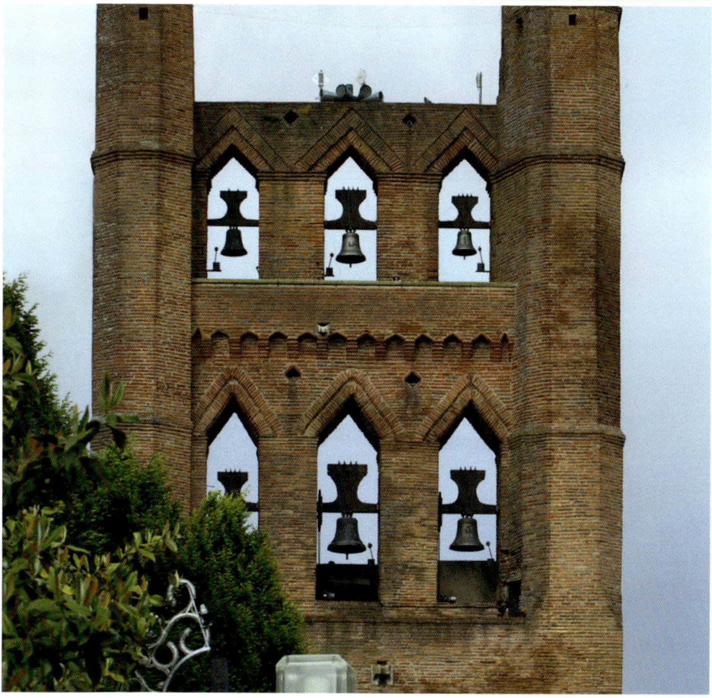

Der Glockenturm in Villefranche-de-Lauragais ist typisch für die Region.

Informationen

Essen und Trinken

Restaurant Le Gardouch
33 Rue de la République
31290 Gardouch
Tel.: + 33 5 32 59 03 35
Web: www.facebook.com/legardouch

Täglich außer montags geöffnet, Sa und So ab 8.00 Uhr, Di–Fr 7.00–23.00 Uhr. Hier gibt es außer Speisen und Getränken auch Musik und Tanz!

Restaurant-Café L´Estanquet Canal du Midi
Écluse de Gardouch
31290 Gardouch
Tel.: +33 9 52 89 38 73
Mail: contact@lestanquet-canaldumidi.fr
Web: www.facebook.com/estanquet.gardouch/

Das Restaurant wurde 2016 direkt in der Schleuse von Gardouch eröffnet. Es hat täglich außer montags ab 9.00 Uhr geöffnet.

11. Etappe

Ankunft in Toulouse

Höhepunkt für jeden Kanal-Kapitän

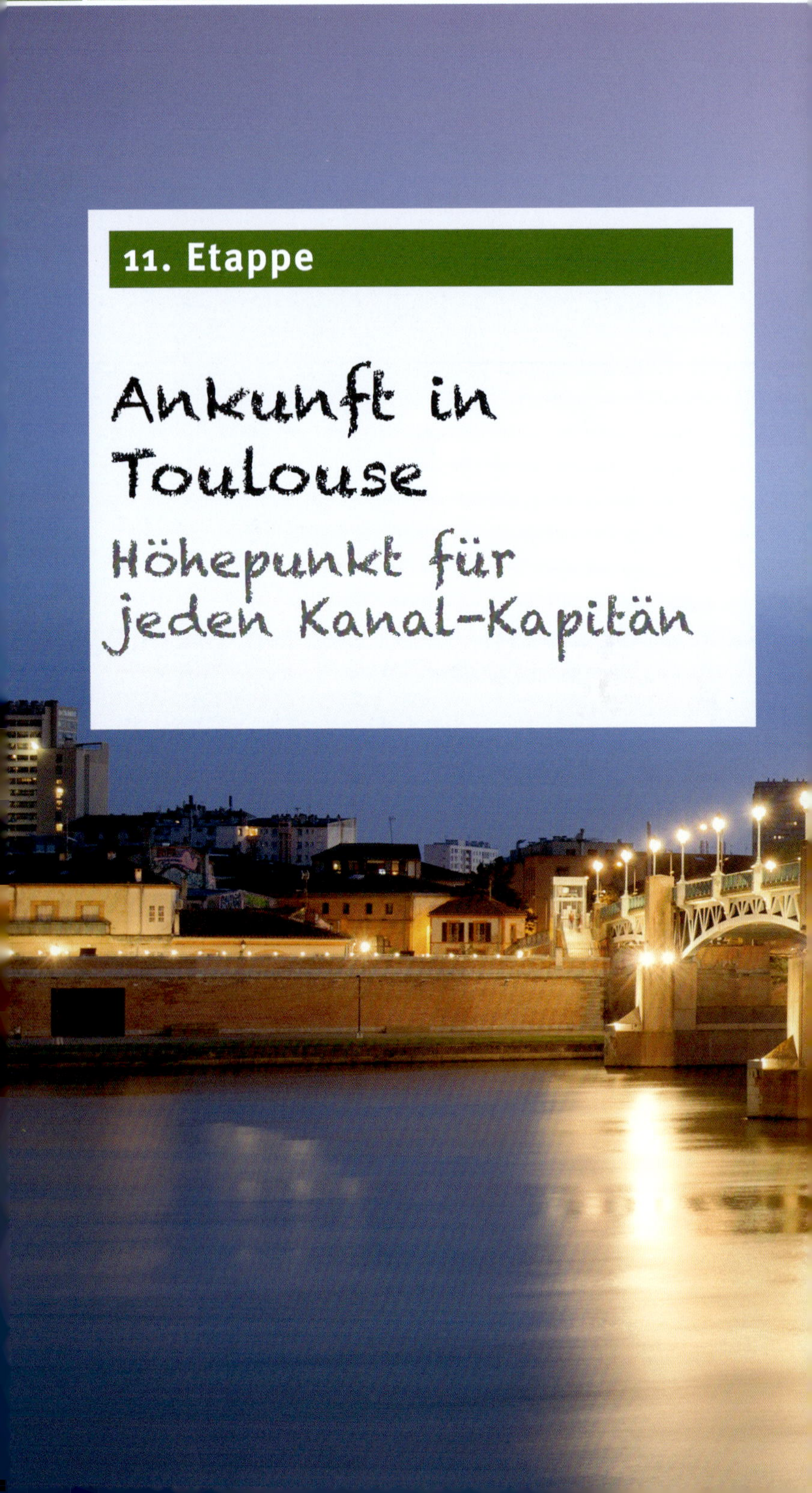

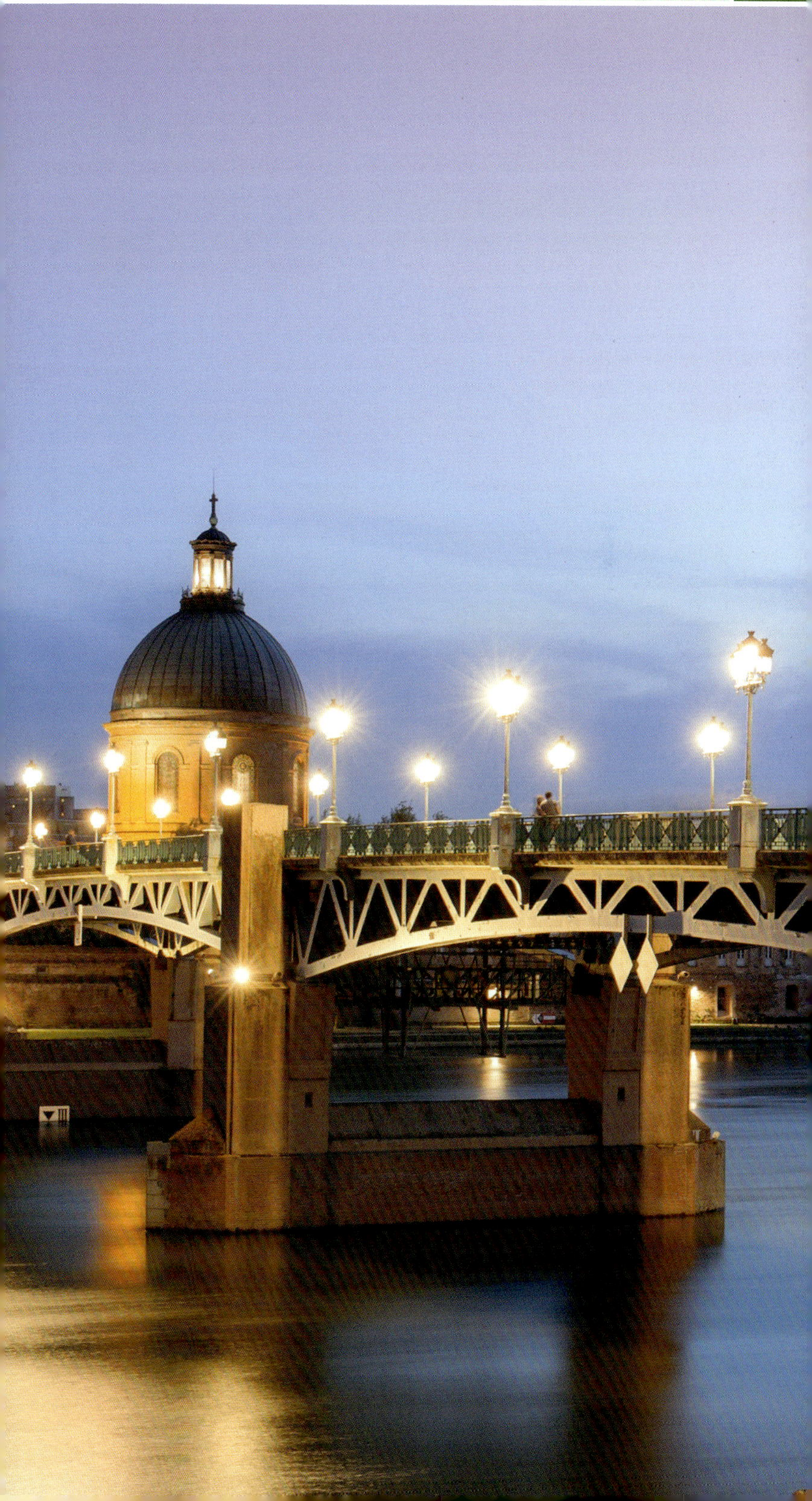

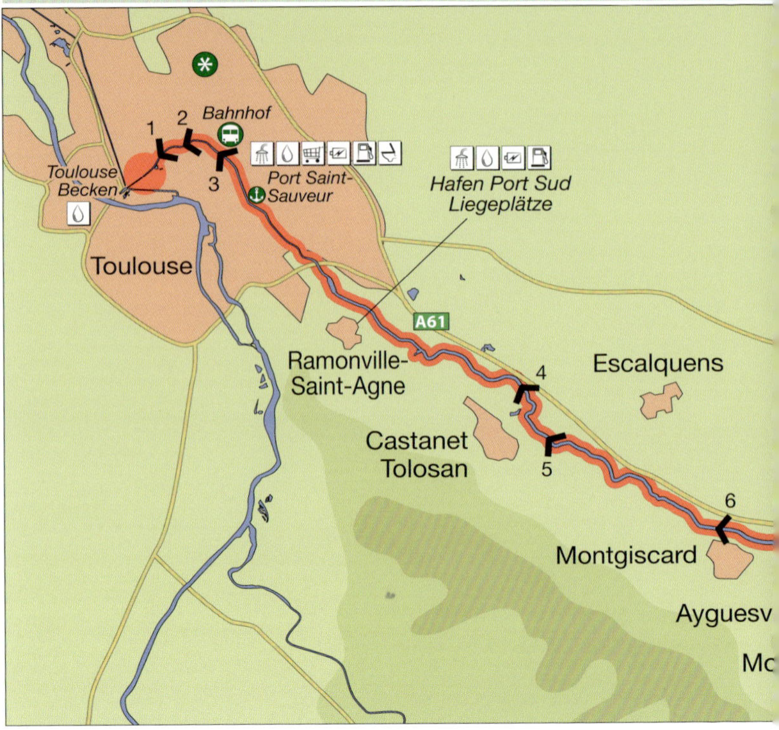

Startpunkt:	Gardouch
Ziel:	Toulouse
Strecke:	34 km
Schleusen:	6 Schleusen und 2 zweistufige Schleusentreppen
Fahrtzeit ohne Schleusen:	5 Stunden
Zwischenstopps:	keine

Sie starten an der Schleuse Gardouch (13), nach einem Kilometer kommt schon die zweistufige Schleusentreppe Laval (12) und nach gut vier Kilometern die Schleuse Négra (10). Sie fahren weitere vier Kilometer bis zur zweistufigen Schleusentreppe Sanglier (9), nach 1,5 Kilometern kommen Sie zu einer tiefen Schleuse, Ayguesvives (7). Eine weitere tiefe Schleuse ist Montgiscard (6) nach weiteren drei Kilometern. Nun fahren Sie sieben Kilometer schleusenfrei bis zur Schleuse Vic (5) und nach knapp zwei Kilometern zur letzten, einer tiefen Schleuse, Catanet (4). Jetzt haben Sie freie Fahrt bis zum Ende der Tour im Hafen Port Saint-Sauveur in Toulouse.

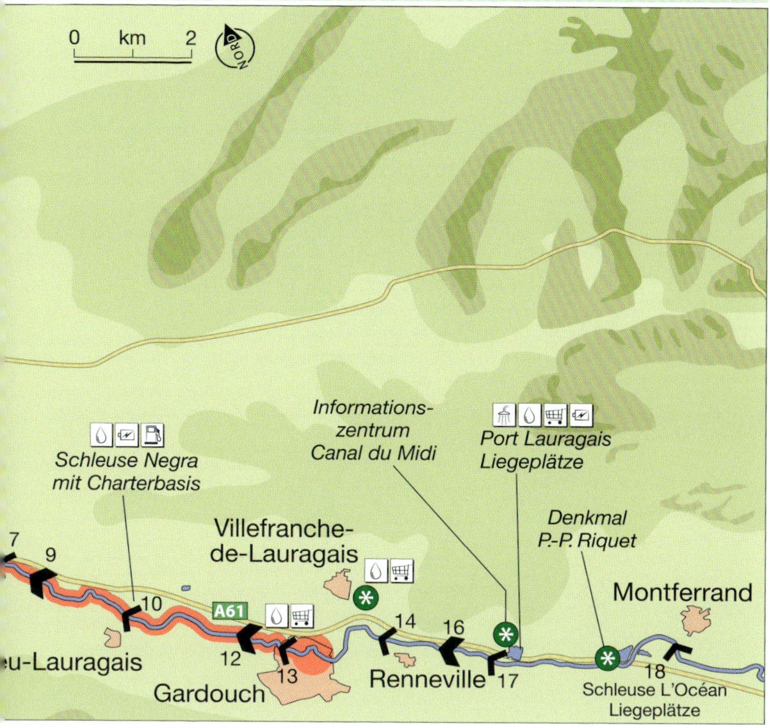

Montesquieu-Lauragais

Direkt am Kai liegt auch die Schleuse Gardouch (13). Gut einen Kilometer danach kommen Sie zur zweistufigen Schleusentreppe Laval (12) und nach weiteren vier Kilometern zur Schleuse Négra (10). Hier gibt es eine Charterbasis, Strom, Wasser und Duschen.

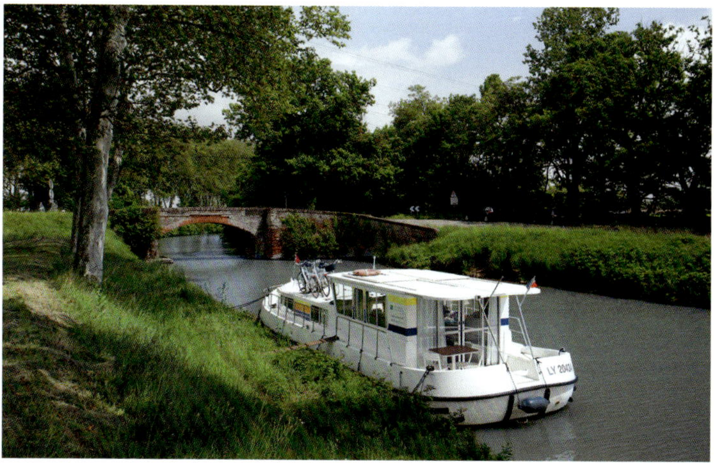

Bei der Schleuse Négra.

Der Ort liegt einen Kilometer von der Schleuse entfernt. Er blickt auf eine 2000-jährige Geschichte zurück und hat heute 1000 Einwohner. Der Ortskern ist mittelalterlich, wobei das bemerkenswerteste Bauwerk der Glockenturm ist. Die Glocken sind neben- und übereinander in die Wand des Turms eingehängt, was ganz ungewöhnlich aussieht. Diese Art Kirchturm nennt man Clocher Mur, sie ist im Lauragais weit verbreitet. In Montesquieu-Lauragais gibt es ein Restaurant mit regionaler Küche.

Informationen

Essen und Trinken

Pizza Toto
3 Grande Rue Saint-Jacques
31450 Montesquieu-Lauragais
Tel.: +33 7 68 80 06 41

In Montesquieu gibt es aktuell kein Restaurant mehr. Das nächste befindet sich in Ayguesvives.

L´Atelier
29 Rte de Ticaille
31450 Ayguesvives
Tel.: +33 5 62 80 28 40

Ein rustikales Restaurant, in dem man gut essen kann. Täglich durchgehend geöffnet.

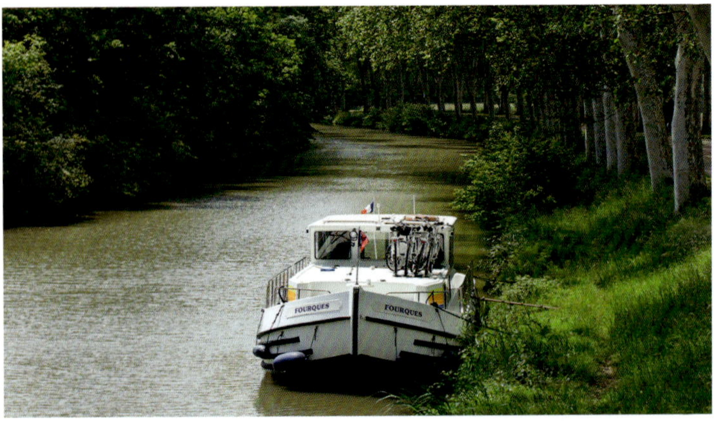

Wer will, kann auf dieser Etappe an wunderschön beschaulichen Plätzchen in freier Natur anlegen.

Weiter auf dem Canal du Midi kommen Sie nach knapp vier Kilometern zur zweistufigen Schleusentreppe Sanglier (9), die auf dem Weg nach Toulouse die letzte im Original erhaltene Schleuse ist. Die nächste, nach 1,5 Kilometern, ist die tiefe Schleuse Ayguesvives (7). Hier wurden zwei Schleusen zusammengelegt, sodass sie nun knapp 4,50 Meter ausgleicht. In ihre Wände sind senkrechte Stangen eingelassen, um die die Taue gelegt werden, die beim Schleusen nun hinauf- oder hinabrutschen. Zusätzlich wurde die Schleuse verlängert. Von hier aus sind es noch drei Kilometer bis Montgiscard.

Montgiscard

Der Ort hat 2100 Einwohner und ist der Hauptort des gleichnamigen Kantons, zu dem ca. 20 Gemeinden zählen. Auch hier gibt es einen Clocher Mur, größer und mit mehr Glocken bestückt als sein Verwandter in Montesquieu-Lauragais. Zu den Sehenswürdigkeiten gehört auch die Kapelle **Notre Dame de Roqueville** aus dem 13. und 19. Jahrhundert. Direkt an der Schleuse befindet sich das alte Waschhaus. Es gibt fünf Restaurants, davon zwei, eine Pizzeria und eine Brasserie mit guter Küche, direkt an der Schleuse.

Informationen

Essen und Trinken
Restaurant L'Esarbille
RN 113 (Nationalstraße)
31450 Montgiscard
Tel.: +33 6 81 62 70 96
Mail: contact@escarbille.fr
Web: www.escarbille.fr

Täglich geöffnet. Service 12.00–13.45 Uhr und 19.30–21.30 Uhr. Gehobene französische Küche zu mittleren Preisen.

Pizzeria de L´Ecluse
9 Rue de la Place
31450 Montgiscard
Tel.: +33 5 61 27 23 70
Mail: über die Website
Web: pizzeriadelecluse.business.site

Hier bekommt man Pizza und vieles mehr. Täglich außer Di und So vormittags geöffnet 11.00–30.30 Uhr und 17.30–21.30 Uhr.

Auf dem Kanal müssen Sie nun die tiefe Schleuse Montgiscard (6) durchqueren; auch sie ist aus zwei Kammern entstanden. Nun fahren Sie sieben Kilometer bis zur Schleuse Vic (5) und nach knapp zwei Kilometern zur letzten, wiederum einer tiefen, weil zusammengelegten, Catanet (4). Drei Kilometer weiter kommen Sie zum Port Sud, dem Hafen von Ramonville. Sie sollten diesen nur anlaufen, wenn Sie tanken oder duschen möchten. Zum Übernachten legt man günstiger nebenan auf dem Canal du Midi an. Der Hafen hat 50 Liegeplätze, es gibt Treibstoff, Wasser, Strom, Duschen und eine Slipanlage. Ein Restaurant ist ebenfalls vorhanden; das Stadtzentrum ist nur etwa einen Kilometer entfernt.

Ramonville-Saint-Agne

Einer Legende nach wurde der Ort von Raymond IV., Graf von Toulouse, benannt, der auf einer Anhöhe bei der heutigen Stadt ein Schloss gebaut hatte. Als er zum Kreuzzug 1096 dort vorbeikam, soll er die Siedlung Ramonville getauft haben. Heute liegt die Stadt im Einzugsbereich von Toulouse. Bis 1970 war es ein Dorf mit 3000 Bewohnern, heute sind es 14 000.

Informationen

Essen und Trinken

La Table de Laurent
28 Rue Jacques Prévert
31520 Ramonville-Saint-Agne
Tel.: +33 5 61 73 61 62
Mail: contact@latabledelaurent.com
Web: www.latabledelaurent.com

Ganz nah am Canal du Midi gelegen, gehobene französische Küche. Von Di–So geöffnet, um Reservierung wird gebeten.

Le 103 Pub – Tapas Restaurant & Cocktails
103 Avenue Tolosane
31520 Ramonville-Saint-Agne
Tel.: +33 5 82 74 90 50
Mail: le103restaurat@gmail.com
Web: https://le103.eatbu.com

Pub in modernem Ambiente, mit Außenbereich, Mo–Fr durchgehend geöffnet.

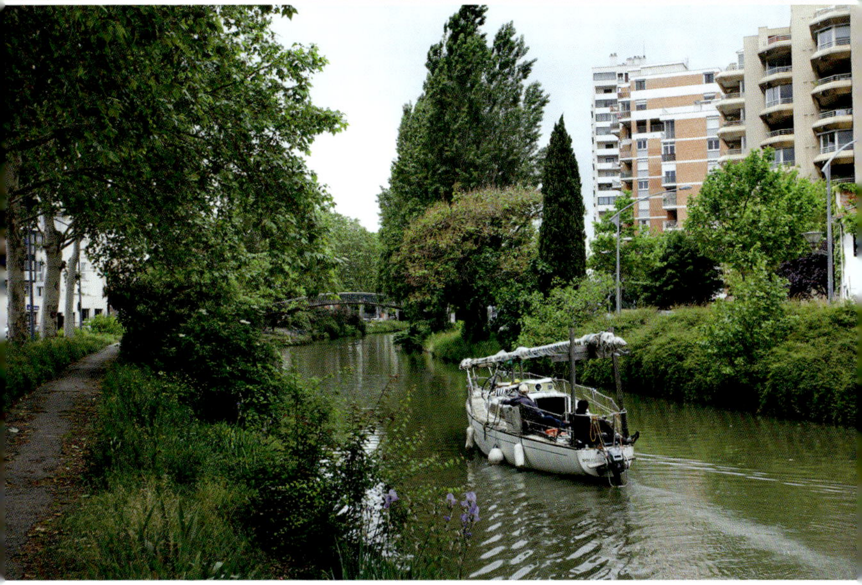

Auf dem Kanal geht es direkt nach Toulouse hinein.

Vom Hafen in Ramonville sind es noch sieben Kilometer bis zum Hafen in Toulouse. Sie kommen am Flughafen vorbei, am Airbus-Zentrum, am Universitätsgelände und schließlich überqueren Sie auch die A620 über eine Kanalbrücke (Aquädukt des Herbettes). Sie fahren weitere drei Kilometer durch das Stadtgebiet und kommen schließlich zum Port Saint-Sauveur. Hier gibt es Liegeplätze, Treibstoff, Wasser, Strom, Duschen, Entsorgung und eine Slipanlage. Das Beste am Hafen ist aber seine Lage. Von hier aus ist es nur ein Katzensprung zur Innenstadt von Toulouse.

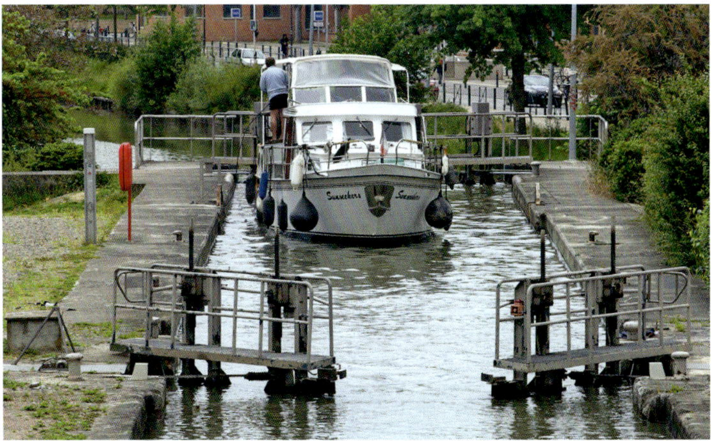

Die Schleuse Minimes.

Epilog

Der Canal du Midi ist hier noch nicht zu Ende. Falls Sie bis zu seinem Ende bzw. seinem Anfang weiterfahren möchten, stehen Ihnen noch fünf Kilometer durch das Stadtgebiet von Toulouse bevor. Nach dem Port Saint-Sauveur kommen Sie nach 1,5 Kilometern zur tiefen Schleuse Bayard (3) am Hauptbahnhof. Die Tore öffnen sich, wenn man an den Gummistangen zieht. Hier gilt es mehr als sechs Meter zu überwinden, denn früher hatte die Schleuse drei Kammern. Die Taue befestigt man an schwimmenden Pollern.

Nun geht es durch eine ehemalige Schleusenkammer und weiter über zwei Kilometer bis zur tiefen Schleuse Minimes (2). Hier müssen Sie eventuell warten, bis der Schleusenwärter auftaucht, denn er bedient diese und die nächste Schleuse. Sie sind 900 Meter voneinander entfernt. Die Schleuse war einst eine zweistufige Treppe und hat heute eine Hubhöhe von etwa vier Metern. Wenn Sie Minimes hinter sich gelassen haben, bleibt nur noch die Schleuse Béarnais (1), zu der Sie begleitet werden. Direkt danach kommt der Anschluss zum Canal latéral à la Garonne, und Sie fahren gleich darauf ins Hafenbecken von Toulouse ein. Im Port de l'Embouchure gibt es Liegeplätze und Wasser.

⊛ Toulouse

Die Hauptstadt der historischen Provinz Languedoc ist mit rund 472 000 Einwohnern die viertgrößte Stadt Frankreichs und, natürlich, die größte Stadt am Canal du Midi. Toulouse hat eine wunderschöne Innenstadt. Die traditionelle Bauweise mit roten Ziegeln verhalf Toulouse zum Beinamen La Ville Rose, »die rosarote Stadt«.

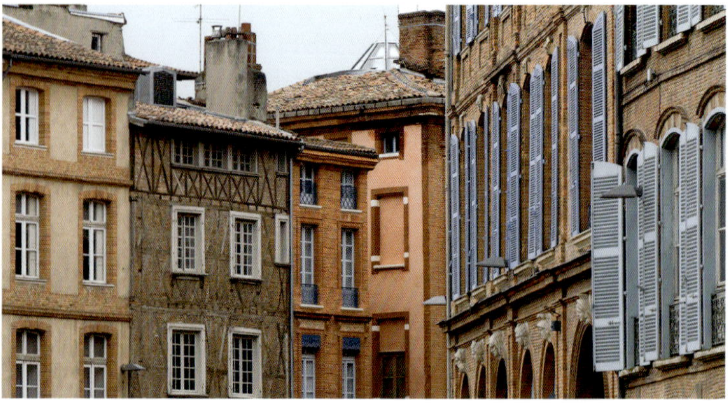

Die roten Ziegel sind charakteristisch für Toulouse.

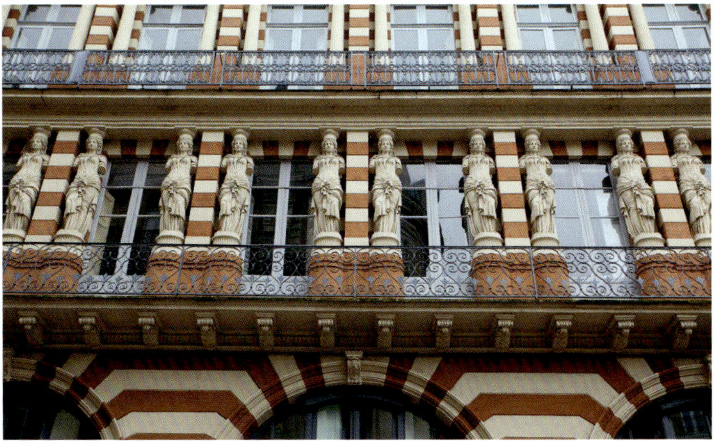

Die Fassaden der Patrizierhäuser zeugen von der prächtigen Vergangenheit der Stadt.

Geschichte

Früher lag die Stadt etwa acht Kilometer weiter südlich und war ein wichtiger gallischer Ort. Er trug den Namen Tolose. In römischer Zeit wurde er zur Hauptstadt der Provinz Gallia Narbonensis und hieß Tolosa. Die Stadt hatte damals zwischen 20 000 und 50 000 Einwohner. Im 8. Jahrhundert v. Chr. wurden die Menschen an die Stelle der heutigen Altstadt umgesiedelt. Warum, ist nicht überliefert.

Im 4. Jahrhundert wurde Toulouse Bischofssitz und Teil des Westgotenreichs, 721 wurde es kurzzeitig von Sarazenen belagert und später, beim Kreuzzug gegen die Katharer, geplündert. Obwohl viele Protestanten in Toulouse lebten, stellte sich die Stadt während der Religionskriege auf die Seite der katholischen Kirche. 1562 wurden 4000 Hugenotten ermordet.

Im 15. und 16. Jahrhundert gehörte Toulouse zu den reichsten Städten Frankreichs. Der Anbau und der Handel mit Färberwaid, aus dem der blaue Farbstoff Indigo gewonnen wurde, ließ die gesamte Region erblühen. Aus dieser Zeit stammen die riesigen Renaissancebauten, wie das Hôtel d'Assézat. Der Markt für Färberwaid brach zusammen, als man begann, in den neuen Kolonien in Übersee Indigo anzubauen.

1856 bekam Toulouse einen Eisenbahnanschluss, was wirtschaftlichen Aufschwung brachte. Doch wirkliche Bedeutung errang die Stadt erst wieder ab den 1920er-Jahren, als sie sich zum Knotenpunkt der Luftpost mauserte. Durch Zusammenschlüsse entstand hier das Luftfahrtunternehmen Air France. Auch heute noch ist Toulouse das Luft- und Raumfahrtzentrum Frankreichs und eines der wichtigsten der Welt. Rund 34 000 Menschen arbeiten in diesem Sektor, beispielsweise bei Airbus und EADS (European Aeronautic Defense and Space Company).

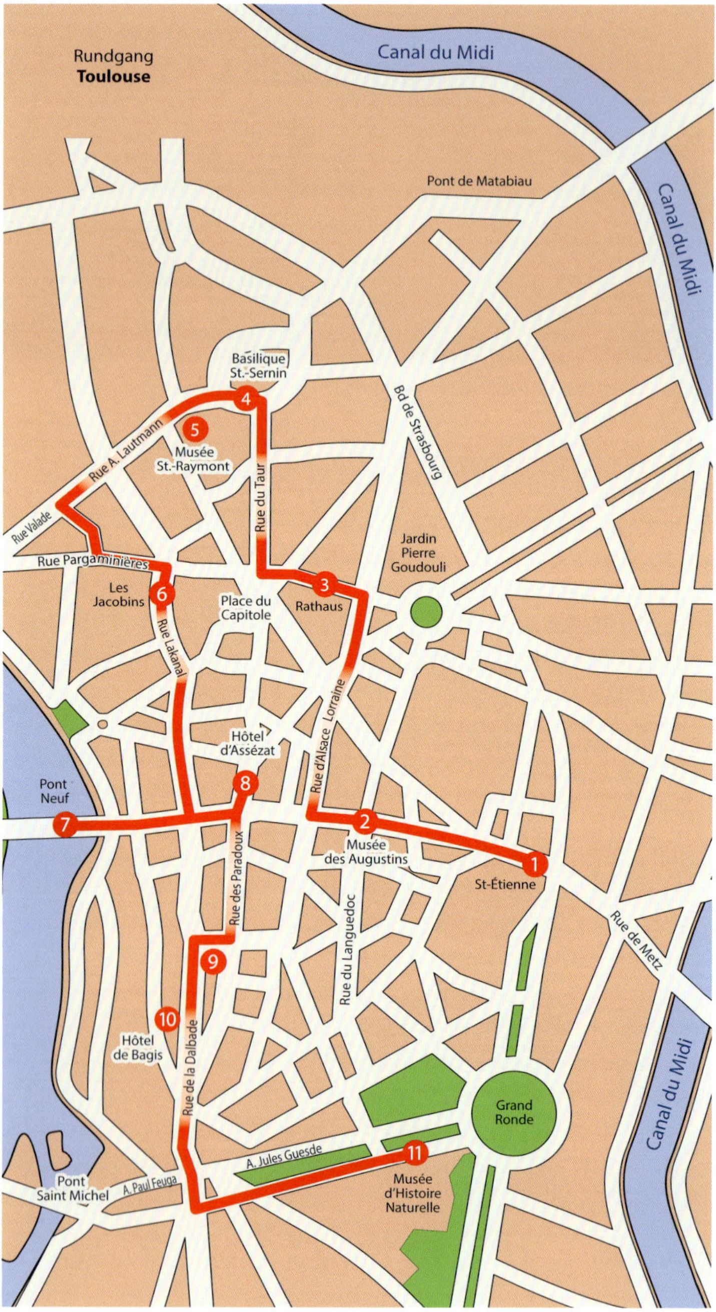
Rundgang
Toulouse
Canal du Midi
Canal du Midi
Canal du Midi
Pont de Matabiau
Basilique St.-Sernin
4
5
Musée St.-Raymont
Rue A. Lautmann
Rue Valade
Rue du Taur
Bd de Strasbourg
Jardin Pierre Goudouli
Rue Pargaminières
Les Jacobins
6
Place du Capitole
3
Rathaus
Rue Lakanal
Rue d'Alsace Lorraine
Hôtel d'Assézat
Pont Neuf
8
7
2
Musée des Augustins
1
St-Étienne
Rue des Paradoux
Rue du Languedoc
Rue de Metz
9
10
Hôtel de Bagis
Rue de la Dalbade
Grand Ronde
A. Jules Guesde
11
Pont Saint Michel
A. Paul Feuga
Musée d'Histoire Naturelle

Rundgang Toulouse

Der Hafen Saint-Sauveur liegt direkt in der Altstadt. Gehen Sie zur Rue de Metz, so finden Sie auf der linken Seite eine Grünfläche und dahinter, an der Place Saint-Étienne, die gotische 1 **Kathedrale Saint-Étienne.** Die alte Bischofskirche aus dem 9. Jahrhundert wurde ab 1073 umgebaut, ab 1272 mit völlig neuen Plänen. Bis ins 15. Jahrhundert hinein wurde der jeweils moderne Baustil umgesetzt. 1609 zerstörte ein Brand den Dachstuhl und im 20. Jahrhundert erhielt die Kathedrale ein zusätzliches Portal. Ihre Besonderheit sind die verschiedenen Baustile und das Fehlen jeglicher Symmetrie. Man gelangt über das im gotischen Baustil des Südens gehaltene Raymondine-Schiff ins Innere der Kathedrale. Dieses Schiff ist fast genauso breit wie hoch. Der Chor wurde im gotischen Stil des Nordens erbaut und übertrifft mit seinen gigantischen Ausmaßen und seiner immensen Höhe sogar das Kirchenschiff. Die Kathedrale weist interessante Ornamente auf: Kirchenfenster, Wandteppiche, Bilder, eine große Fensterrose von 1230, eine wunderschöne Orgel in 17 Meter Höhe und 15 Seitenkapellen mit einer Vielzahl von Kunstschätzen.

Wir setzen unseren Rundgang fort, der uns über die Rue de Metz zum 2 **Musée des Augustins** führt, einem in einem gotischen Augustinerkloster gelegenen Kunstmuseum für romanische bis barocke Kunst.

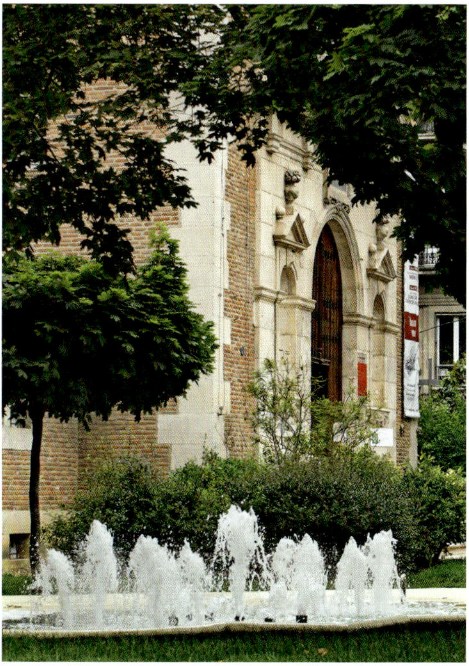

Der Eingang des Musée des Augustins.

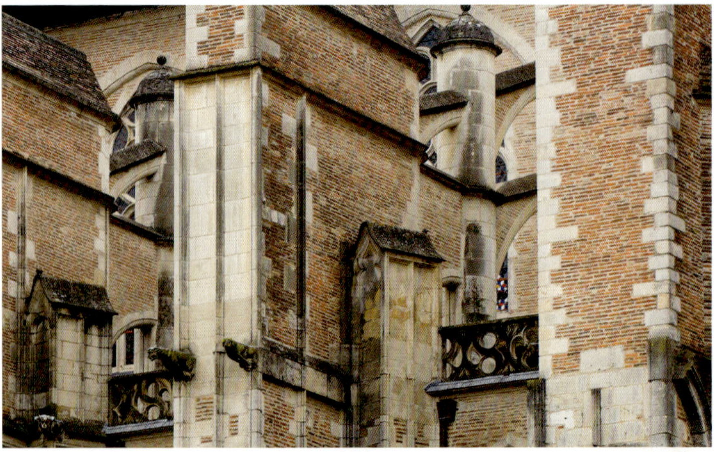

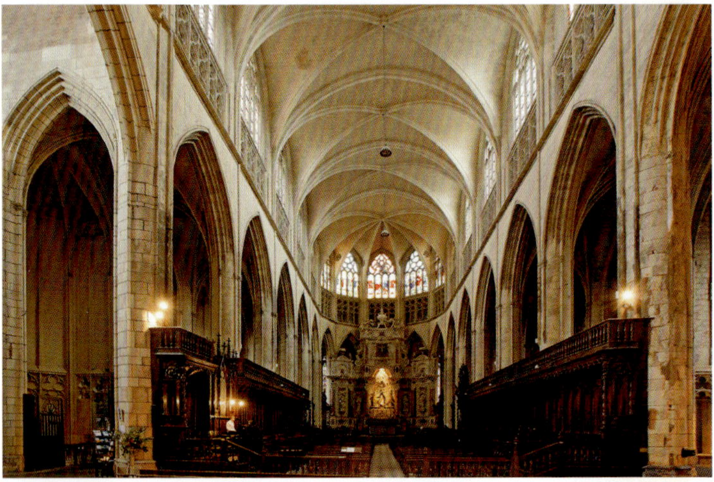

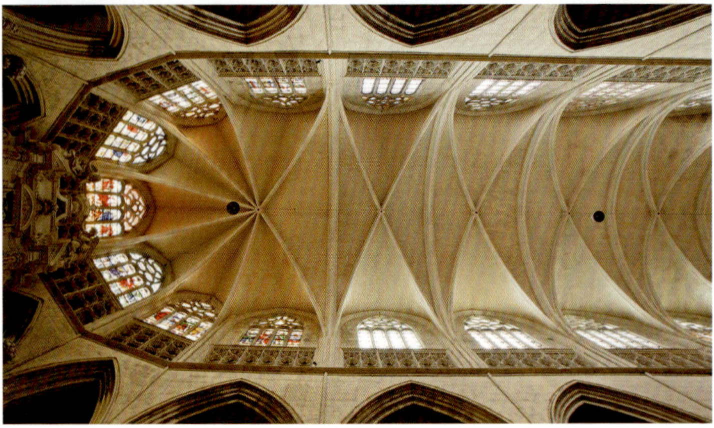

Saint-Étienne in Toulouse.

Über die Rue d’Alsace Lorraine geht es zur Rue La Fayette, auf die wir nach links abbiegen zum ❸ **Capitol**, dem Rathaus von Toulouse, mit einer Fassade aus dem 18. Jahrhundert. Im Inneren findet sich der Salle des Illustres, ein Prunksaal mit Deckengemälden; außerdem das berühmte Opernhaus **Théâtre du Capitole**, das im südlichen Seitenflügel untergebracht ist. Der Turm (Donjon) des Capitol stammt aus dem 16. Jahrhundert. Hier finden Sie auch die **Touristeninformation**.

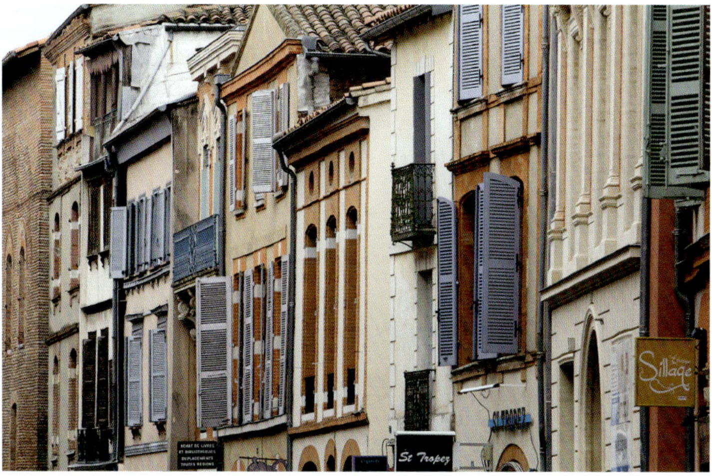

Reizvolle Fassaden sind in der Rue du Taur zu sehen.

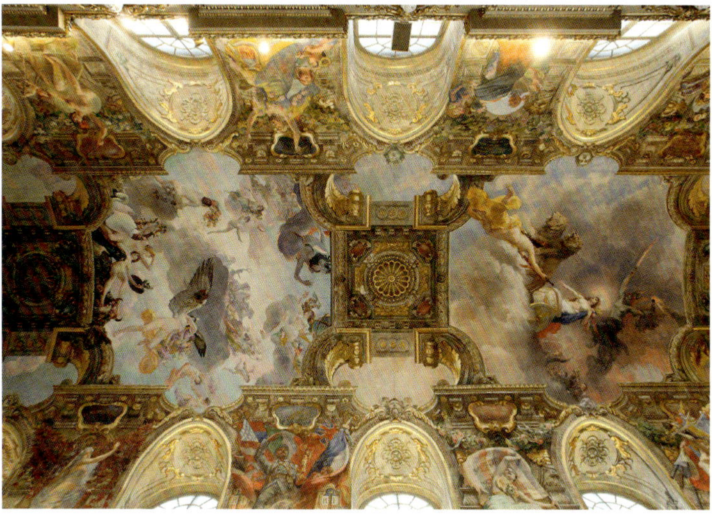

Das Rathaus von Toulouse.

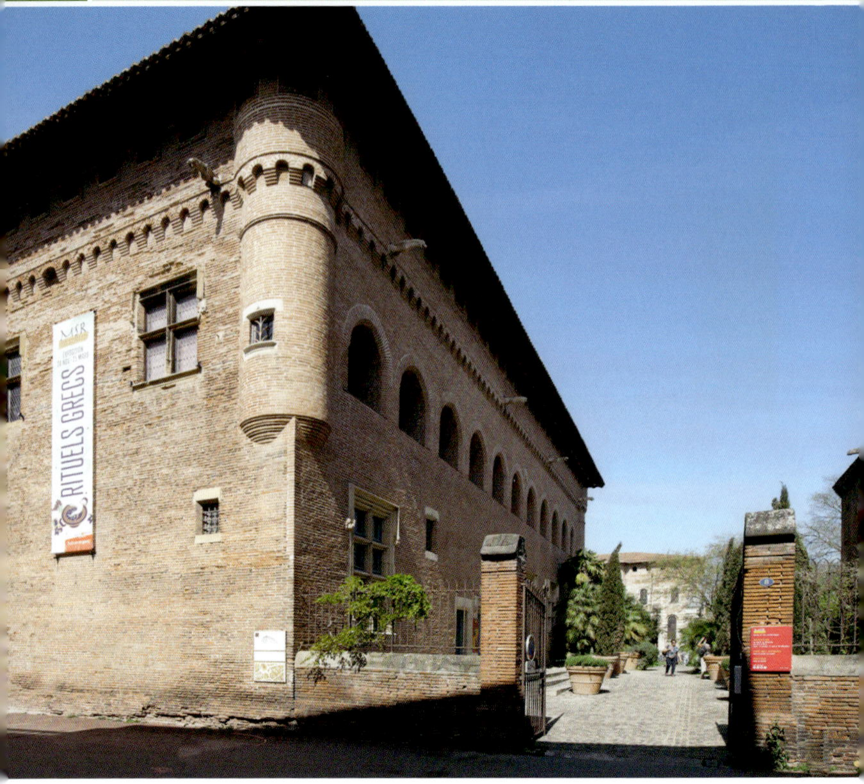

Das Musée Saint-Raymond.

Unser Weg führt über die Rue du Taur, vorbei an der Kirche Église Notre-Dame de Taur, zur ❹ **Basilika Saint-Sernin de Toulouse.** Sie wurde zwischen 1077 und 1119 als Pilgerkirche erbaut und ist auch heute noch eine wichtige Station der Pilger auf dem Jakobsweg. Die fünfschiffige Basilika erhebt sich über dem Grab des Bischofs von Toulouse, dem heiligen Saturnius, und besitzt einen achteckigen Glockenturm. Er ist ein Wahrzeichen der Stadt. Saint-Sernin gehört zu den schönsten romanischen Kirchen Südfrankreichs und zählt seit 1998 zum UNESCO-Weltkulturerbe. Erst 1929 wurde die Westfassade in ihrer heutigen Form fertiggestellt.

Gleich nebenan findet sich das ❺ **Musée Saint-Raymond**. Im Keller sind Teile einer Nekropole (Begräbnisstätte) aus römischer und frühchristlicher Zeit zu sehen. In den Ausstellungssälen befinden sich archäologische Funde aus dieser Zeit.

Nehmen Sie die Rue R. E. Cartaihac, die in die Rue A. Lautmann übergeht, bis zur Rue de la Bastide. Dort geht es links und weiter über die Rue Pargaminières zur Rue Lakanal. Hier befindet sich das alte gotische ❻ **Dominikanerkloster Les Jacobins.** In der ehemaligen Hauptkirche des Dominikanerordens mit den berühmten »Palmier

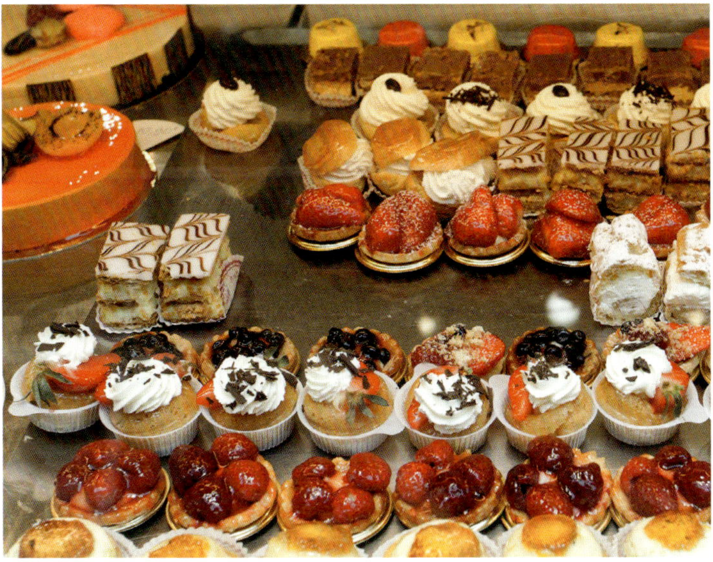

Nach dem Rundgang vielleicht ins Café?

des Jacobins«, einem gotischen Deckengewölbe, liegt die Grabstelle des heiligen Thomas von Aquin. Ihr schließt sich der gotische Kreuzgang an.

Weiter die Rue Lakanal entlang und halb rechts die Rue Peyrolères hinunter, gelangen wir wieder zur Rue de Metz. Rechter Hand erstreckt sich der 7 **Pont Neuf**, die älteste noch erhaltene Brücke über die Garonne. Sie wurde zwischen 1543 und 1632 erbaut.

Linker Hand findet sich an der nächsten Ecke das 8 **Hôtel d'Assézat**, ein Beispiel für die zahlreichen gut erhaltenen Patrizierhäuser im Renaissancestil.

Wir nehmen die Rue des Paradoux bis zur 9 **Kirche Notre Dame de la Dalbade**. Sie stammt aus dem 16. Jahrhundert und besitzt nur ein einziges Schiff, umgeben von Kapellen. Im Tympanon des Portals ist eine Reproduktion der »Krönung der Jungfrau« von Fra Angelico (1395–1455) aus dem Jahre 1874 zu sehen.

Ein Stückchen weiter die Rue de la Dalbade hinunter treffen wir auf der rechten Seite auf das 10 **Hôtel de Clary** (früher Bagis), ein weiteres Patrizierhaus aus der Renaissance.

Über die Rue de Fonderie und weiter über die Rue du Languedoc führt der Weg zur Allées Jules Guesde, die uns zum 11 **Jardin des Plantes,** dem botanischen Garten, mit dem naturhistorischen Museum **Musée Toulouse**, führt. Von hier aus ist es nur ein Katzensprung zurück zum Port Saint-Sauveur.

Informationen

Office de Tourisme
Donjon du Capitole
31080 Toulouse
Tel.: +33 5 17 42 31 31
Mail: über die Website
Web: www.toulouse-tourismus.de

Das Touristenbüro ist ganzjährig täglich geöffnet. Geschlossen am 25. Dezember und 1. Januar.

Museen
La cité de l'Espace
Avenue Jean Gonord - BP 25855
31506 Toulouse CEDEX 5
Tel.: +33 5 67 22 23 24
Web: www.cite-espace.com

In der Stadt des Weltraums kann der Besucher vom Betrachter zum Mitwirkenden werden. Unter anderem gibt es hier ein IMAX-Kino mit 3D, ein Planetarium und das Erkunden des Raumschiffs Sojus I ist möglich, und das Leben auf der MIR sowie ein Spaziergang auf dem Mond werden hier geboten. Das Museum ist ein absolutes Highlight in der europäischen Hauptstadt der Luft- und Raumfahrt.

Tagestickets für Erwachsene kosten ab 23 Euro. Es werden auch Familienkarten angeboten. Sie können zusätzliche Leistungen wie z. B. eine Führung buchen. Tickets gibt es auch über die Website.

Öffnungszeiten: täglich von 10.00–19.00 Uhr, Do 10.00–23.00 Uhr, im August auch Di 10.00–23.00 Uhr.

Aeroscopia (Luftfahrtmuseum)
6 rue Roger Béteille (per Pkw)
Allée André Turcat (für öffentliche Verkehrsmittel)
31700 Blagnac
Tel. : +33 5 34 39 42 00
Mail: info@musee-aeroscopia.fr
Web: www.musee-aeroscopia.fr

Nach 30 Jahren Planung konnte 2015 endlich das lang ersehnte Luftfahrtmuseum in Toulouse eröffnet werden. Der Eintritt für Erwachsene kostet 11,50 Euro, Kinder zahlen 9,50 Euro. Über die Website können Sie die Tickets buchen.

Les Abattoirs – Museum für modere Kunst
76 Allées Charles de Fitte
31300 Toulouse
Tel.: +33 5 34 51 10 60
Mail: über die Website
Web: www.lesabattoirs.org

Museum für moderne und zeitgenössische Kunst, in den ehemaligen Schlachthäusern (Les Abattoirs). Ganzjährig geöffnet Mi–So 12.00–18.00 Uhr, Do 12.00–20.00 Uhr. Schlossen am 25. Dezember, 1. Januar und 1. Mai. Der Eintritt für Erwachsene kostet 8 Euro, für Kinder 5 Euro.

Musée Saint-Raymond – Archäologie
1ter Place Saint-Sernin
31000 Toulouse
Tel.: +33 5 61 22 31 44
Mail: über die Website
Web: www.saintraymond.toulouse.fr

Di–So 10.00–18.00 Uhr geöffnet, Erwachsene zahlen 5 Euro, Kinder und Jugendliche bis 18 Jahre frei.

Le Museum de Toulouse
35 Allée Jules Guesde
31000 Toulouse
Tel.: +33 5 67 73 84 84
Mail: über die Website
Web: www.museum.toulouse.fr

Öffnungszeiten: Di–So 10.00–18.00 Uhr, Erwachsene zahlen 9 Euro und Jugendliche bis 19 Jahre 7 Euro. Öffnungszeiten Museumsgarten: Di–So 10.00–12.30 Uhr und 14.00–18.00 Uhr, Eintritt 3 Euro, reduziert 2 Euro.

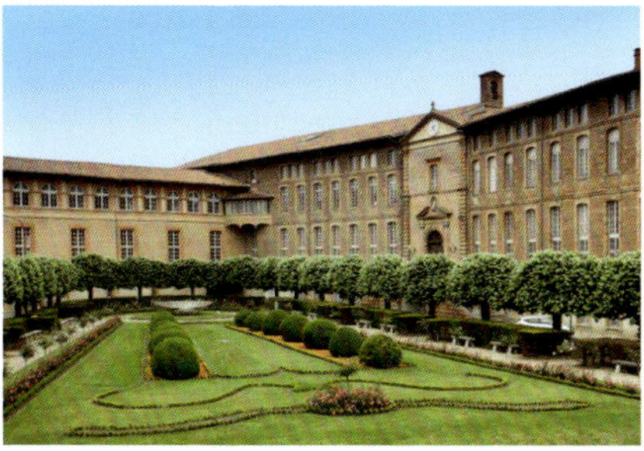

Das ehemalige Krankenhaus Hôtel-Dieu Saint-Jacques (12. Jahrhundert.) zählt seit 2000 im Rahmen des Jakobswegs zum UNESCO-Weltkulturerbe.

Reisetipps von A bis Z

Anreise mit dem Flugzeug

Im Gebiet um den Canal du Midi, im Süden Frankreichs, gibt es fünf Flughäfen mit guter Anbindung. Unter *www.fluggesellschaft.de* finden Sie sämtliche Verbindungen aller fünf Flughäfen.

Der größte in der Region mit rund acht Millionen Passagieren pro Jahr ist Toulouse. Inzwischen gibt es für diesen Verbindungen zu praktisch allen Flughäfen in Deutschland und der Schweiz sowie von und nach Graz und Wien in Österreich.

Mit 1,3 Millionen Passagieren pro Jahr ist Montpellier der zweitgrößte Flughafen in der Region. Er liegt weniger als 50 Kilometer von Agde entfernt und wird täglich mehrmals von Paris aus angeflogen. Es gibt eine Direktverbindung gibt Direktverbindungen von Berlin, Düsseldorf und Frankfurt/Main.

Carcassonne liegt zwischen den Flughäfen Montpellier und Toulouse, direkt am Canal du Midi und fertigt über 400 000 Passagiere pro Jahr ab. Von Deutschland, Österreich und der Schweiz aus wird Carcassonne nicht angeflogen.

Béziers mit dem Flughafen Bézier Cap d'Agde dagegen, nicht weit von Carcassonne, ist von Düsseldorf-Weeze aus zu erreichen.

Ebenso Perpignan. Der Flughafen hat ein Passagieraufkommen von ca. 400 000 pro Jahr und liegt rund 58 Kilometer von Narbonne entfernt. Von Perpignan aus fliegt die Air France über Paris auch nach Düsseldorf, Frankfurt/Main und Köln/Bonn.

Zur Einreise nach Frankreich von Deutschland, Österreich und der Schweiz aus genügt der Personalausweis oder Reisepass.

Auto fahren

Es gelten die Führerscheine aus Mitgliedsstaaten der EU bzw. des europäischen Wirtschaftsraumes, vorausgesetzt, der Führerschein ist im Heimatland gültig. Das Mindestalter zum Fahren eines Autos ist 18 Jahre. Bei Fahrten mit dem eigenen Pkw müssen die Zulassung und ein Versicherungsnachweis mitgeführt werden. Falls man einen schweren Unfall verursacht oder andere schwere Verkehrsdelikte in Frankreich begeht, welche den Entzug des Führerscheins rechtfertigen, sind die französischen Behörden dazu berechtigt, Ihnen die Nutzung der deutschen Fahrerlaubnis in Frankreich zu untersagen. Das Verbot gälte dann aber nur für das Fahren in Frankreich. Bußgelder aus Frankreich werden auch in Deutschland eingetrieben.

Es gelten auf allen Straßen Tempolimits. Innerhalb geschlossener Ortschaften beträgt die Höchstgeschwindigkeit 50 Stundenkilometer, auf Schnellstraßen 110 Stundenkilometer und auf der Autobahn 130 Stundenkilometer (bei Regen 110 Stundenkilometer). Für Fahrzeuge und Gespanne über 3,5 Tonnen gelten 90 Stundenkilometer auf der Autobahn und 80 Stundenkilometer auf Landstraßen.

Bei einer Panne bzw. beim Aussteigen außerhalb einer Ortschaft muss eine Signalweste angelegt werden. Das Mitführen ist Pflicht. Die Promillegrenze in Frankreich beträgt 0,5. Seit Juli 2012 muss ein Alkoholtestgerät mitgeführt werden, welches das Kennzeichen »NF« (Norme Française) trägt. Man kann es in Frankreich in Apotheken, Drogerien, Tankstellen und an Raststätten kaufen oder in Deutschland über den Shop des ADAC bestellen. Wer kein Alkoholtestgerät vorzeigen kann, wird jedoch nicht bestraft. Strafen zahlt man dagegen fürs Telefonieren ohne Freisprechanlage, Fahren ohne Sicherheitsgurt (dies gilt auch für Hunde), Motorradfahren ohne Helm, für den Transport von Kindern ohne Kindersitz, überhöhte Geschwindigkeit und Falschparken.

Auto und Maut

Das Benutzen der Autobahnen über Land ist in Frankreich mautpflichtig. Da die Autobahnen von verschiedenen Gesellschaften bewirtschaftet werden, sind die Gebühren unterschiedlich hoch. Abgerechnet wird nach gefahrener Strecke und Fahrzeugklasse. Die jeweiligen Gebühren können Sie im Internet unter *www.autoroutes.fr* berechnen. Die Fahrt von Mulhouse nach Narbonne beispielsweise kostet knapp 70 Euro.

Es gibt Mautstellen (Péages) an den Autobahnauf- und -abfahrten. Beim Auffahren erhält man ein Ticket, das an der Mautstelle vor dem Abfahren vorgelegt werden muss, um den jeweiligen Betrag zu entrichten. Gezahlt wird in bar oder mit Kreditkarte. EC-Karten werden nicht akzeptiert.

An den Mautstellen müssen Sie sich frühzeitig in die entsprechende Spur einreihen:

- CB: Automatikschalter mit Kartenzahlung
- Schild mit Geld/Münzen: ausschließlich Barzahlung
- Schild mit Münzen, die in einen Korb fallen: Zahlung ausschließlich mit Münzen
- Oranges »t« (Telepéage): elektronische Gebührenerfassung für Vielfahrer

Auto mieten
Es gibt zahlreiche Broker im Internet, die meist Fahrzeuge in gutem Zustand anbieten. Eine Kreditkarte ist fast immer Voraussetzung für die Anmiete. Vorsicht! Selbst wenn der Mietwagen per Überweisung bezahlt werden kann, wird vor Ort für die Kaution eine Kreditkarte verlangt! Debitkarten werden nicht mehr akzeptiert. Das Mindestalter für die Anmietung eines Fahrzeugs ist meist 20 Jahre, oft muss für Fahrer, die jünger sind als 23 Jahre oder älter als 65, eine Extragebühr gezahlt werden. Lassen Sie sich nicht auf Sonderversicherungen ein und zahlen Sie keinen Aufschlag für größere Fahrzeuge. Falls der Vermieter das gewünschte Auto nicht mehr zur Verfügung hat, MUSS ein größeres zum selben Preis bereitgestellt werden. Lesen Sie sich die allgemeinen Geschäftsbedingungen des Anbieters genau durch. Es gibt diverse Fallen, in die Sie tappen können, und das kann teuer werden. Sehr beliebte Broker sind *www.rentalcars.com*, der noch ein wenig günstiger ist als *www.billiger-mietwagen.de*. Einwegmieten sind deutlich teurer, aber oft günstiger als Taxifahrten. Mietstationen gibt es an allen Flughäfen, an den Hauptbahnhöfen und in den Städten.

Bahn, Bus und Taxi
Bahnverbindungen und Überlandbusse per SNCF findet man im Internet unter *www.sncf.com*, auch in Deutsch. Der Busverkehr funktioniert innerhalb von Städten und in deren Umgebung meist reibungslos und gut. Fragen Sie vor Ort bei einer Touristeninformation nach dem Fahrplan. Für grenzüberschreitende Busreisen bietet Flixbus eine kostengünstige Alternative zum Auto. Unter www.flixbus.de können Sie sich informieren.

Rufnummern von Taxizentralen (eine Auswahl):
Béziers: +33 4 67 35 00 85
Carcassonne: +33 4 68 71 50 50
Narbonne: +33 4 11 66 56
Perpignan: +33 7 61 70 44 67
Toulouse: +33 6 52 48 26 22

Elektrizität
Die Wechselspannung beträgt 220 Volt, 50 Hertz. Die Mitnahme eines Adapters wird empfohlen, wenn Sie große Rundstecker an Ihren mitgebrachten Geräten verwenden. Bei der Übernahme Ihres Hausbootes können Sie diverse Elektrogeräte, die für die bordeigene Stromversorgung geeignet sind, mieten.

Einkaufen

Geschäfte sind in Frankreich meist bis 20 Uhr geöffnet. Montags ist oft Ruhetag, dies gilt jedoch nicht für Supermärkte. Größere Banknoten wie 200 oder 500 Euro werden häufig nicht akzeptiert.

Entlang des Canal du Midi gibt es Bäckereien, Cafés, Metzgereien und Lebensmittelläden für den täglichen kleinen Einkauf. Tagesfrische Waren werden auf den verschiedenen Wochenmärkten angeboten. Wollen Sie sich auf Ihrer Reise jedoch komplett selbst versorgen, empfiehlt sich ein Großeinkauf in einem Supermarkt vor Reiseantritt. Ein günstiger französischer Supermarkt, in dem es alles gibt, was das Herz begehrt, ist Carrefour.

Feiertage

In Frankreich gibt es folgende gesetzliche Feiertage:
01. Januar: Neujahr (Jour de l'An)
Ostermontag (Lundi de Pâques)
01. Mai: Tag der Arbeit (Fête du travail)
08. Mai: Tag des Sieges 1945 (Fête de la Victoire 1945)
Christi Himmelfahrt (Ascension)
Pfingsten und Pfingstmontag (Pentecôte/Lundi de Pentecôte)
14. Juli: Französischer Nationalfeiertag (Fête Nationale de la France)
15. August: Maria Himmelfahrt (Assomption)
01. November: Allerheiligen (Toussaint)
11. November: Waffenstillstand von Compiégne 1918 (Armistice 1918)
25. Dezember: Weihnachten (Noël)
Weitere Feiertage gibt es in anderen Landesteilen; sie gelten aber nicht am Canal du Midi.

Fremdenverkehrsämter

Eine Liste der Fremdenverkehrsämter finden Sie im Internet unter *www.fremdenverkehrsamt.com*. Sämtliche Stellen sind nicht für den Publikumsverkehr geöffnet, antworten aber prompt auf Anfragen und sind sehr bemüht, behilflich zu sein. Kontakt nur noch per Mail, Post oder Fax. In Wien kann man zu bestimmten Zeiten auch anrufen.

Für Deutschland:
Atout France
Zeppelinallee 35-37
60325 Frankfurt am Main
Fax: +49 69 74 55 56
Mail: info.de@atout-france.fr
Web: www.atout-france.fr

Für Österreich:
Atout France
Französische Zentrale für Tourismus
1040 Wien
Tel.: +43 (0)1 5 03 28 92
Fax: +43 (0)1 5 03 28 72
Das Büro ist von Montag bis Freitag von 9.00–16.00 Uhr telefonisch erreichbar.
Mail: info.at@atout-france.fr
Web: at.france.fr

Für die Schweiz:
Atout France
Neumarkt 6
8001 Zürich
Mail: über die Website
Web: www.atout-france.fr

Geld und Kreditkarten

In Frankreich wird mit Euro gezahlt. Mit der EC-Karte kann man an jedem Bankautomaten Bargeld abheben, manchmal verlangen die Institute aber sehr hohe Gebühren. Bargeld ist üblich auf Märkten oder für kleinere Einkäufe zum täglichen Bedarf. Kreditkarten funktionieren einwandfrei und sind sehr stark verbreitet. Im Falle des Verlustes kann die Karte auch im Ausland gesperrt werden. Die Notfall-Service-Nummer für Visa in Frankreich ist: 0 80 08 11 84 40. Sie gilt für Deutsche, Österreicher und Schweizer. Für MasterCard erreicht man die deutsche Sperrnummer unter: +49 30 40 50 40 50. Diese Nummern sind unter Umständen aus dem Ausland besser zu erreichen als die internationale **Sperrnummer**. Wenn Ihr Geldinstitut beim Sperrnotruf angeschlossen ist, ist für sämtliche Karten nur eine Nummer notwendig: Unter +49 11 61 16 erreichen Sie die Serviceline für alle Anbieter. Unter *www.sperr-notruf.de* können Sie sich informieren, ob Ihre Bank dazugehört. Grundsätzlich ist es sinnvoll, diese Nummern vor dem Urlaub auf dem Handy abzuspeichern.

Gesundheit

Mit Ihrer Krankenkassenkarte werden Sie in Frankreich problemlos behandelt. Sollten Sie ein akutes Problem haben, fahren Sie direkt zur Notaufnahme in ein öffentliches Krankenhaus, denn für private Dienstleister gilt die Karte nicht. Polizei und Notarzt erreicht man, wie überall in der EU, unter der Nummer 112. Apotheken haben gewöhnlich montags bis samstags von 8.30–20.00 Uhr geöffnet. Notfallapotheken stehen auch an Sonn- und Feiertagen zur Verfügung. Informationen gibt es vor Ort.

Hunde

Wenn Sie Ihren Vierbeiner auf die Reise mitnehmen möchten, so ist dies auf den Hausbooten durchaus möglich. Allerdings müssen Sie dem Vercharterer Bescheid geben und eine zusätzliche Gebühr für das Tier entrichten. Zur Einreise nach Frankreich gilt die EG-Verordnung 576/2013, vorausgesetzt, Sie reisen aus Deutschland, Österreich oder der Schweiz ein.

Ihr Hund muss genau zu identifizieren sein, das bedeutet Tätowierung oder Microchip. Er muss einen EU-Heimtierausweis besitzen, der von einem Tierarzt ausgefüllt wurde, und es muss eine gültige Tollwut-Impfung nachgewiesen werden. Die Einfuhr von Kampfhunden und Kampfhundemischlingen ist verboten. Auch Rottweiler zählen zu dieser Kategorie, wenn sie nicht über einen Stammbaum eines internationalen Hundeverbandes verfügen. Darum müssen die Abstammungspapiere mitgenommen werden. Genaue Informationen über die Einreisebestimmungen von Haustieren finden Sie auf der Website der Französischen Botschaft unter *www.ambafrance-de.org/Haustiere-Einreisebestimmungen*. Beachten Sie auch die Einreisebestimmungen von Drittländern, durch die Sie gegebenenfalls nach Frankreich reisen. Am Strand sind Hunde nicht erlaubt. In Restaurants, Hotels und auf Campingplätzen gibt es gewöhnlich keine Verbote. Sicherheitshalber sollten Sie sich jedoch vorab erkundigen.

Konsulate

Für Deutschland:
Honorarkonsul der Bundesrepublik Deutschland
Maison des Relations Internationales
14 Descente en Barrat
34000 Montpellier
Tel.: +33 4 67 60 75 46
Fax: +33 5 62 27 50 50
Mail: montpellier@hk-diplo.de

Termine nur nach Vereinbarung. Di und Do von 10.00–12.00 Uhr und 14.00–16.30 Uhr. Im August geschlossen. In dringenden Fällen können Sie sich an das deutsche Generalkonsulat in Marseille wenden.

Postanschrift:
Consul Honoraire de la République fédérale d'Allemagne
Maison des Relations Internationales
14 Rue Descente en Barrat
34000 Montpellier
Frankreich

Honorarkonsulat der Bundesrepublik Deutschland
24 Rue de Metz
31000 Toulouse
Tel.: +33 5 61 52 35 56
Fax: +33 5 62 27 50 51
Mail: toulouse@hk-diplo.de

Postanschrift:
Consul Honoraire de la République fédérale d'Allemagne
24, rue de Metz
31000 Toulouse
Frankreich

Für Österreich:
Ehrenkonsulat Österreich
32 Rue des Cosmonautes
31031 Toulouse, Cedex 4
Tel: +33 5 61 20 82 50
Mail: toulouse-hk@wanadoo.fr

Montags von 8.30–12.30 Uhr geöffnet. Sprechzeiten nach telefonischer Vereinbarung.

Für die Schweiz:
Konsulat der Schweiz in Toulouse
27 Chemin de Sironis
31130 Balma
Tel: +33 64 05 95 53 und +33 6 84 81 89 77
Mail: toulouse@honrep.ch

Öffnungszeiten nach telefonischer Terminabsprache.

Postämter

Die Post heißt in Frankreich »la Poste« und ist, wie in Deutschland, gelb. Die Postämter sind von montags bis freitags 8.00–19.00 Uhr und samstags 8.00–12.00 Uhr geöffnet. Auf dem Land sind sie meist über Mittag geschlossen.

Telefonieren

Frankreichs Vorwahl ist die 0033. Von Frankreich nach Deutschland wählt man die 0049, nach Österreich die 0043 und in die Schweiz die 0041. Telefonkarten für öffentliche Fernsprecher kann man bei Postämtern und in Tabakwarenläden kaufen sowie in Geschäften mit dem Hinweis »télécarte en vente ici«. Das Telefonieren mit dem Handy ist inzwischen einigermaßen erschwinglich. Eine gute Alternative sind Internettelefonate.

Trinkgeld

Das Trinkgeld lässt man auf dem Tellerchen liegen, auf dem das Wechselgeld kommt, oder hinterlässt es auf dem Tisch. Mit zehn Prozent des Rechnungsbetrages liegen Sie gut.

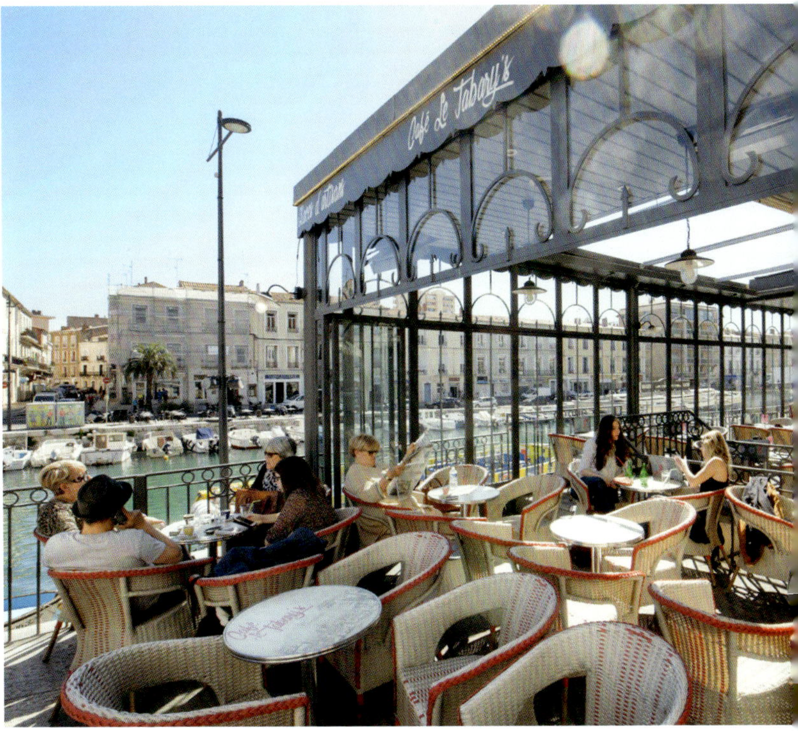

Ortsregister

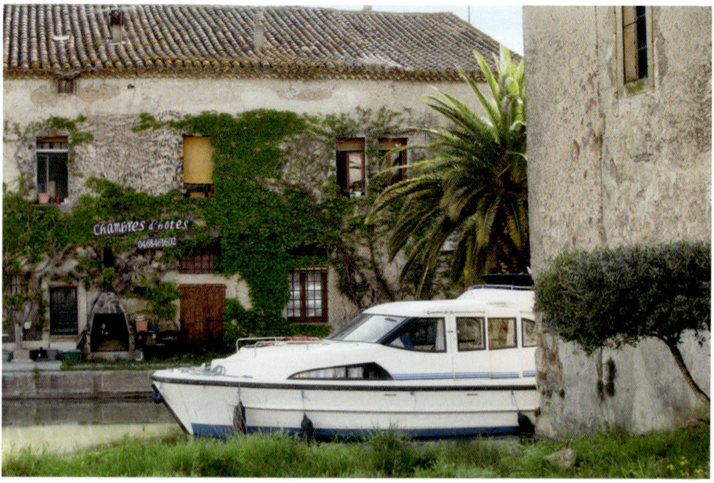

Kleines Reisevokabular

Deutsch	Französisch
am Kanal	**au canal**
Wasser	l'eau (m)
Fluss	la rivière
Hausboot	le caravaneau
Schleuse	l'écluse (f)
Brücke	le pont
Hafen	le port
Mole	le môle
anlegen	aborder
Seil	la corde/le câble
Kette	la chaîne
Ruder/Steuer	le gouvernail
links	à gauche
rechts	à droite
Backbord	bâbord
steuerbord	tribord
geradeaus	tout droit
rückwärts	en arrière
Zurück!	En arrière!
Vorwärts!	En avant!
nach links	à gauche
nach rechts	à droite
treiben	dériver
sinken (im Wasser)	couler (au fond)
Höhe	la hauteur (f), (nav.: l'altitude)
Breite	la largeur, (nav.: la latitude)
Länge	la longueur, (nav.: la longitude)
Mittagspause	la pause de midi/ lapause déjeuner
Hilfe	**l'aide (f)**
Telefon	le téléphone

Deutsch	Französisch
Handy	le (téléphone) portable/ le mobile
E-Mail	l'émail (m)
Nachricht	le message
Monteur	le monteur
Werkzeug	l'outil (m)
Karte	la carte
Wasserkarte	la carte des voies navigables
Fahrrad	la bicyclette/le vélo
Ortschaft	la localité
Dorf	le village
Auto	la voiture
Bus	l'(auto)bus (m)
Einkaufen	**faire les courses/ faire des achats**
Supermarkt	le super (marché)
Laden	le magasin
Bäckerei	la boulangerie
Café	le café
Metzgerei	la boucherie
Wurstgeschäft	la charcuterie
Restaurant	le restaurant
Bar	le bar
Brot	le pain
Brötchen	le petit pain
Kuchen	le gâteau
Butter	le beurre
Zucker	le sucre
Süßstoff	l'édulcorant
Kaffee	le café
Milch	le lait
Sahne	la crème
Fleisch	la viande

Deutsch	Französisch
Wurst	le saucisson/la saucisse
Nudel	la nouille/la pâte
Kartoffeln	les pommes de terre
Reis	le riz
Öl	l'huile (f)
Essig	le vinaigre
Gemüse	les légumes
Obst	les fruits
Wasser (stilles)	l'eau plate (m)
Mineralwasser	l'eau minérale (m)
Saft	le jus
Wein (Rotwein/Weißwein)	le vin rouge/blanc
Sekt	le crémant
Bier	la bière
Kilo	le kilo
halbes Kilo	le demi-kilo
Gramm	le gramme
100 Gramm	cent grammes
250 Gramm	deux-cent cinquante grammes
Liter	le litre
halber Liter	le demi-litre
im Restaurant	**au restaurant**
Weingut	le domaine viticole, le ,
Kellner/in	le serveur/la serveuse, le garçon (m)
trocken	sec, sèche
halbtrocken	demi-sec, demi-sèche
süß	doux, douce
auf Deutsch	en allemand
die Karte	la carte, le menu
Vorspeise	le hors-d'œuvre (m), l'entrée (f)
Oliven	les olives
Salat	la salade

Deutsch	Französisch
Suppe	la soupe
Portion	la portion
Fleisch	la viande
Fisch	le poisson
Beilage	la garniture
Nachtisch	le dessert
Kaffee (mit Milch)	le café (au lait)
Toiletten	les toilettes, la salle de bains
Damen	les dames
Herren	les hommes
Zeiten und Zahlen	**temps et chiffres**
Jahr	l'an (m), l'année (f)
Monat	le mois
Tag	le jour, la journée
Stunde	l'heure (f)
Minute	la minute
Sekunde	la seconde
früher Morgen	le matin
morgen/der Morgen	demain/le matin
Mittag	le midi
nachmittags	dans l'après-midi
abends	dans le soir
die Nacht	la nuit
Montag/montags	lundi/le lundi
Dienstag/dienstags	mardi/le mardi
Mittwoch/mittwochs	mercredi/le mercredi
Donnerstag/donnerstags	jeudi/le jeudi
Freitag/freitags	vendredi/le vendredi
Samstag/samstags	samedi/le samedi
Sonntag/sonntags	dimanche/le dimanche
Feiertag	le jour férié
Urlaub	les vacances, le congé
Frühling	le printemps

Deutsch	Französisch
Sommer	l'été (m)
Herbst	l'automne (m)
Winter	l'hiver (m)
eins	un
zwei	deux
drei	trois
vier	quatre
fünf	cinq
sechs	six
sieben	sept
acht	huit
neun	neuf
zehn	dix
elf	onze
zwölf	douze
dreizehn	treize
vierzehn	quatorze
fünfzehn	quinze
sechzehn	seize
siebzehn	dix-sept
achtzehn	dix-huit
neunzehn	dix-neuf
zwanzig	vingt
einundzwanzig	vingt et un
zweiundzwanzig ...	vingt-deux ...
dreißig	trente
vierzig	quarante
fünfzig	cinquante
sechzig	soixante
siebzig	soixante-dix
achtzig	quatre-vingt(s)
neunzig	quatre-vingt-dix
hundert	cent
tausend	mille

Deutsch	Französisch
Nützliches	**les usités**
hallo	allô (am Telefon), salut (als Gruß)
Guten Morgen!	Bonjour!
Guten Tag!	Bonjour!
Guten Abend!	Bonsoir!
Gute Nacht!	Bonne nuit!
Vielen Dank!	Merci beaucoup!
Bitte	S'il vous plaît! (Sie), s'il te plaît! (du)
Ok!	D'accord!
Entschuldigung!	Pardon! (Excusez-moi = Anrede)
ja	oui
nein	non
Wie geht's?	Ça va?
seit	depuis
ab	à partir de
Kollege	le collège
wo	où
hübsch	joli, jolie
später	plus tard
als	que, comme
wer	qui
offen	ouvert, ouverte
geschlossen	fermé, fermée

Alle in diesem Buch enthaltenen Angaben und Daten wurden von den Autoren nach bestem Wissen erstellt und von ihnen sowie vom Verlag mit größtmöglicher Sorgfalt überprüft. Gleichwohl können wir keinerlei Gewähr oder Haftung für die Richtigkeit, Vollständigkeit und Aktualität der bereitgestellten Informationen übernehmen.
Die hier zur Verfügung gestellten Pläne dienen lediglich zur Orientierung und nicht zur Navigation; sie ersetzen also keine See- bzw. Sportbootkarten oder andere offizielle nautische Unterlagen, deren Mitführung in aktueller Fassung wir dringend empfehlen.

Wir hoffen, dass Ihnen dieses Buch viel Freude bereitet. Falls Sie Anregungen haben sollten, was wir in Zukunft noch besser machen können, schreiben Sie uns bitte an *reiselektorat@delius-klasing.de.*
Korrekturen veröffentlichen wir im Interesse aller Leser unter *www.delius-klasing.de* auf der jeweiligen Produktseite.

Bibliografische Information der Deutschen Nationalbibliothek
Die Deutsche Nationalbibliothek verzeichnet diese Publikation in der Deutschen Nationalbibliografie; detaillierte bibliografische Daten sind im Internet über http://dnb.dnb.de abrufbar.

Dieses Buch wurde zuvor unter der ISBN 978-3-667-11210-1 angeboten.

3., aktualisierte Auflage
ISBN 978-3-667-12065-6
© Edition Maritim im Verlag Delius Klasing GmbH, Bielefeld

Text: Andrea Hoffmann
Fotos: Hans Zaglitsch
Karten und Pläne: Helmuth Flubacher, Waiblingen
Lektorat: BOOKS & MORE, Monika Zilliken, Hünstetten
Umschlaggestaltung: Felix Kempf, www.fx68.de
Layout: Gabriele Engel
Lithografie: scanlitho.teams, Bielefeld
Druck: Print Consult, München
Printed in Slovak Republic, 2023

Alle Rechte vorbehalten! Ohne ausdrückliche Erlaubnis des Verlages darf das Werk weder komplett noch teilweise reproduziert, übertragen oder kopiert werden, wie z. B. manuell oder mithilfe elektronischer und mechanischer Systeme inklusive Fotokopieren, Bandaufzeichnung und Datenspeicherung.

Vertrieb: Delius Klasing Verlag GmbH,
Siekerwall 21, D-33602 Bielefeld
Tel.: 0521/559-0, Fax: 0521/559-115
E-Mail: info@delius-klasing.de
www.delius-klasing.de

FSC
www.fsc.org
MIX
Papier | Fördert gute Waldnutzung
FSC® C084279

DIGITAL UNTERWEGS?

Dann haben wir die passenden Apps ...

PORT-GUIDE

Die Hafenführer-App

www.port-guide.com

YACHT NAVIGATOR

Die Navi-App für unsere Sportbootkarten

www.yacht-navigator.com

SBF-Fragen

Sportbootführerschein-App

www.sbf-fragen.com

Knoten & Spleißen

Die Knoten-App mit Egmont M. Friedl

Spleißen-App

Tauwerk spleißen mit Egmont M. Friedl

Erhältlich im App Store

JETZT BEI Google play

DELIUS KLASING

www.delius-klasing.de